몽골후레대학교

학사, 석사 대학원 과정

4년제 학위 취득, 및 석사 과정 대학원 진학, 취업이나 전직, 승진, 이직, 자격증 취득과 자기계발, 자아실현 **몽골 후래 대학교로 신입학, 편입학**하려는 분들을 위해 특별히 준비하였습니다.

문의 : 010-3944-4430

MONGOLIA
HUREE
UNIVERSITY
of Information and Communication Technology

K - 파크골프

월드레저 스포츠의 미래

저자 **김흥민**

도서출판 **위**

파크골프, 한국에서 세계로

파크골프는 단순한 생활스포츠로 시작했지만, 이제는 세대와 국경을 넘어 건강·문화·산업을 잇는 새로운 플랫폼 스포츠로 진화하고 있습니다.

저는 이 흐름의 한가운데에서, 파크골프가 가진 가능성을 단지 "즐기는 운동"이 아니라 사람의 삶을 바꾸는 생태계로 확장시키고자 한국온월드파크골프협회와 K-월드국제파크골프연맹의 창립을 결심하게 되었습니다.

한국은 세계 최초로 프로 파크골프 제도를 출범시키며 파크골프의 새로운 이정표를 세운 나라입니다.

이는 단순한 제도 하나의 탄생이 아니라, 파크골프가 생활체육을 넘어 전문 스포츠이자 글로벌 콘텐츠로 도약할 수 있음을 증명한 역사적 사건이었습니다.

이제 우리는 이 성과를 한국 안에 머무르게 해서는 안 됩니다.

K-월드국제파크골프연맹은

▲ 국제 경기 규정과 코스 표준의 정립

▲ 지도자·심판·선수 양성의 체계화

▲ 지역 기반 생활체육과 프로 스포츠의 선순환 구조 구축

▲ 아시아와 세계를 잇는 글로벌 연맹 네트워크 형성

▲ 세계생활체육연맹(TAFISAThe Association For International Sport for All)) 가입을 통한 글로벌 네트워크 형성 이라는 명확한 목표를 가지고 출범합니다.

특히 중국 북경, 몽골 울란바토르와 함께 울주 온양 발리산을 중심으로 한 전용 파크골프 경기장과 실내 스크린 파크골프 연습장과 테마형 건강 리조트 단지 조성은 파크골프를 관광·치유·교육이 결합된 융합 스포츠 글로벌 모델로 발전시키는 중요한 출발점이 될 것입니다.

또한 ONN닥터TV와의 협력을 통해 의료·헬스케어 콘텐츠와 파크골프를 연계한 새로운 건강 플랫폼을 구현하고자 합니다.

우리는 일본, 몽골, 중국, 태국, 베트남, 라오스를 비롯한 아시아 국가들과의 협력을 통해 파크골프가 특정 국가의 스포츠가 아닌 아시아z 공동의 공원형 스포츠 문화로 자리 잡도록 노력할 것입니다.

이는 스포츠 교류를 넘어, 사람과 사람, 지역과 지역을 연결하는 지속 가능한 국제 협력의 모델이 될 것이라 확신합니다.

K-월드국제파크골프연맹은 승패만을 위한 조직이 아니라,

누구나 평생 즐길 수 있는 스포츠, 누구나 참여할 수 있는 문화, 누구

나 건강해질 수 있는 시스템을 만드는 연맹이 되고자 합니다.

이 책이 파크골프를 사랑하는 모든 분들께 하나의 나침반이 되기를 바랍니다.

그리고 이 길 위에서 한국이, 아시아가, 그리고 세계가 함께 걷게 되기를 진심으로 기대합니다.

K-파크골프의 미래는 이미 시작되었습니다. 그 중심에, K-월드국제파크골프연맹이 우뚝 서겠습니다.

K-월드국제파크골프연맹

의장 김 홍 민

CONTENTS

"한 권으로 끝내는 파크골프의 바이블"

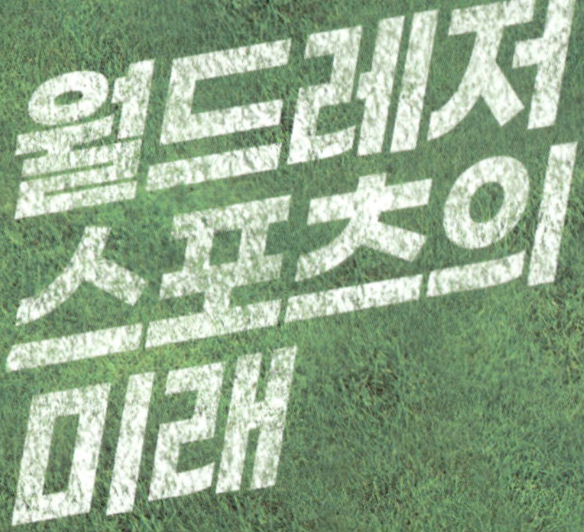
월드레저
스포츠의
미래

제**1**장

파크골프 개념과 역사

제1장
파크골프 개념과 역사

파크골프(Park Golf)는 말 그대로 Park(공원)+Golf(골프)=ParkGolf(커뮤니케이션스포츠)로 공원에서 즐기는 골프이다. 1983년 일본 홋카이도 마쿠베츠 지역에서 탄생한 이래, 누구나 나무로 된 하나의 채와 하나의 공만으로 잔디 위 홀에 공을 넣으며 경쟁하는 간단한 스포츠로 발전해 왔다.

골프의 정식 규칙과 장비를 축소·재구성하여 남녀노소 쉽게 배울 수 있도록 고안되었으며, 클럽 1개와 공 1개만 가지고 있으면 즐길 수 있어 장비 부담도 작고 적은 비용으로 습득도 용이하며 짧은 코스에서 플레이할 수 있어, 접근성이 용이하며 적정한 운동량을 장점으로 규칙도

단순하여 빠르게 보급되었고, 현재 파크골프는 전 세계 약 10여 개국에서 생활 스포츠로 자리매김하고 있다.

한국에서는 2003년, 처음 도입되어 사)대한파크골프협회 등 여러 유관 단체의 노력으로 꾸준히 확산되었는데, 단순한 레크리에이션을 넘어 고령화

전국파크골프장 현황

스마트폰으로 큐알코드 스캔 또는 url을 통해 전국 파크골프장을 검색
*2025년 상반기 기준 전국 파크골프장은 423곳으로 집계됐다.

사회의 건강 증진과 지역 커뮤니티 활성화를 도모하는 생활체육 종목으로 발전해 왔다. 2020년대에 들어서는 동호인 인구가 폭발적으로 증가하고 있다. 특히 고령화 사회에서 중·장년층의 건강 증진과 여가에 기여하며 게이트볼에 이어 시니어 스포츠의 인기 종목으로 떠올랐다.

1. 파크골프의 매력과 가치

첫째, 파크골프의 가장 큰 매력은 진입장벽이 낮다는 점이다. 그리고 규칙이 쉽고 단순해 국가 간 문화적 차이를 극복하기 용이한 종목이며, 신체적 부담이 적어 어린이부터 장애인, 노인까지 세대와 성별을 초월하여 함께 즐길 수 있다.

이러한 장점은 국제 교류 종목으로 적합한 특성이며, 다양한 연령대가 동일한 조건에서 함께 즐길 수 있다는 점에서 스포츠 외교적 기능도

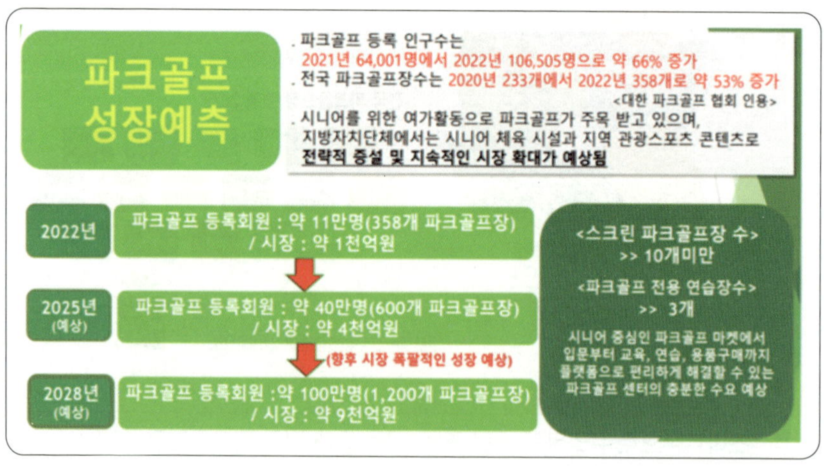

파크골프 시장 분석 자료

기대할 수 있다. 실제로 일본과 대만에서는 정기적인 교류전이 2010년 대 초반부터 운영되고 있으며, 한국에서도 파크골프를 활용한 국가, 우호 도시 간 자매결연 행사와 대회가 개최되고 있는데. 이는 스포츠가 단순한 경기 기능을 넘어 외교·문화적 플랫폼으로 작용하는 사례 중 하나로 파크골프의 가치를 인정할 수 있다.

둘째, 짧은 시간 내에 라운드를 마칠 수 있어 도심 인근 공원에서 가볍게 운동을 겸해서 즐기기 좋고, 이용 비용도 저렴하여 누구나 접근할 수 있는 생활체육 중 하나이다. 실제로 한국의 파크골프장 일부는 무료 또는 2시간 이용 요금이 2천 원 남짓에 불과해 많은 동호인들이 부담 없이 찾고 있다.

이러한 접근성과 경제성 덕분에 파크골프 참여 인구는 주로 은퇴 연

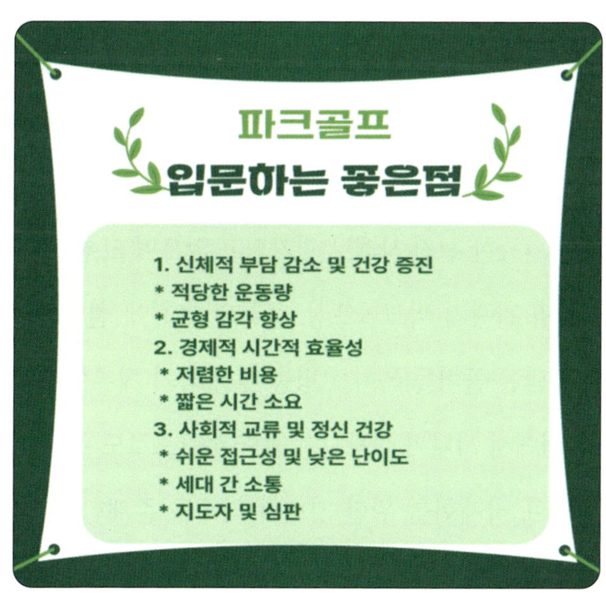

령층이지만, 가족 단위로 3대가 함께 하거나 친구·동료끼리 어울릴 수 있는 사교 스포츠로서 가치도 높다. 또한 환경 친화적 스포츠라는 점도 특징인데, 기존 공원이나 하천 부지 등 녹지를 활용하여 코스를 조성하므로 도심 속 녹지 공간의 다기능화에 이바지하고 아름다운 경관을 유지하는 데 도움이 된다.

파크골프장은 조성 시 친환경적인 방식으로 관리되어 환경 훼손을 최소화하며, 지역 주민에게는 새로운 여가 공간을 제공하여 지역 공동체 활성화에도 기여하기에, 파크골프는 건강 증진, 세대 간 교류, 저비용 레저, 지역사회 연결이라는 다층적 가치를 지닌 생활 스포츠라 할 수 있다.

셋째, 파크골프는 관광 산업과 결합한 국제 교류 모델로도 활용 가능성이 매우 높다. 한국의 제주도, 강원도, 전남 등 주요 파크골프 거점 지역에서는 외국인 대상 체험형 스포츠 관광 상품을 개발하고 있으며, 이를 통해 관광 유입과 지역 경제 활성화의 다중 효과를 기대하고 있다.

일본 홋카이도 일부 지역에서는 이미 파크골프 투어리즘을 도입해 계절별 관광 비수기의 외국인 유치 전략으로 활용하고 있으며, 이는 국내에서도 벤치마킹 가능한 선진 사례로 평가되고 있으며 크루즈 여행 과의 접목 및 태국 유명 관광지 파크골프장, 몽골의 초원에 설치된 파크골프장 등이 개설되어 많은 골퍼들 특히 고령층 대상 장기 체류형 관광과도 연계될 수 있다는 점에서 시니어 관광시장 공략 수단으로도 주목받고 있다.

넷째, 파크골프 국제화를 위한 기회와 과제도 존재한다. 아직까지 파크골프는 국제 스포츠 연맹 수준의 조직화가 부족하며, 종목 자체의 글로벌 인지도가 낮은 편이다. 또한 규칙, 장비 규격, 용어 체계 등에 있어서 국가 간 차이가 존재하여 국제 대회의 일관성과 공정성을 확보하기 위한 표준화 노력이 필요하다. 이를 위해 국제 파크골프 연맹 설립, 통합 운영 규정 및 경기 규칙 제정 발간, 다국어 콘텐츠 개발 등이 병행되어야 하며, 각국 협회의 전략적 협업이 뒷받침되어야 한다. 25년 12월 창립을 선언한 한국온월드파크골프협회와 온그룹 소속 한국프로파크골프선수단을 창단하고 위와 같은 과제를 해결하기 위해 K-월드국제파크골프연맹을 결성한 후 한.중.일 아시아 스포츠 회의체 및 태국, 몽골, 중국, 일본 등이 참여하는 K-파크골프의 특성이 주축이 되는 국제 생활 체육 포럼, 국제 대회 등을 활용한 연대 전략을 통해 세계생활체육연맹(TAFISAThe Association For International Sport for All))에 가입을 하는 등 글로벌 네트워크 형성을 추진해 나가는데 전력을 다하고 있다.

결론적으로 파크골프는 생활체육의 대표 모델로서 K- 파크골프로의 발전은 국제 문화 콘텐츠 교류 가능성이 높은 종목으로, 스포츠 외교,

한국온월드파크골프협회　　　한국프로파크골프선수단　　　K-월드국제파크골프연맹

시니어 관광, 지역 간 문화 교류, 규범 통합 등 다양한 방식으로 확장이 가능한 콘텐츠를 가지고 있다.

K- 파크골프, 국제화 전략를 위해서는 제도 표준화, 콘텐츠 다국어화, 국제대회 정례화, 민관 공동 홍보 등이 체계적으로 뒷받침되어야 하며, 이를 통해 파크골프는 단순한 국내 여가 종목을 넘어 글로벌 생활체육 브랜드로 성장할 수 있을 것이다. 세계생활체육연맹(TAFISAThe Association For International Sport for All))에 가입과 아울러 장기적으로는 국제 올림픽위원회(IOC)의 비공식 생활체육 지원 종목으로도 등록을 하는 로드맵도 추진 중에 있다.

2. 시니어들이 파크골프에 열광하며 평생 스포츠로 즐기는 이유

최근 대한민국을 비롯한 아시아 여러 국가에서 파크골프는 단순한 레저를 넘어, 시니어 세대가 가장 열광적으로 선택하는 대표적인 생활 스포츠로 자리 잡고 있다. 많은 시니어들이 파크골프를 "한번 시작하면 쉽게 떠날 수 없는 운동"이라고 말하는 데에는 분명한 이유가 있다.

그것은 파크골프가 신체적·정신적·사회적·문화적 욕구를 동시에 충족시키는, 매우 드문 스포츠이기 때문이다.

첫째, 신체에 무리가 적으면서도 운동 효과가 분명하다는 점이다. 파크골프는 걷기, 스윙, 균형 유지라는 기본 동작을 중심으로 이루어진다. 이는 관절에 과도한 충격을 주지 않으면서도 하체 근력, 코어 근육, 팔과 어깨의 유연성을 자연스럽게 강화한다.

특히 시니어들에게 가장 중요한 심폐 기능 유지와 근감소 예방에 효과적이며, 과격한 움직임이 없어 부상 위험이 낮다. '운동은 해야 하지만 몸이 따라주지 않는다'는 시니어 세대의 고민을 파크골프는 정확히 해결해 준다.

둘째, 배우기 쉽고 성장의 즐거움이 지속된다는 점이다. 파크골프는 복잡한 장비나 고난도 기술을 요구하지 않는다. 클럽 하나와 공 하나로 시작할 수 있으며, 기본 규칙도 비교적 단순하다. 그러나 단순하다고 해서 깊이가 없는 것은 아니다. 거리 조절, 방향성, 코스 공략, 멘탈 관리 등은 연습할수록 실력이 눈에 띄게 향상된다.

시니어들은 파크골프를 통해 "나이가 들어도 계속 발전할 수 있다"는 성취감을 경험하며, 이 점이 장기적인 몰입으로 이어진다.

셋째, 사회적 교류와 소속감을 자연스럽게 만들어 준다는 점이다. 파크골프장은 단순한 운동 공간이 아니라, 사람과 사람이 연결되는 커뮤니티 공간이다. 라운드를 함께하며 대화를 나누고, 동호회 활동을 통해 정기적인 만남이 이루어진다.

은퇴 이후 사회적 관계가 줄어들기 쉬운 시니어들에게 파크골프는 새로운 인간관계를 형성하고 유지할 수 있는 중요한 통로가 된다. 경쟁보다는 배려와 매너를 중시하는 문화 역시 시니어들에게 심리적 안정감을 제공한다.

넷째, 경제적 부담이 적고 접근성이 뛰어나다는 점도 큰 이유다. 일반 골프에 비해 장비 비용이 낮고, 많은 지자체에서 파크골프장을 조성·지원하고 있어 이용료 또한 저렴하다. 집 가까운 공원이나 하천변에서 즐길 수 있다는 점은 이동 부담을 줄여주며, 날씨만 허락한다면 일상 속에서 꾸준히 실천 가능한 운동이 된다.

이는 '특별한 날에 하는 스포츠'가 아니라 '일상 속 습관'으로 파크골프를 정착시키는 핵심 요소다.

다섯째, 목표와 꿈을 가질 수 있는 스포츠라는 점이다. 최근에는 프로 파크골프의 출범, 전국 및 국제 대회의 확대, 지도자·심판·안전관리자라는 다양한 진로가 열리면서 시니어들에게도 새로운 도전의 무대가 생겼다.

파크골프 & 일반골프

파크골프란? 일반 골프와 차이점 알아보기

파크골프(Park Golf)는 공원(park)과 골프(golf)의 합성어로, 기존 골프보다 작은 규모의 필드에서 간단한 장비를 사용하여 즐기는 스포츠입니다. 일본 홋카이도에서 시작되어 현재는 호주, 미국 등지에서도 인기를 끌고 있습니다.

비교 항목	일반 골프	파크골프
필드 크기	매우 넓음	상대적으로 작음
사용 장비	여러 개의 클럽 필요	나무로 된 클럽 하나만 사용
공 크기	작은 골프공	플라스틱 소재의 큰 공
플레이 방식	18홀 경기	코스에 따라 9~45홀 가능
비용	비쌈 (그린피, 장비, 레슨비 등)	저렴하거나 무료
누구나 즐길 수 있나?	진입 장벽 높음	초보자도 쉽게 가능

파크골프의 장점
- 장비가 간단해서 누구나 쉽게 배울 수 있음
- 체력 부담이 적고 남녀노소 누구나 즐길 수 있음
- 비용이 저렴하거나 무료로 이용할 수 있음
- 도심에서도 접근성이 좋아 시간 제약 없이 플레이 가능

단순히 즐기는 것을 넘어 대회에 출전하고, 지도자로 활동하며, 지역 사회의 스포츠 리더로 성장하는 사례도 늘고 있다. 이는 시니어들에게 "아직 끝나지 않았다"는 자존감과 삶의 동력을 제공한다.

마지막으로, 파크골프는 삶의 리듬과 품격을 높여주는 스포츠다. 자연 속에서 걷고, 집중하며, 동반자를 배려하는 과정은 정신적 안정과 긍정적인 정서를 만들어 낸다. 많은 시니어들이 파크골프를 통해 우울감이 줄어들고, 하루의 목적이 생기며, 삶이 다시 활기를 되찾았다고 말한다.

이는 단순한 운동 효과를 넘어, 파크골프가 하나의 '라이프스타일'로 기능하고 있음을 보여준다.

결국 시니어들이 파크골프에 열광하는 이유는 명확하다. 파크골프는 나이를 제한하지 않고, 몸과 마음, 관계와 꿈을 동시에 품어주는 스포츠이기 때문이다. 그래서 파크골프는 일시적인 유행이 아니라, 시니어 세대와 함께 오래 지속될 평생 스포츠로 자리매김하고 있다.

월드레저
스포츠의
미래

제2장

파크골프 코스와 시설 구성

제2장
파크골프 코스와 시설 구성

1. 필드 파크골프장

파크골프는 기존 골프와 달리 적은 공간에서 즐길 수 있도록 코스가 작게 구성된다. 하나의 파크골프 코스는 일반적으로 9홀로 이루어지며, 9홀 코스 전체 길이는 최대 500m 이내로 제한된다.

이를 두 바퀴 돌아 18홀을 플레이하면 한 라운드가 완성된다. 각 홀의 길이는 100m 이하로 정해져 있고, 보통 9홀은 파3(40~60m) 4개, 파4(60~100m) 4개, 파5(100~150m) 1개로 구성하는 것이 표준이다.

이처럼 코스 면적이 크지 않기 때문에 도심 공원의 자투리 공간이나 강변 부지 등에도 코스를 마련할 수 있으며, 실제로 약 2~3만㎡(약 6,000평) 정도의 부지면적으로 18홀 코스를 설치하는 것을 권장하고 있다.

코스의 기본 구성 요소: 파크골프장에는 일반 골프장과 유사한 요소

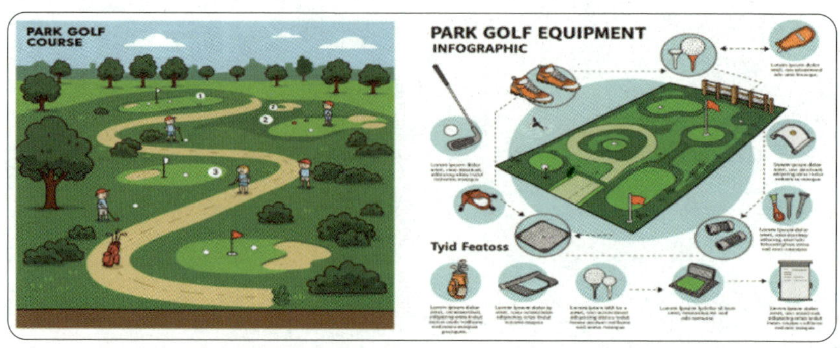

들이 축소된 형태로 갖춰진다. 티그라운드(Teeing Ground)는 각 홀의 시작 지점으로, 인조매트나 짧은 잔디로 정돈되어 있다. 여기서 플레이어들은 공을 놓을 티(pegg)를 사용해 첫 타격을 시작한다.

홀의 페어웨이는 공을 굴리기 좋도록 잔디를 일정 높이로 깎아 관리하며, 종종 벙커(Bunker)나 러프(Rough) 구역을 배치하여 난이도를 조절하고 있다. 그린(Green)은 홀 주변의 잔디를 더욱 짧게 깎은 지역으로, 일반 골프와 달리 퍼팅 전용 퍼터 없이 동일한 클럽으로 공을 쳐 넣도록 되어 있다.

그린 한가운데에는 홀 컵(Hole Cup)이 있으며, 파크골프의 홀은 지름 약 20cm 정도로 일반 골프 홀보다 크고 얕게 만들어져 있다. 홀에는 깃대(핀)가 꽂혀 있어 멀리서도 위치를 확인할 수 있다. 각 홀마다 홀 번

🚩 파크골프 vs 골프 비교 🎯

구분	🏌 골프	🏞 파크골프	차이 포인트 ✨
클럽	아이언, 드라이버, 퍼터 등 총 14개	1개 클럽만 사용	파크골프가 훨씬 단순 🏌
공 크기	지름 4.27cm 🌙	지름 6cm 🌙	파크골프 공이 더 커서 치기 쉬움 😅
홀 구성 (9홀)	Par3: 2홀 Par4: 5홀 Par5: 2홀	Par3: 4홀 Par4: 4홀 Par5: 1홀	구조와 난이도가 다름 🎯
기준 타수	36타	33타	파크골프가 3타 더 적음 ⏱
비용	🎽 비싼 클럽, 고급 골프 웨어 👜, 높은 이용료 💵	🌳 저렴한 클럽, 기본 스포츠웨어 👕, 무료·저렴한 이용료 💰	파크골프가 경제적 👍

호 표지판과 거리 표시가 세워져 있어 플레이어들이 코스 정보를 쉽게 알 수 있도록 배려하고 있다.

그 밖에 코스 주변에는 OB(Out of Bounds) 말뚝이나 위험 지역 안내표지 등이 설치되어 안전한 플레이를 유도하고 있다.

1) 파크골프 코스 설계

파크골프 코스 설계에 숨겨진 의도와 특징 때문에 게임을 즐기다 보면 "이 코스는 어쩐지 어렵다" 혹은 "이곳은 전략적으로 잘 만들었네"라는 생각을 하게 되는데 그 이유는 바로 코스 설계의 차이 때문이다.

가. 코스 구성의 기본

파크골프장은 보통 9홀 또는 18홀로 구성되며, 각 홀은 Par 3, Par 4, Par 5로 구분된다.

- **Par 3** : 짧지만 정확한 샷이 중요한 홀
- **Par 4** : 거리와 방향을 모두 고려해야 하는 홀
- **Par 5** : 긴 거리와 전략적인 플레이가 필요한 홀

설계자는 다양한 난이도를 섞어 배치하여 플레이어가 지루하지 않게 즐기도록 설계한다.

나. 지형과 자연 요소 활용

파크골프 코스는 인위적으로 만들기보다는 기존 지형과 자연물을 최

대한 활용하는 특징이 있다.

파크 골프장 조감도

- **언덕** → 거리 계산과 방향 조절에 난이도를 더함

- **나무와 관목** → 장애물 역할, 전략적인 샷 유도

- **물웅덩이·하천** → 리스크 관리 필요, 페널티 가능성

- **바람 방향** → 개방형 코스일수록 바람 변수가 큼

　이러한 요소들은 단순한 장식이 아니라 코스의 성격을 결정하는 핵심이다.

다. 티잉그라운드와 홀컵 배치

- **티잉그라운드 위치 :** 거리와 시야 확보를 고려해 배치한다.

- **홀컵 위치 :** 난이도를 조절하는 가장 직접적인 방법

- 홀컵이 경사 위에 있으면 퍼팅의 어려움이 있다.

- 평평한 위치면 초보자도 안정적으로 플레이 가능하다.

- 코스 디자이너는 홀컵 위치를 주기적으로 변경해 변화를 준다.

라. 안전과 동선 설계

- 좋은 코스는 안전한 동선과 원활한 경기 흐름을 보장한다.

- 다음 홀로 이동 시 다른 플레이어와의 간섭을 최소화 한다.

- 카트와 보행자의 이동로를 분리한다.

- 시야 확보를 통한 사고를 방지한다.

마. 설계 의도 읽는 법

- 경기에 들어서기 전, 안내판의 코스 맵을 살펴보면 설계자의 의도를 읽을 수 있다.

- 장애물 배치는 실수를 유도하거나 기술을 시험하는 장치이다.

- Par 5 홀은 주로 체력과 장타 능력을 테스트 한다.

- 연속 Par 3 구간은 정교한 샷 연습의 기회

> *TIP:* 파크골프 코스 설계는 단순히 "공을 치는 길"을 만드는 것이 아니라, 전략·기술·안전·재미를 모두 고려한 종합 예술이다. 코스를 이해하고 나면 같은 코스라도 훨씬 전략적으로 플레이할 수 있다.

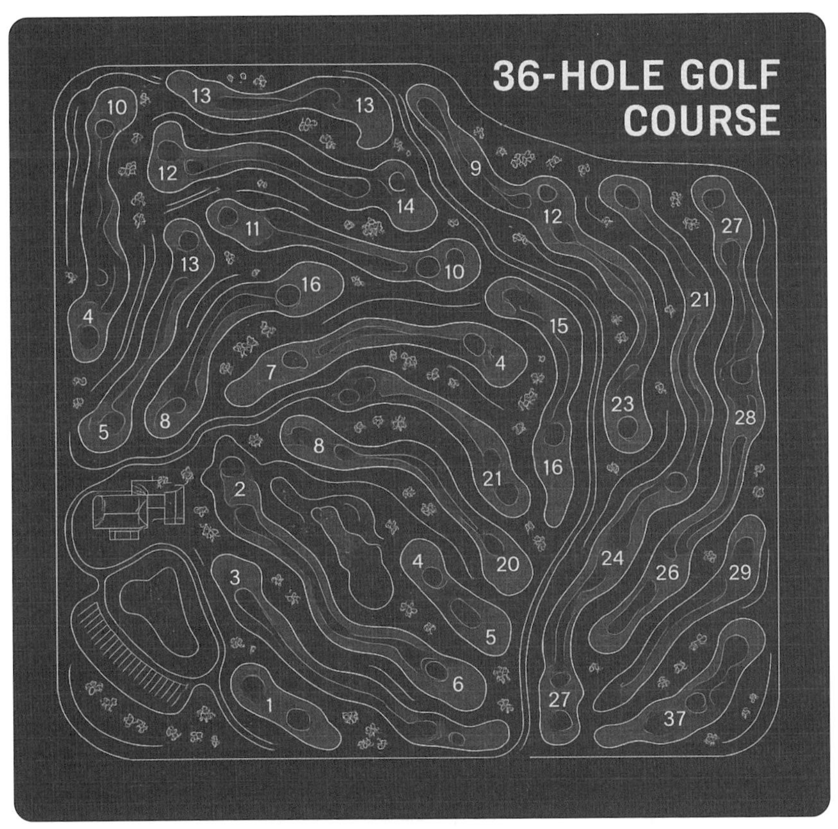

AI가 그려준 36홀 파크골프 코스 사례

2) 파크 골프장 관련 법규

가. 체육시설 법

파크골프장은 '정식 체육시설'로, 2024년 6월, 문화체육관광부는 「체육시설의설치·이용에 관한 법률 시행령」을 개정했다. 이 개정안에서 파크골프장은 골프장, 족구장, 풋살장과 같은 생활체육시설 목록에 정식으로 포함되었고, 이로 인해 민간에서도 파크골프장을 합법적으로 설치하고 운영할 수 있는 길이 열렸다. 즉, 기존에는 지자체나 공공기관이 위탁해 조성하는 경우가 대부분이었지만, 이제는 민간 사업자나 개인도 신고 절차를 거쳐 파크골프장을 설치할 수 있게 된 것이다.

파크골프장 건설을 위해서는 해당 시.군.구에 신고를 의무적으로 해야 하고 시설 설치 운영자는 파크골프장의 안전관리도 함께 해야 한다. 권리와 함께 의무가 부과된 셈이다. 이런 신고 요건에 부합하면 개인도 영리 목적으로 파크골프장을 설치 운영할 수 있다.

토지 용도가 변경돼야 하기 때문에 국토의 계획인 이용에 관한 법률을 준수해야 하고 토지의 용도가 파크골프장 건설이 가능한지 확인해야 하고 그 용도를 체육시설 건설에 맞게 변경해야 한다. 과거 문제가 된 하천변, 임야 등에 임의로 파크골프장을 건설하는 건 이제 중단되어야 한다.

또한, 유휴 농지에 파크골프장을 건설할 때는 농지법과 관련해 저촉 사항을 확인해야 한다. 앞서 언급한 임야에는 산지관리법, 하천변 역시 관련 법령을 사전에 검토해야 한다. 최근에는 환경과 관련한 이슈가 크게 부각되는 만큼 환경관련 법규도 검토해야 한다.

파크골프는 표준화, 규격화 등 나름의 시스템을 정착시키고 유지할 필요가 있다.

나. 체육시설업 법적 요건

민간이 파크골프장을 운영하려면 우선 '체육시설업 신고'가 필요하다. 체육시설업은 '등록 체육시설업'과 '신고 체육시설업'으로 나뉘며, 파크골프장은 일반적으로 신고 체육시설업에 해당한다. 운영을 위해서는 시설 규모, 안전장비, 지도자 배치, 위생기준, 보험 가입 등 체육시설법에서 정한 요건을 충족하고 지자체의 승인을 받아야 한다. 또한, 부지 조성 시에는 해당 토지가 계획 관리 지역이거나, 그린벨트(개발제한구역)인 경우 별도의 행위 허가와 관리계획 변경 절차가 필요하다. 다만 체육시설로 인정받게 되어 예전보다는 허가 절차가 훨씬 수월해졌다.

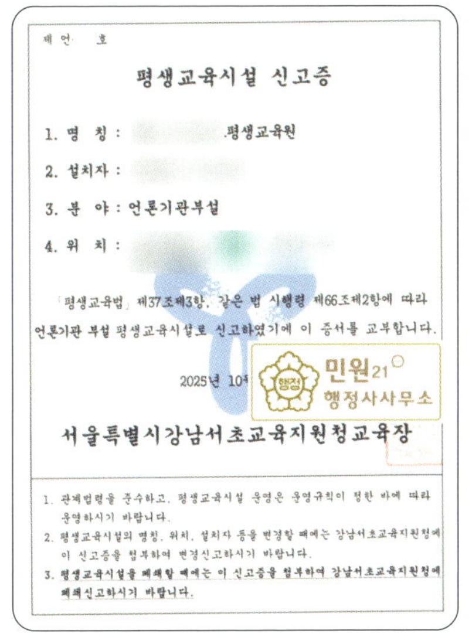

다. 그린벨트 체육시설 설치 가능

주목할 만한 변화 중 하나는 그린벨트 내 파크골프장 설치 가능성이다. 기존에는 개발제한구역 내 체육시설 설치가 매우 제한적이었다. 그러나 이제 체육시설법상 실외 체육시설로 분류된 파크골프장은 지자체와의 사전협의와 관리계획 반영을 통해 3,000㎡부터 10,000㎡까지 설치가 가능하다. 이는 단순한 제도 변화를 넘어 민간이 직접 시설을 운영하고 수익을 창출할 수 있는 기반이 마련되었다는 점에서 중요한 전환점이다. 다만 환경영향평가와 주민 의견 청취 등의 절차는 지역과 규모에 따라 달라질 수 있으므로, 실제 계획 수립 시에는 전문가의 자문을 받는 것이 바람직하다.

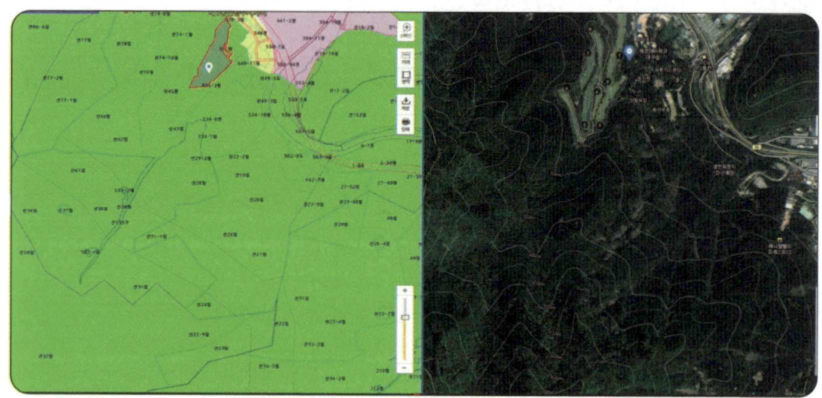

라. 공공파크골프장 특징

그동안은 하천부지에 '점용허가'를 받아 파크골프장을 설치하는 경우가 많았다. 그러나 이는 임시시설로 간주되어 자연환경 훼손 문제와 안전 우려가 지속적으로 제기되어 왔다. 특히 수해나 홍수 위험이 있는 지역에서는 유지관리 비용도 상당했다. 이번 법 개정으로 이제는 민간도 자체 부지에서 체육시설 기준을 갖추고 파크골프장을 설립할 수 있게 되어 이전의 불안정한 방식보다 훨씬 더 안정적이고 법적 기반이 탄탄한 운영이 가능해졌다.

3) 파크골프장 설치 절차와 방법

가. 용도지역 확인

설치하려는 토지가 「국토의 계획 및 이용에 관한 법률」상에서 '제2종 근린생활시설', '자연녹지지역', '계획관리지역' 등 체육시설 설치가 가능한 용도지역인지 확인해야 한다. 용도지역 기준에 따라 민간 파크골프장의 설치 과정이 달라진다!

나. 체육시설 설치 신고

「체육시설의 설치·이용에 관한 법률 시행령」 제2조 제6호에 따라 '체육시설업'으로 분류되므로, 해당 지방자치단체(시·군·구청)에 신고를 해야 한다.

- 코스 배치 및 설계 도면
- 안전·위생 관리계획
- 이용자 보험 가입 확인서
- 배상책임보험 가입 증명
- 시설 책임자 및 지도자 인력 정보

다. 사업자 등록

파크골프장 운영을 위한 사업자 등록을 세무서에서 진행한다. 개인사업자 또는 법인사업자 모두 가능하며, 사업자 업종은 '기타 스포츠시설 운영업'(코드: 91249)으로 등록한다.

마. 설계 및 안전기준 충족

파크골프장의 면적 기준(예: 18홀 기준 15,000㎡ 이상)과 홀 구성, 안전 펜스, 이격 거리 등을 관련 지침에 따라 설계하고, 준공 전에는 지자체의 현장 점검도 준비해야 한다.

바. 보험 가입 및 개장 신고

개장을 위해서는 공공책임보험 또는 스포츠안전재단의 안전보험 가입이 필수이며, 마지막으로 해당 지자체에 '영업 개시 신고'를 하면 정식 체육시설로 운영할 수 있다.

4) 파크골프장 18홀 면적 기준 확인 방법

가. 파크골프장 18홀 면적 기준

파크골프장은 '18홀 기준으로 면적이 얼마나 되어야 하나?'

파크골프는 일반 골프보다 공간이 훨씬 적게 필요하다고 알려져 있지만, 정확한 면적 기준은 체육시설의 법적 기준으로 정해져 있다.

나. 공식 기준

대한파크골프협회(KPGA)와 일본파크골프협회(JPGA)의 규정에 따르면, 파크골프장 18홀 코스의 권장 면적은 최소 약 15,000㎡ 이상이다. 이는 축구장 2개 크기(축구장 1개 약 7,000~8,000㎡)에 해당하며, 공식 경기와 공공 시설 기준으로 가장 적합한 규모이다. 다만 면적 기준은 단순히 홀 수에 비례하는 것이 아니라, 홀의 구성, 페어웨이 너비, 부대시설 포함 여부에 따라 달라진다.

파크골프장 코스 하나는 평균적으로 길이 60m, 폭 10m 정도이며, 18홀 전체 기준으로는 총길이 약 1,200~1,400m가 필요하다.

파크 골프는 짧은 코스가 특징이지만, 단순히 홀 수만으로는 완성되지 않는다.

상암동 월드컵공원 파크골프장

특히 다음 항목들은 반드시 면적에 포함되어야 한다:

- **홀 간 안전거리 확보:** 타구 사고 방지용 완충지대 확보

- **티잉 그라운드 & 그린 공간:** 마모 방지를 위한 여유 공간 필요

- **잔디 유지 공간:** 장비 이동로 및 관리도로 포함

파크골프장 평가표

항목	세부평가내용	배점	평가결과
1. 기본요건	부지면적(18홀 이상), 접근성, 안전구역 확보	10	
2. 코스설계	홀 간 거리, 경사, 난이도 균형, 페어웨이 폭	20	
3. 잔디 및 관리상태	잔디종류, 유지관리계획, 배수/관수 시스템	20	
4. 안전시설	펜스, 표지판, 비상대피시설, 공 안전거리	15	
5. 편의시설	휴게공간, 화장실, 음수대, 주차장	10	
6. 환경조화성	자연경관, 생태보존, 소음·경관조화	10	
7. 운영관리체계	운영자 자격, 관리인 배치, 점검 주기	10	
8. 접근성 및 포용성	장애인 접근, 노약자 안전성	5	
총점	100점 만점	인증기준: 80점 이상	

K-월드국제파크골프연맹

다. 부대시설: 화장실, 클럽하우스, 벤치, 그늘막, 주차장 등

즉, 18홀 파크골프장은 단순히 '18개의 홀이 들어가는 면적'이 아닌, 파크골프장으로서 안전하고 즐겁게 운영되기 위한 최소한의 기준'을 만족하는 공간이다.

플레이 흐름과 안전 거리 확보, 잔디 유지관리, 부대시설 배치까지 고려하면 충분한 공간 확보가 필수적이다.

라. 파크골프장 면적 기준 정리

1. 9홀 면적 기준 약 7,000~9,000㎡

2. 18홀 면적 기준 약 15,000~20,000㎡

3. 27홀 면적 기준 약 22,000㎡ 이상

5) 골프장 도면 작성 방법

가. 골프장 도면

파크골프장을 만들려면 가장 먼저 필요한 것이 바로 '도면'이다. 도면 없이 구상을 한다는 건 지도를 보지 않고 여행을 떠나는 것과 마찬가지이다. 그만큼 파크골프장 도면은 전체 계획의 기초이자 핵심이다. 그런데 이 도면, 대체 어떻게 만들어야 할까? 누구나 쉽게 이해할 수 있게, 실제 공공 기관 파크골프장 사례를 바탕으로 파크골프장 도면 작성 방법을 확인해 본다.

나. 파크골프장 도면이란?

도면은 건축이나 토목에서 설계의 모든 내용을 담은 그림이다. 파크골프장 도면에는 다음과 같은 정보가 포함된다.

* **홀 위치와 번호**

* **티잉 그라운드** : 티샷 난이도를 조절하는 중요한 요소

* **페어웨이, 그린**

* **홀컵 위치**

* **거리** (m 단위)

* **등고선** (지형의 높낮이를 표시)

* **배수 설비 위치**

* **부대시설 배치** (화장실, 주차장, 쉼터 등)

이런 내용을 CAD라는 설계 프로그램으로 작업해 평면도로 만든다. 또한, 땅의 경사나 배수 흐름을 표시한 지형도면(등고선도)도 함께 작성된다.

6) 파크골프장 도면 작성 순서

가. 부지 조사

도면을 만들려면 먼저 땅을 잘 알아야 한다. 측량을 통해 부지 면적, 경사, 배수 상태, 접근도로 등을 확인하고 부지의 토지이용계획(예: 공원, 농지, 하천부지 등)을 조사한다. 보통 공공 부지(예: 공원, 하천부지)를 활용하면 토지 매입 비용이 줄어든다.

나. 공식 도면 사례 확인 사이트 :

다. 코스 설계 계획

부지 크기에 맞춰 몇 홀을 만들지 결정한다. 대부분 9홀 또는 18홀로 구성되며, 권장 면적은 18홀 기준 약 15,000㎡~20,000㎡ 이상입니다. 홀 구성은 기본적으로 다음 순서로 설계된다.

- **티잉 그라운드** (공을 처음 치는 공간)
- **페어웨이** (공을 굴리는 구간)
- **그린** (홀컵이 있는 목표지점)

각 홀은 직선형, 도그렉(휘어진 홀), 강변형 등 다양한 구성으로 설계할 수 있다.

* 스마트폰으로 큐알 코드를 스캔하시면 토지 정보를 볼 수 있습니다.

라. 안전 및 거리 고려

설계할 때 중요한 것은 거리와 안전거리 확보이다.

- 홀 간 간격은 최소 5m 이상
- 코스 외곽에는 OB(Out of Bounds, 코스 밖) 표기
- 한 홀의 최대 거리는 100m 이하가 일반적
- 인접 도로나 주택과 거리는 안전 울타리 + 거리 확보 필수
- 안전거리 설계는 반드시 전문가의 검토를 받아야 한다.

마. 부대시설 배치

파크골프장은 단순히 코스만 있는 것이 아니다. 화장실, 주차장, 쉼터, 그늘막, 클럽하우스 등도 반드시 도면에 포함되어야 한다. 예를 들어 사천시 모충 파크골프장은 27홀 규모로 조성되었으며, 클럽하우스, 화장실, 주차장, 쉼터, 조경까지 포함된 도면이 설계되었다.

또한 영암 삼호 파크골프장은 평지형 36홀로 설계되어 고령자 접근성을 고려했으며, 화장실, 주차장, 쉼터 등 편의시설도 함께 배치되었다.

바. CAD 작업 도면 완성

설계사가 CAD로 전체 레이아웃을 그리게 되면, 최종 도면에는 다음이 포함된다.

- **전체 코스 평면도** (홀 번호 포함)
- **등고선 표시 지형도**
- **부대시설 및 진입도로 배치도**
- **조경 수종 식재 위치도**
- **배수로, 벤치, 휴게공간 위치**
- **방향(North) 표시와 축척(scale)**

이 도면은 이후 시공 견적, 인허가 신청, 감리 계약에 활용된다.

사. 실제 도면 사례

경상남도 고성군에서 고시하고 있는 파크골프장 도면 사례가 있다. 아래 링크 클릭하여 두 번째 첨부파일을 클릭하면 된다. '토지e음' 사이트에서 제공하는 실제 도면이기 때문에 참고하면 도움이 많이 될 것이다.

아. 도면 사례 확인 사이트 :

파크골프장 도면은 코스, 부대시설, 안전 설계가 모두 포함된 설계도이다. 보통은 부지조사 → 코스배치 → 거리안전 확보 → 부대시설 구성 → CAD 설계 도면 작성 순서로 진행된다.

18홀 기준 면적은 15,000㎡~20,000㎡ 이상이 일반적이며, 공공 파크골프장 도면을 참고하면 실질적인 구성 방향을 잡을 수 있다. 도면에는 티잉, 페어웨이, 그린, 홀컵 규격, OB라인, 주차장, 조경, 배수로 등이 모두 포함되어야 하며, 최종적으로 인허가 절차, 시공, 예산 설계까지 이어지는 중요한 자료가 된다.

* 스마트폰으로 큐알 코드를 스캔하시면 토지 정보를 볼 수 있습니다.

7) 파크골프장 공사비 책정 방법

가. 파크골프장 공사비 총정리

파크골프장 건설 시 가장 중요한 부분이 바로 공사비 계산이다. 예산이 부족하면 제대로 된 시설을 만들기 어렵고, 너무 많으면 사업성이 떨어지기 때문이다. 코스, 토목, 부대시설 등 항목별 예산 구성 방식과 함께 창원, 포천, 장수 구장 등 실제 공사 사례를 통해 현실적인 파크골프장 공사비를 알아본다.

나. 항목별 공사비 구성

토목 잔디 정비(부지 조성) 공사비부터 알아보면 부지 평탄화, 흙 성

"포천 한탄강 부지에 36홀 대형 파크골프장 조성 된다"

포천 진현탁 기자
업데이트 : 2025. 06. 11. 08:30

공유하기　읽기모드　글자크기　기사듣기　인쇄하기

78억 투입, 내년 봄쯤 정식 개장…장기적으로 108홀까지 확대 조성

이윤행 포천시 문화복지국장이 10일 브리핑룸에서 열린 정례브리핑에서 포천 파크골프장 조성 계획을 밝히고 있다./진현탁기자

https://www.asiatoday.co.kr/kn/
view.php?key=20250610010004164

토, 배수 설비는 전체 공사비의 약 30~40% 수준이다. 포천 한탄강 쪽 파크골프장에서는 59억 원 중 대부분이 토목·배수에 투입된 것으로 확인 됐다 창원 성산구 18홀(2만5천㎡)은 총 10억 원으로 설계되었는데, 부지 준비와 인프라 구축에 4억 원 이상이 투입되었다.

코스 시설 공사비는 그 다음이다. 홀컵, 티잉 그라운드를 설치하는 공사비가 드는데, 18홀 기준으로 보면, 홀컵 및 티잉 그라운드 설치에는 1홀당 약 200만~300만 원이 일반적이다. 그래서 18홀 기준 적용 시 3,600만 ~ 5,400만 원 수준이 파크골프 코스 공사비이다.

부대시설 설치 공사비도 소요된다. 클럽하우스, 화장실, 주차장, 쉼터가 꼭 필요하고, 그래서 설치를 해야 된다. 포천 파크장은 59억이 들어간 총 경비 중에 화장실, 주차장, 토지 보상비 등이 포함돼 있었다. 장수군 18홀 시설은 총 19억 원이며, 여기에는 주차장과 화장실, 간이 쉼터 등이 설계되어 있다.

추가로 설계나 감리, 행정절차 비용도 들어간다. 설계 감리 비용은 전체 예산의 5~10% 수준으로 책정된다. 10억 원 공사비 중 감리비로 5백만~1천만 원대가 투입되며, 포천에 파크장 59억 원 사업도 감리

포천 한여울파크골프장

* 스마트폰으로 큐알 코드를 스캔하시면 해당 정보를 볼 수 있습니다.
포천 한여울파크골프장 시뮬레이션
https://youtu.be/ NyKkrzCP4Kg

입찰·절차 비용이 포함됐을 가능성이 크다

마지막으로 부지 매입비 및 보상비이다. 시 보유 토지나 하천 점용 토지를 사용하면 비용 절감 효과가 크다. 창원 구장이나 당진 구장 사례처럼 시가 보유한 토지 사용으로 토지비 0원대가 많다. 다만 점용허가·소유권 확보 등 행정 절차가 추가된다.

다. 실제 파크골프장 조성 비용 사례

청주시에 있는 오송파크골프장의 경우, 공사비 포함 총 21억이 조성 비용으로 지출되었다. 그리고 청양군 금강변파크골프장 역시 공사비 포함 20억 정도 조성 비용이 들었다. 그래서 평균적으로 실제 18홀 파

크골프장 조성비용은 20억 정도 든다고 보면 된다. 만약 비용을 더 저렴하게 만들고 싶으시다면 공원 부지에 설치한 '향남파크골프장'처럼 소규모 공사를 하는 게 좋다.

공사비 책정할 때 실제 계산 방법은, 먼저 부지 준비 비용은 2억~3억 원 정도 든다. 그리고 홀컵 등 코스 시설 공사비가 18홀 × 250만 원 = 4,500만 원 정도 든다.

부대시설 비용은 클럽하우스·화장실·주차장 등 설치로 3억~7억 원이 소요된다. 설계·감리 비용은 예산의 8% × 10억 원 = 8,000만 원 정도 소요된다. 행정 및 기타 비용은 인허가 절차와 보상 등 1억~5억 원 정도 소요된다. 종합적으로 10억~20억 원대는 최소한 공사비로 들어간다고 보면 된다. 최근에는 파크골프장으로 관광객을 유치하고 있기 때문에, 하천·산지·보전구역 포함 시 50억~60억 원 수준까지도 투자되는 분위기이다.

라. 조성 비용 확인 방법

1. 뉴스 보도 예산 자료 확인

2. 행정 정보 공개 청구

3. 시공업체 견적 수집

4. 예산 모델링

파크골프란?

파크골프
경기 방식은 골프와 비슷하다
출발지점(티오프)에서 홀(hole)을
향해 볼을 치고
차례로 코스를 돈다
최종코스까지 가장 적은 타수로
홀에 볼을 넣는
사람이 승리한다
보통 4인 1조로 게임을 하며
게임 당18홀 기준으로
약 1~2시간이 소요되는데
체력적인 부담은 적다

파크골프 장비는 **합성수지로**
내부를 채운 직경 6cm의 공을 쓰며
나무로 만든 길이 86cm
무게 600g의 **클럽** (파크골프채)
하나만 사용한다
클럽 에는 로프트
(클럽과 페이스가 이루는 각도)
가 전혀 없어 뜨거나
날아가지 않아 위험하지 않다

8) 파크골프 홀컵 규격과 기준, 설치 방법

가. 파크골프 홀컵, 공식 규격은

일본 홋카이도에서 만들어진 원형 규정을 바탕으로, 현재는 일본 파크골프협회(JPGA)와 대한파크골프협회(KPGA) 모두 다음과 같은 홀컵 규격을 따르고 있다.

항목	규격
지름	36cm
깊이	20cm 이상
바닥	평평하고 배수가 잘 되도록 설계 주변 경사 홀컵 중심에서 반경 50cm 이내는 완만하게 정리

파크골프에서 사용하는 공은 일반 골프공보다 약간 더 큰 6.0~6.2이다. 이에 비해 홀컵 지름은 36cm로, 공 크기의 5배가 넘는다. 일반 골프 홀컵(10.8cm)보다 훨씬 크기 때문에 초보자도 공이 쉽게 들어가 성취감을 느낄 수 있다.

왜 이렇게 크고 깊게 만들어졌을까? 이는 파크골프의 '철학'과 직결된다. 파크골프는 본래 어르신과 장애인, 남녀노소 누구나 즐기도록 설계된 스포츠이다. 따라서 일반 골프보다 훨씬 낮은 난이도와 안전성을 추구한다.

나. 설계 배경

공이 쉽게 들어가야 스트레스 없이 게임을 즐길 수 있다. 너무 얕으면 공이 튕겨 나오거나 멈추지 않는다. 배수가 잘 안 되면 비 오는 날 경기가 어려움이 있다. 주변이 급경사면 공이 비뚤게 굴러서 퍼팅이 어려움이 있다.

특히 실버 세대나 어린이 플레이어가 많은 만큼, 적은 힘과 단순한 기술로도 홀인이 가능하도록 구조를 설계했다. 이것이 현재의 홀컵 규격인데, 이러한 특징이 파크골프가 꾸준한 인기를 얻을 수 있었던 중요한 이유 중 하나이다. 전국 파크골프장에 동일하게 적용될까? 이론상으로는 그렇지만, 현실에서는 조금씩 차이가 있다.

공식 등록장 vs 사설 파크골프장

구분	특징	홀컵 상태
KPGA 공인 구장	규정 철저히 따름	지름/깊이/배수 모두 관리 우수
비공식 사설 구장	위치나 예산상 제약 있음	얕거나 규격 벗어나는 경우 있음

예를 들어, 지역 커뮤니티센터 내 사설 파크골프장의 경우 배수가 잘 안 되는 흙바닥 위에 임시로 홀컵을 설치하기도 한다. 또는 잔디 관리가 어려운 지역에서는 컵 깊이를 제대로 확보하지 못하는 경우도 있다.

다. 실제 사례 비교

파크골프장	위치	홀컵 상태
전북익산파크골프장	공인 인증 구장	지름·깊이 모두 기준 충족, 상태 우수
경기 양주 모 파크골프장	사설	컵 깊이 18cm 정도, 배수 불량 발생
충남 부여 모 파크골프장	공공 구장	컵 주변 경사 평탄화 잘 되어 있음

따라서 파크골프장을 선택할 때는 단순히 '가까운 곳'이 아닌, 시설이 얼마나 기준에 맞춰 관리되고 있는지 확인하는 것이 라운딩 만족도를 크게 좌우한다.

라, 규격이 중요한 이유는?

"컵 크기가 조금 다르면 어떠냐"고 생각하실 수도 있다. 하지만 홀컵이 너무 작거나 얕으면 퍼팅이 어려워지고, 게임 내내 불필요한 스트레스를 받게 돈다. 특히 초보자의 경우, 공이 홀컵 근처에서 2~3번만 튕겨 나와도 의욕이 크게 저하될 수 있다. 또한 공이 빠르게 들어가야 원활한 진행이 가능한 파크골프 특성상, 홀컵 상태는 단순한 '기준' 이상으로 경험의 질을 좌우하는 핵심 요소이다.

- 파크골프 홀컵 공식 규격은 지름 36cm, 깊이 20cm 이상
- 배수, 바닥 평탄도, 주변 경사까지 명확히 정해져 있음
- 파크골프의 접근성과 안전성을 높이기 위한 설계
- 공식 경기장은 이 규격을 철저히 준수
- 일부 사설장은 규격이 미흡할 수 있어 사전 확인 필요

파크골프는 누구나 즐기기 좋은 스포츠지만, 그만큼 기본 시설의 품질이 게임의 재미를 크게 좌우한다는 점을 많은 분들이 간과하고 있다. 이번 글에서 소개한 홀컵 규격은 단순한 수치 이상의 의미를 지니며, 여러분이 파크골프장을 선택할 때 중요한 체크리스트가 될 것이다. 마지막으로 파크골프장을 설계할 때에는 파크골프 홀컵 규격 뿐만 아니라, 17개 설치기준 규격을 통과해야 된다는 점을 기억하길 바란다.

마. 파크골프장에 적합한 홀컵 설치 방법 총정리

1. 홀컵 위치 선정,
어디에 설치해야 할까?

홀컵을 어디에 설치하느냐에 따라 경기의 재미가 달라질 수 있다. 잘못된 위치에 두면 난이도가 너무 높아지거나 관리가 어려워질 수도 있기 때문에 몇 가지 꼭 고려해야 한다.

- 페어웨이와 자연스럽게 연결되는 위치

홀컵이 너무 경사진 곳에 있거나 장애물이 많으면 공이 원하는 방향으로 가지 않을 수 있어요. 플레이가 자연스럽게 이어질 수 있도록 페어웨이에서 무리 없이 연결되는 위치를 선택하는 게 좋다.

- 배수 문제를 고려해야 한다.

비가 온 후 물이 고이는 지역은 피하는 게 좋다. 특히 저지대에 설치하면 배수가 원활하지 않아서 물웅덩이가 생길 수도 있어. 배수가 잘되는 곳을 선택하는 게 중요하다.

- 플레이 난이도를 적절하게 조절해야 한다

홀컵이 너무 쉬운 곳에 있으면 재미가 없고, 반대로 너무 어려운 곳에 두면 초보자들이 즐기기 어려울 수 있다. 난이도를 적절히 조절하면서 다양한 실력의 플레이어가 즐길 수 있도록 배치하는 게 좋다.

2. 홀컵 규격과 깊이, 정확한 기준

홀컵을 설치할 때 크기와 깊이도 신경 써야 한다. 파크골프에서는 보통 직경 20cm, 깊이 19cm가 표준이다.

- 홀컵을 단단히 고정하려면 깊이를 20cm 이상 파야 한다.

사진 : 홀컵을 단단히 고정시키기

홀컵의 깊이가 19cm라면, 정확한 설치를 위해 최소 20cm 이상 깊이로 구멍을 파는 것이 좋다. 그래야 홀컵이 지반에 단단히 고정되고, 경기 중에 흔들리거나 깊이가 변하는 것을 방지할 수 있다.

- 홀컵 크기

홀컵의 크기가 너무 작으면 공이 잘 들어가지 않고, 너무 크면 경기의 긴장감이 줄어들 수 있다. 규격에 맞춰 적당한 크기로 설치하는 게 좋다.

- 홀컵 깊이

홀컵이 너무 얕으면 공이 튕겨 나올 수 있고, 너무 깊으면 공이 빠져 나오기 어려울 수 있어요. 적당한 깊이를 유지하는 것이 원활한 경기 진행에 도움이 된다.

3. 홀컵 설치할 때 꼭 체크해야 할 것들

홀컵을 단순히 땅을 파고 넣으면 되는 게 아니라 몇 가지 필수로 확인해야 할 사항들이 있다.

- 잔디 상태를 체크해야 한다.

홀컵 주변의 잔디가 너무 약하면 금방 망가질 수 있다. 잔디가 건강한 상태를 유지할 수 있도록 설치 전에 미리 확인하는 게 좋다.

- 홀컵이 단단하게 고정되어야 한다.

경기 중에 홀컵이 흔들리거나 움직이면 문제가 될 수 있다. 단단한 지반을 선택하고, 필요하면 주변을 보강해서 안정적으로 고정해주는 게 중요하다.

- 홀컵 주변을 깔끔하게 정리해야 한다.

홀컵 주변에 흙이나 잔디 조각이 많으면 공이 정상적으로 들어가지 않을 수 있다. 설치 후에는 홀컵 주변을 깨끗하게 정리해 주면 좋다.

4. 홀컵을 설치한 후에는 어떻게 관리해야 할까?

설치만 잘한다고 끝이 아니고. 꾸준히 관리해 줘야 오랫동안 좋은 상태를 유지할 수 있다.

- 정기적으로 깊이를 체크해야 한다.

시간이 지나면서 홀컵의 깊이가 변할 수도 있다. 주기적으로 깊이를 확인하고 필요하면 보수해주는 게 좋다.

- 배수 상태를 점검해야 한다.

비가 온 뒤에는 홀컵에 물이 차지 않는지 확인해 봐야 한다. 만약 물이 잘 빠지지 않는다면 배수로를 추가하거나 바닥에 모래층을 깔아서 배수를 원활하게 해줄 필요가 있다.

- 홀컵을 깨끗하게 유지해야 한다.

홀컵 안에 낙엽이나 흙, 작은 돌멩이들이 쌓이면 공이 정상적으로 들어가지 않을 수 있다. 정기적으로 브러시로 가볍게 청소해 주면 훨씬 더 좋은 컨디션을 유지할 수 있다.

사진 : 홀컵 뚜껑을 닫은 모습

파크골프장 내 코스 곳곳에는 라운드에 도움이 되는 안내 보조물과 홀 공략에
흥미 유발과 난이도를 주는 여러 형태의 시설물이 설치되어 있다.

자료 출처 : https://sunind.co.kr

2. 스크린 파크골프

스크린 파크골프는 실제 파크골프 코스를 가상으로 구현한 스크린 앞에서 파크골프채를 휘두르는 스포츠이다. 타격한 공의 궤적, 방향, 속도 등을 센서/카메라/레이더 장비로 분석하여 스크린 화면에 자세히 표시해 준다.

실제 필드처럼 다양한 홀(페어웨이, 벙커, 워터, 해저드 등)을 가상으로 구현해 놓아, 플레이어 들은 '가상 라운드'를 할 수 있다.

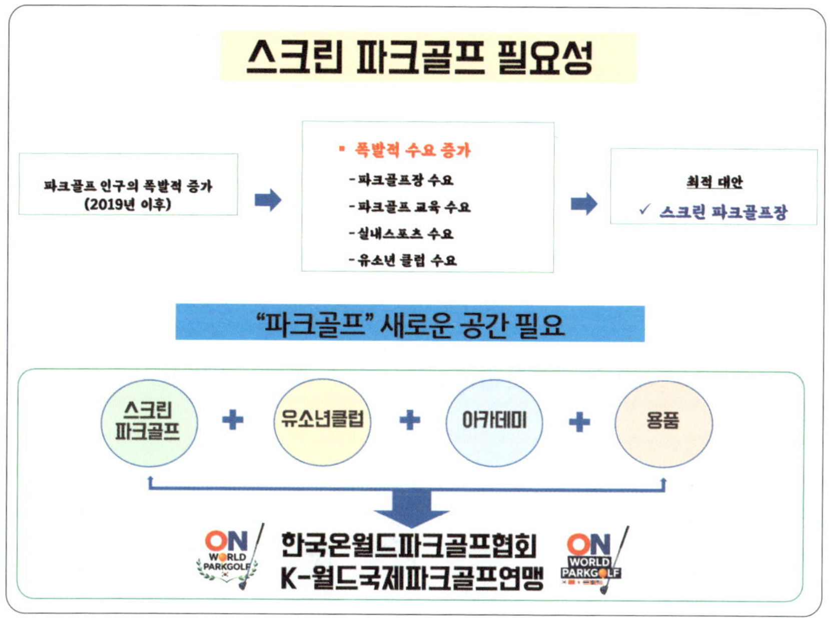

최근 왜 많은 인기를 받고 있을까?

• 날씨, 계절 제약 없음 : 실내이기때문에 비, 눈, 바람 걱정없이 언제든 라운딩 가능하다.

- **비용 부담 낮음** : 일반 필드 라운드보다 훨씬 저렴하게 즐길 수 있다는 점이 매력적이다.

- **초보자,입문자분들도 쉽게 접근 가능** : 복잡한 규칙이나 체력이 크게 필요없고, 부담 없이 시작이 가능하다

- **기술 분석 활용** : 본인의 스윙 궤적, 속도, 타구 궤도 등을 데이터로 확인하면서 스윙 동작의 개선이 가능하다.

- **사회적,취미적 요소** : 친구나 동료, 가족이 함께 3세대가 부담 없이 즐기기 좋고, 모임 장소로도 매우 좋다.

1) 스크린파크골프의 구성 요소 / 시스템 구조

- **타석 공간** : 넓이, 천장 높이, 조명 완비

- **센서 / 카메라 / 레이더 장비** : 공의 출발 속도, 스핀, 방향 등을 감지하는 핵심 장비 완비

- **스크린 / 시뮬레이션 소프트웨어** : 가상 코스 화면, 거리 표시, 점수 집계

등을 담당한다.

- **스윙 매트 / 바닥재 / 인테리어 :** 실제 필드 느낌을 구현하였고, 플레이어들의 안전을 고려하여 인테리어를 제공하고 있다.
- **부가 요소 :** 의자, 테이블, 음료/간식 바, 예약 시스템 등 고객들을 위한 다양한 서비스를 제공하고 있다.

2) 스크린 파크 골프의 종류 / 방식

- **라운드 모드 (가상 코스 플레이) :** 18홀, 9홀 등 다양한 코스를 즐기는 방식
- **연습 / 드라이빙 레인지 모드 :** 게임 시작전, 별도의 연습시간 제공 및 특정 샷만 집중 연습이 가능하다.
- **대회 / 이벤트 모드 :** 스코어 경쟁, 토너먼트 형식으로 사용자 간 경쟁도 가능하다.

실내 스크린 파크골프 UI
LEZURO
SCREEN PARK GOLF
Park GOLF
IMPACT PARK GOLF
ONPARK
PHOENIX

Park Golf
2025.09.08
지티알 파크 코스 1
Park Golf
2025.09.08
지티알 파크 코스 2

3) 스크린 파크골프와 필드 파크골프 공통점과 차이점

파크골프를 즐기는 방법은 크게 두 가지로 나눌 수 있다. 실제 야외 코스에서 걷고, 홀을 공략하며 플레이하는 필드 라운드와 실내에서 시뮬레이터로 즐기는 스크린 파크골프이다.

파크골프 스크린 vs 필드의 차이

1. 환경 차이

연습장: 평평한 인조 잔디, 일정한 타석 거리

실제 코스: 지형 변화, 경사, 바람, 장애물(벙커·러프 등) 존재

2. 심리적 압박

연습장에서는 편하게 스윙 가능

코스에서는 다른 플레이어 시선, 경기 흐름, 스코어 압박까지 함께 받음

3. 샷 응용력

연습장은 반복 연습에 좋지만, 상황별 대응력은 제한됨

실제 코스는 거리 조절, 방향 조정, 클럽 선택 등 변수가 많음

4. 경기 진행 속도

연습장은 본인 속도대로 가능

코스는 경기 규칙과 매너에 맞춰 진행해야 하므로 빠른 판단 필요

5. 체력 소모

연습장은 짧은 시간·고정된 위치

코스는 이동 거리와 날씨에 따라 체력 소모 큼

💡 TIP: 연습장에서 70% 실력, 코스에서 30% 경험을 쌓아야, 꾸준한 필드 경험이 성장의 핵심!

인테리어 및 공사 일정

공사내용	(월요일)	(화요일)	(수요일)	(목요일)	(금요일)	(토요일)	(일요일)	(월요일)
타석 목공공사	━━	━━	▶					
INFO/카페/용품집기제작		━━	━━	━━	━━	▶		
스크린타석 목공작업			━━	━━	▶			
페인트 전체작업				━━	━━	━━	▶	
천,타석매트,스크린장비 설치							━━	▶
키오스크 업체방문		▶						
키오스크 계약 및 설치				━━	━━	━━	▶	
인터넷신청 및 설치		━━	━━	━━	▶			
간판제작의뢰 및 설치	━━	━━	━━	━━	▶			
소방점검 및 설치	━━	━━	━━	▶				
조명 및 싸인물 설치							━━	▶
CCTV 계약 및 배선공사		━━	━━	━━	▶			
CCTV 설치								▶

CHECK POINT

1.카페 집기 디자인 확정 필요 / 2.소방점검(스프링쿨러,감지기 설치)

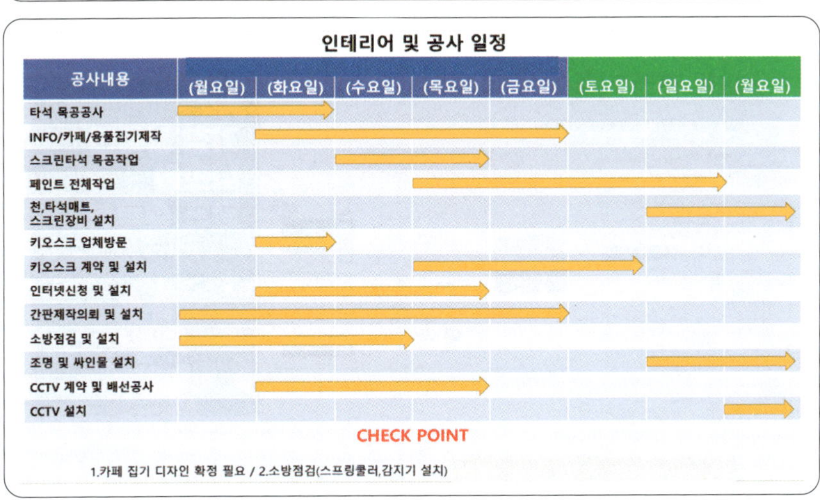

4) 실내 스크린 파크골프 시스템 업체 정보 https://gtrpark.co.kr/

https://www.masilpark.com/blank-1

차원이 다른 그래픽

GTR Park의 주요 경쟁 상대는 실제 필드입니다.
GTR Park는 차세대 언리얼 엔진을 활용해 현실감 넘치는 배경을 구현했습니다.
눈부신 아침 햇살, 아름다운 노을, 그리고 밤이 되면 자연스럽게 켜지는 조명까지
시간의 흐름에 따른 변화가 생생하게 표현되어 한층 더 몰입감 있고
즐거운 경험을 제공합니다.

실제와 같은 물리 효과

파크골프공의 비행은 인위적인 조작 없이
공기 저항·마찰·중력 등 자연 법칙을 그대로 적용해 구현되었습니다.
공이 홀컵을 돌아 나가거나 튕겨 나오는 상황까지 사실적으로 표현했으며,
바람의 방향과 세기에 따라 나무가 흔들리고 구름이 이동하는 모습도 섬세하게 재현했습니다.

또한 눈·비와 같은 날씨 변화에 따라 물리값이 유동적으로 바뀌도록 설계해 사용자에게
더욱 생동감 넘치고 몰입감 있는 경험을 제공합니다.

모든 게임 기록 저장 및 분석

게임 기록, 스윙 모션, 구질 등 측정된 모든 정보는
GTR Swing 앱에 저장되어 언제 어디서나
편리하게 확인하실 수 있습니다.

경기 기록 상세 분석

연습통계

스윙 모션

매장 찾기 및 예약

공지사항 알림

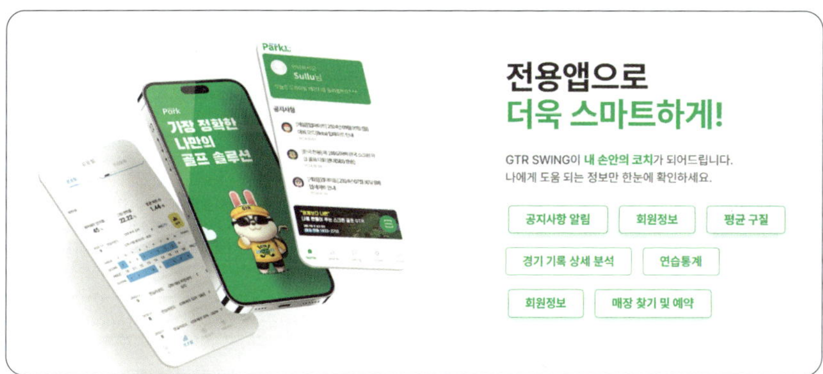

전용앱으로
더욱 스마트하게!

GTR SWING이 내 손안의 코치가 되어드립니다.
나에게 도움 되는 정보만 한눈에 확인하세요.

공지사항 알림
회원정보
평균 구질
경기 기록 상세 분석
연습통계
회원정보
매장 찾기 및 예약

https://www.masilpark.com/blank-1

마실 스크린 파크골프
MASIL SCREEN PARKGOLF

스크린을 넘어, 진짜 필드처럼 즐기다
하이엔드 시뮬레이션이 선사하는 몰입형 파크골프

마실 스크린 파크골프
MASIL SCREEN PARK GOLF

마실은 자체 개발한 스크린 파크골프 시스템을 통해
현실감 넘치는 플레이 환경을 제공합니다.

안정성과 혁신성을 바탕으로 전국 여러 지점을 운영하며
꾸준한 맵 업데이트와 고품질 시뮬레이션으로
언제 어디서나 즐길 수 있는 새로운 파크골프 문화를 만들어가고 있습니다.

저희는 업계 최대 규모의 연구 개발(R&D) 인력을 바탕으로, 지속적인 기술
혁신에 매진하고 있는 기업입니다

마실 고성능 하드웨어 제품군

안정적이면서도 고성능인 제품군을 제공합니다.

키오스크

고성능의 여러 부품들을 일체화하여, 흔들림 없는 안정성과 뛰어난 내구성을 실현했습니다.

프로젝트

실제와 같은 Full HD의 압도적인 선명함과 7,000 안시루멘의 밝기가 만나 생생한 현실감을 그대로 전달합니다.

센서

이미 안정성과 정확성이 입증된 크리에이츠 센서를 사용합니다. 덕분에 공의 구질, 발사각, 속도, 회전수와 같은 모든 핵심 데이터까지 오차 없이 정확하게 포착합니다.

오토티업기

안정적인 설계 위에 섬세한 높이 조절 기능을 더하고, 7버튼 구성으로 다양한 상황에서 높은 활용성을 자랑합니다.

미디어

MASIL MEDIA

마실은 방송, 신문, 잡지뿐만 아니라 유튜브와 라이브방송 등 디지털 플랫폼과도 협력하여 대회 중계, 콘텐츠 제작, 문화 확산을 이끌고 있습니다.

온·오프라인을 아우르는 소통으로 대중과의 연결을 강화하며 파크골프의 매력을 널리 알리고 있습니다.

https://www.onparkzon.com/main

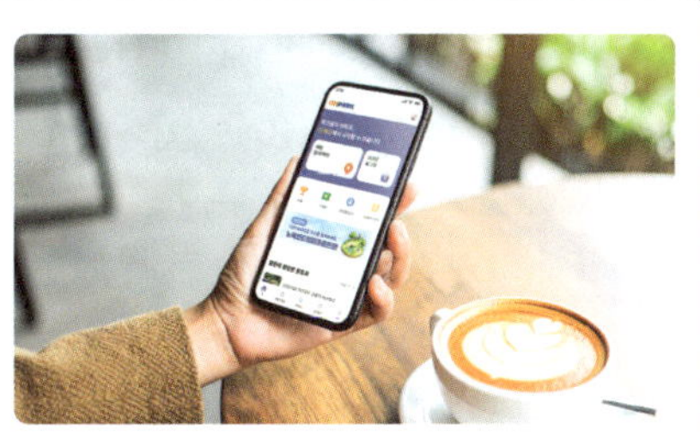

리얼 파크골프 플랫폼 온파크

온파크가 만든 앱을 통해 더 쉽고 빠르게 언제든지 파크골프를 즐길 수 있습니다.

앱 하나로 매장 예약, 스크린 연동은 물론, 실시간 스코어 자동 기록, 동호회,
대회 참여 및 결과 확인이 가능해 누구나 쉽고 편리하게 파크골프를 즐길 수 있습니다.

매장 예약   대회   이벤트   이용권

스마트한 매장 통합관리 시스템 온파크 파트너센터

온파크 파트너센터는 스크린 파크골프 매장 운영에 꼭 필요한 기능만 모은
전용 관리자 시스템입니다.

회원 등록부터 예약 확인, 이용권 발급/회수, 매장 정보 수정까지 모든 운영을 한 눈에,
손쉽게 관리할 수 있어요. 또한, 원하는 고객에게 앱 푸시 알림을 즉시 발송할 수 있어
이벤트 안내, 휴무 공지 등 빠르고 효과적인 소통이 가능합니다.

회원관리   매장관리   이용권   알림

ONPARK Plus +

차별화 된 서비스

01

더 쉬운 게임 로그인과 예약

온파크앱을 통해 더 쉽고 빠르게 게임을
로그인 할 수 있으며 언제든지 원하는
매장과 원하는 시간으로 예약할 수
있습니다

02

추가 입력 없이 한 게임 더

스크린 게임을 즐기고, 한 번 더 게임을
하기 위해 불필요한 입력은 더 이상
필요 없습니다 이제 버튼 한번으로 두
번째 게임을 쉽게 즐길 수 있습니다

03

점주 전용 광고 수익 쉐어

키오스크 내 광고와 스크린 파크골프
게임에서 발생하는 광고 수익을
점주님과 함께 수익 쉐어 합니다

04

창업 성공을 위한 전문 마케팅
MD 지원

어렵고 복잡한 홍보와 마케팅은
온파크 소속 전문 MD가 빠르고
디테일하게 지원해 드립니다

05

게임 난이도도 내 맘대로 선택

다양한 파크골프 코스마다 아마추어
코스, 프로 코스를 선택할 수 있어
초보와 상급자 모두 재밌게 즐길 수
있습니다.

06

**원격으로 제어하는 점주 전용
시스템**

모든 스크린 파크골프 게임 PC를
온파크 파트너센터에서 각각 제어할
수 있습니다

* 온파크 파트너센터 점주 전용 시스템으로
예약관리/회원관리 및 스크린 PC 제어 기능을
제공합니다

IMPACT VISION

https://www.impactvision.co.kr/

감상하세요. 리얼 FullHD

최고의 그래픽 품질을 위해 오랜 기간을 거쳐 개발된 더 넓고 더 선명한 FULL-HD 그래픽 품질뿐만 아니라 현
장감 넘치고 생동감 있는 그래픽 코스를 제공합니다.

110개 골프클럽의 그래픽 퀄러티는 동종 타사 그래픽과 비교해도 전혀 뒤지지 않고 우수하다는 평가를 받고
있습니다.또한 지속적인 추가 개발로 다양한 CC를 경험 하실수 있도록 확장 해 나가고 있습니다.

연습장 모드

- 장타연습장 : 실시간으로 스윙 자세를 분석할 수 있고 샷 분석하여 꼭 필요한 볼의 구질과 비거리, 헤드스피드, 볼 스피드, 발사각 등 핵심 데이터를 확인하면서 연습할 수 있습니다.

- 퍼팅 연습장 : 필드와 같은 환경에서 거리별로 연습이 가능합니다. 퍼팅 거리감 정확성을 향상 시킬 수 있습니다.

- 필드 연습장 : 드라이버 티샷, 아이언 티샷, 자유 연습 모드가 있으며 필드에서 반복학습할 수 있는 연습모드입니다.

- 어프로치 연습장 : 스코어 점수를 줄이는 방법은 숏게임! 그린 주변에서 원하는 거리 선택해서 방향과 거리의 정확성을 향상 시킬 수 있는 연습모드입니다.

- 타겟 연습장 : 타겟 연습하고 싶은 클럽과 거리 설정을 해서 연습하면 정확한 구질과 비거리 향상에 도움이 됩니다.

- 연습 라운드 : 혼자서도 9홀, 18홀 필드 게임을 즐길 수 있습니다.

코스플레이 모드

- 스트로크 : 전체 라운드를 플레이 해서 그 총 타수가 가장 적은 사람이 승리하는 방식입니다.

- 매치 : 2명의 플레이어가 홀마다 승리자를 가려내어 승리 홀 수가 많은 사람이 최종 승리하는 방식입니다.

- 매장대회 (베타버전) : 대회를 선택하여 대회 라운드에 참여합니다.

- 스킨스 : 각 홀에서 1위를 한 사람이 홀에 걸린 상금을 획득하며 동점자가 있을 경우 다음 홀로 누적됩니다. 최소 2인 이상의 플레이어가 필요합니다.

- 포섬 : 골프 매치플레이 중 하나로 각 팀 당 2명의 선수가 한 조를 이뤄 공 한 개를 번갈아 치는 방식으로 이뤄지는 경기입니다.

스윙코치AI

이제는 선 그리기 직접 하지 마세요!
잘못된 스윙 이제 그만! 인공지능 스윙코칭AI로 올바른 스윙을 배워보세요. 세계최초로 스크린타석 정면, 측면의 스윙분석 동작을 인공지능으로 자동 인식하여 도형 및 선그리기를 그려주는 신기술입니다. 임팩트비전 앱과 연동하면 스윙코칭 스윙 영상 전송까지 가능합니다.

https://lezuro.co.kr

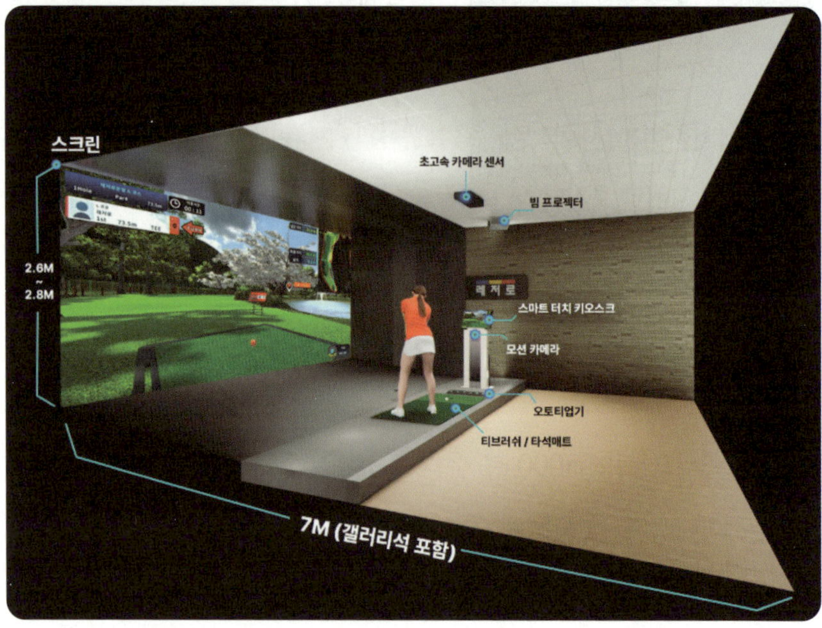

메타 파크골프

메타 파크골프

18홀 통합 월드 그래픽 기술

18홀을 단일 맵으로 통합하여, 경관이 실제와 유사하고 홀 간에 이동 플레이까지 가능한 트루 시뮬레이션으로 실제에 가까운 3차원 그래픽을 구성하였고, 홀 간에 이동 시 로딩타임이 소모되지 않는 통합 월드 기술 적용

다양한 연습장 모드 기능

Par3로 구성된 18홀 라운딩 게임으로
숏-게임 연습에 최적화 된 다양한
연습모드 탑재

- 300m 드라이빙레인지
- 150m 어프로치
- 50m 퍼팅 전용
- 파3 18홀 코스 연습 라운딩 모드
- 숏 게임 연습
- 샷 정보 분석 데이터 제공
- 위치 지정 반복 트레이닝 모드
- 어린이 전용 연습장 및 Par3

기본 3종 연습장 모드

실전 연습 라운딩 모드

실제코스 반복 트레이닝 모드

어린이용 연습장 및 Par3 18홀 라운딩 모드

서버 네트워크 시스템

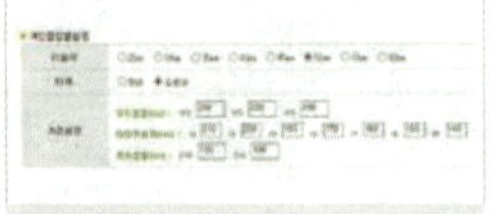

비거리 설정 및 클럽 추천

스코어 서버 저장 기능

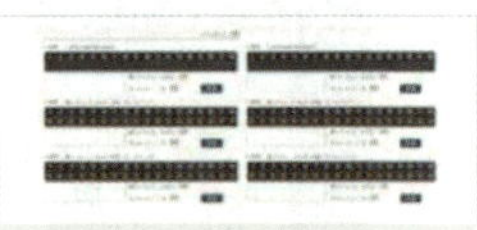

가맹점 모니터링 시스템

하드웨어 및 기타 옵션 시스템

01 키오스크 (터치형 모니터형)
OS | Windows 10 Licence
CPU | 카비레이크 i7-8700
메모리 | RAM 8G 21300
그래픽카드 | ASUS 1060 3G
SSD | 860 EVO 250GB

02 오토 T업 머신 & 키보드

03 생방송 교육용 영상 카메라
(외장형/모듈형)

04 골프 센서 및 주변 부속 장치

05 지문 인식 로그인 서비스용 단말기
(외장형/모듈형)

06 TTS 소프트웨어
(문자를 음성으로변환해주는 S/W)

07 측면 스윙 영상 카메라 설치대

08 Windows O/S 라이센스

09 고급형 스윙분석 장치 및 카메라

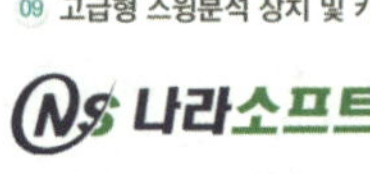

문의 : 02.3487.7987   www.narasoft.com

사. 실내형 미니파크골프장(부산 마실 스크린 파크골프 오륙도) 실내 18홀(약 200평) 조감도

3 투레벨 코스
(Two-Level Hole)

1차 홀에 넣으면 공이 다른
레벨의 코스로 이어지는 코스

4 나선형 코스
(Spiral Hole)

공이 나선형을 그리며
중심의 홀로 다가가는 코스

5 점프 코스
(Jump Hole)

볼이 패널티구역(워터
헤져드)를 점프하여 페어웨이로
안착하는 코스

6 좌우대칭코스

좌우 대칭으로 양쪽에 홀컵이
있는 코스

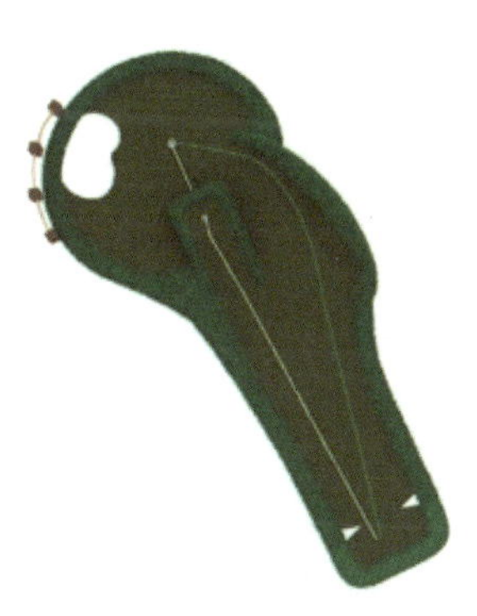

7 램프코스

볼이 패널티구역(워터 헤져드)를 점프하여 페어웨이로 안착하는 코스

8 릿지 코스 (Ridge Hole)

양 옆으로 패널티구역(헤져드)가 있는 좁고 긴 페어웨이를 통과하는 코스

9 M코스(기본)

장애물을 통과하여 직선으로 이어지는 코스

10 롱슬라이드 코스 (Long Slide Hole)

길고 경사가 있는 커브 코스와 워터 헤져드가 있는 코스

11 핀볼 코스
(Pin Ball Hole)

핀볼의 형태로 공을 경사면으로
굴려서 떨어뜨리는 코스

12 M 코스
('ㄱ' 자 코스)

'ㄱ'자 모양으로 생긴 언덕이
있는 코스

13 M 코스
(외나무다리 코스)

외나무 다리를 통과해야
홀컵에 도달할 수 있는 코스

14 M코스
('ㄷ' 자 코스)

'ㄷ'자 모양으로 이어지는
코스

15 M 코스
15 M 코스 (점프 코스)

점프하여 여러점수의 홀컵에 넣는 코스

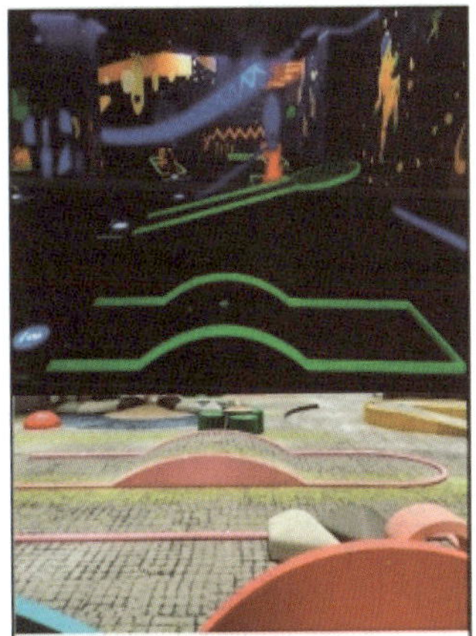

16 M 코스 (구름다리코스)

구름다리 모양의 언덕을 지나 는 코스

17 M코스 (웨이브 코스)

위 아래로 굴곡이 있는 코스

18 M코스 (하프코스)

좌우로 굴곡이 있는 코스

월드 드레저
스포츠의
미래

제3장

파크골프 장비와 복장

제**3**장
파크골프 장비와 복장

1. 장비

1) 클럽(채)

　파크골프에서 사용되는 장비(Gear)는 매우 간소화되어 있는 것이 특징이고 장점이다. 클럽(채)은 **1개**만 사용하며, 주로 **목재 헤드**와 **카본 샤프트**로 구성된 전용 클럽을 사용한다. 길이는 약 86cm 내외로 장애인용(휠체어용) 80cm, 아동용 75Cm, 골프 드라이버보다 훨씬 짧고 가벼우며(중량 600g 이하), 헤드에는 로프트 각도(경사각)가 거의 없어 공

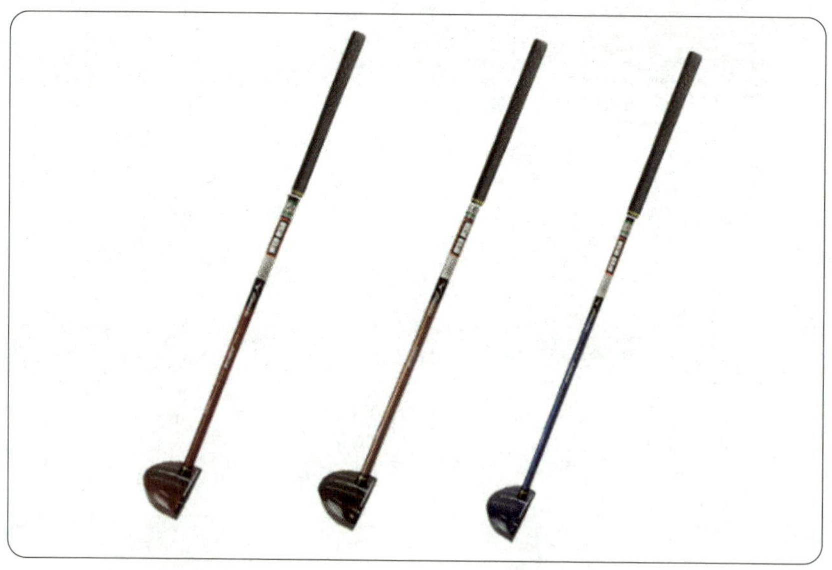

을 쳐도 높게 뜨지 않고 낮게 멀리 굴러가도록 설계되어 있다.

이는 **안전성**을 고려한 것으로, 공이 높이 떠서 멀리 날아가지 않기에 속도와 비거리도 제한되어 **주변 환경에 대한 위험 부담이 적다.** 클럽의 헤드 모양은 일반 골프의 퍼터와 유사하게 평평하며, 샤프트 길이는 사용자의 키에 맞춰 약간씩 다르게 선택할 수 있다.

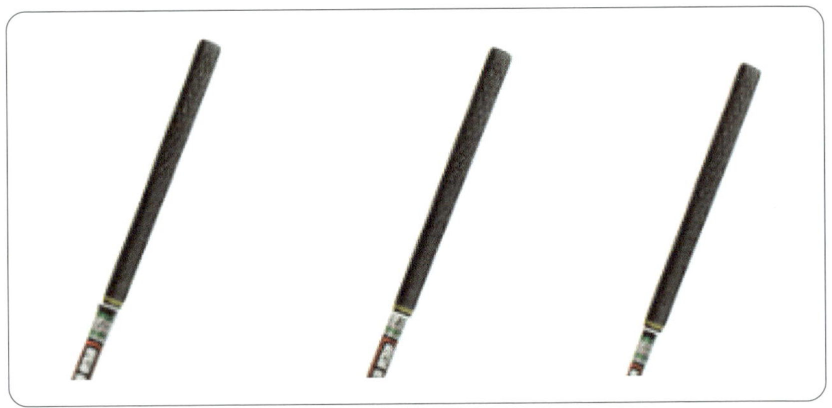

그립〉 고무 재질부터 가죽까지 다양한 소재로 제작되고 있다.
천연 소가죽 제품은 그립 감을 높여, 스윙 시 겉도는 현상을 막아준다.

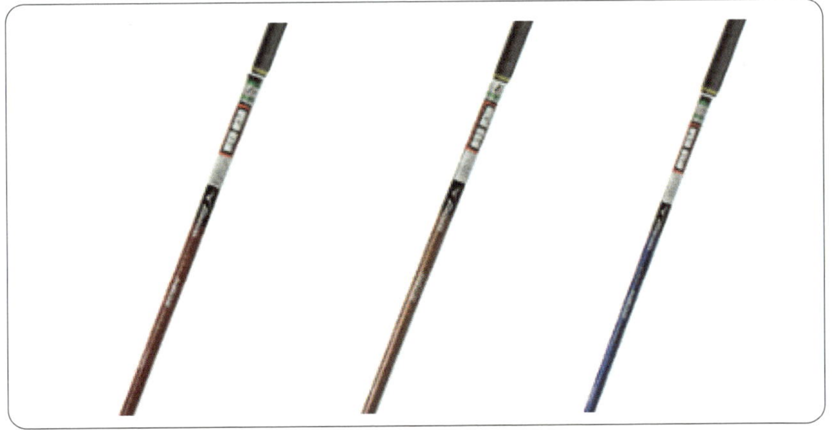

샤프트〉 카본 소재의 샤프트가 가장 많이 사용되고 있다.

- **스틸샤프트:** 철로 만든 샤프트로 힘이 좋은 골퍼들이 선호한다. 다만 너무 무거운 경우 손목에 무리가 갈 수 있으니 주의해야 한다.

- **그라파이트 샤프트:** 가벼운 고무재질의 샤프트로 반발력이 우수해서 장타를 칠 수 있다는 장점이 있다.

헤드〉 재질에 따라 우드형, 카본형, 플라스틱형으로 나뉜다.
샷을 할 때 몸에 오는 충격을 흡수하고, 비 거리가 늘어나는 효과가 있다.

- **우드형:** 원목이나 합성목을 사용하는데 타구감이 좋고 소리가 경쾌하지만 무게가 무겁고 내구성이 약하다는 단점이 있다. 합성목은 타격음이나 손맛이 좋지 않아서 원목(단풍나무)을 선호하는 편이다.

  * 단풍나무는 온습도 적응력이 강해서 우리나라 기후에 알맞은 재질로 탄성과 내구성, 충격 흡수의 특징이 좋아 국산 파크골프채로 많이 사용되고 있다.

- **카본형:** 탄소섬유재질로 만들어져 가볍고 탄성이 좋다.

- **플라스틱형:** 금속소재 없이 모두 플라스틱으로만 이루어져 있어 매우 가볍다. 어린아이들에게 적합하며 비거리가 긴 편이다.

2) 파크클럽 고르는 핵심 포인트

가. 자신의 체형과 근력 고려

- 남성의 경우 35인치~37인치 채가 일반적

- 여성 및 시니어는 33인치~35인치 채가 사용하기 편리

키가 작거나 팔 길이가 짧다면 샤프트 길이를 한 단계 줄이는 것이 좋다.

TIP: 처음 구매 시 "길이 + 밸런스 + 그립감" 세 가지를 꼭 직접 시타

해보시길 권한다.

나. 헤드 무게 밸런스 확인

- 너무 무거우면 스윙이 둔해지고,

- 너무 가벼우면 거리감이 줄어든다.

TIP: 초보자는 500~520g, 숙련자는 530~560g 정도가 적당하다.

다. 그립감은 미끄럽지 않게, 손에 착 붙는 느낌

- 땀이 많다면 실리콘 재질보다 러버(고무) 그립이 안정적

- 손이 작은 경우엔 그립 두께가 얇은 모델을 추천한다.

TIP: 그립은 소모품이다. 1년에 한 번은 새 제품으로 교체해 주는 것

이 좋다.

라. 파크골프채 관리 방법

- 파크골프 채는 관리만 잘해도 수명이 2배 이상 늘어난다.

- 사용 후엔 부드러운 마른 수건으로 닦는다.

- 비 오는 날엔 반드시 그늘에서 완전 건조 후 보관한다.

- 헤드 부분은 전용 커버로 보호한다.

- 차량 트렁크 등 고온 장소 보관은 피한다.

TIP: 헤드와 샤프트의 연결부(넥 부분)는 먼지가 끼지 않게 청소하고, 한 달에 한 번 정도 오일로 관리하면 좋다.

"골프채는 몸의 연장선이다" 파크골프는 기술보다 감각의 스포츠이다. 따라서 장비가 내 스윙과 맞지 않으면, 아무리 좋은 코치에게 배워도 실력이 잘 늘지 않는다.

"여유로운 한 샷이 인생의 새로운 라운드를 시작하게 될지도 모른다"

3) 골프 클럽 제품 정보

가. 피닉스 파크골프클럽: https://www.phoenixparkgolf.com/

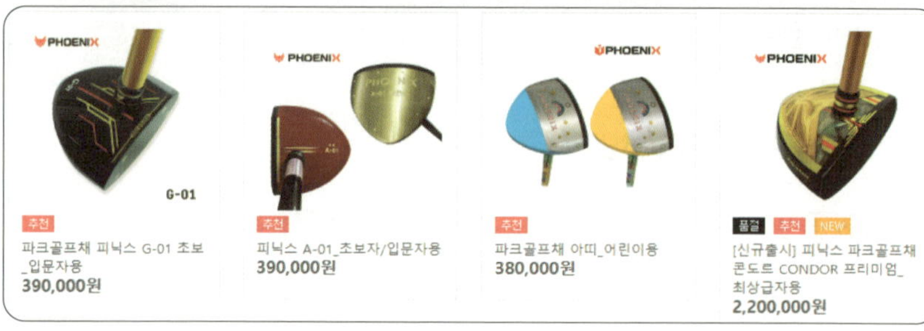

나. 빅토리 파크골프 클럽: http://www.victorypg.co.kr/

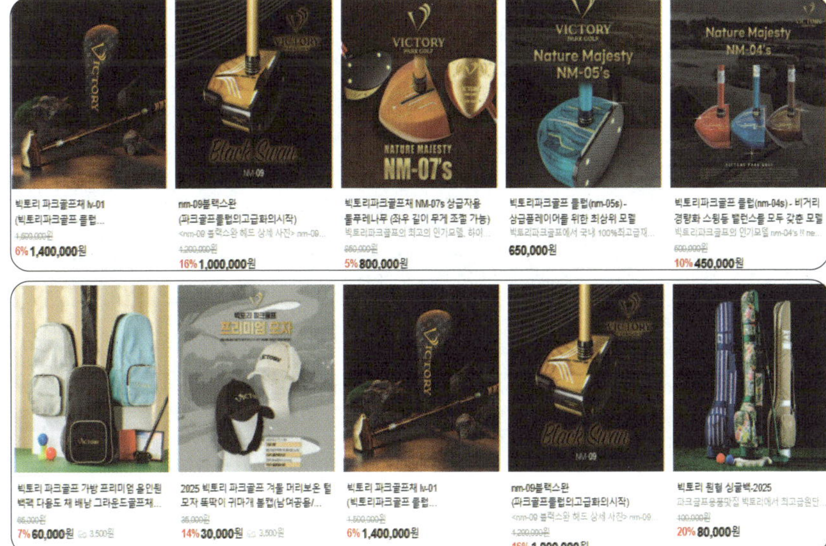

다. ASTRO 파크골프 클럽 :

https://blog.naver.com/jopo5599/223851149554

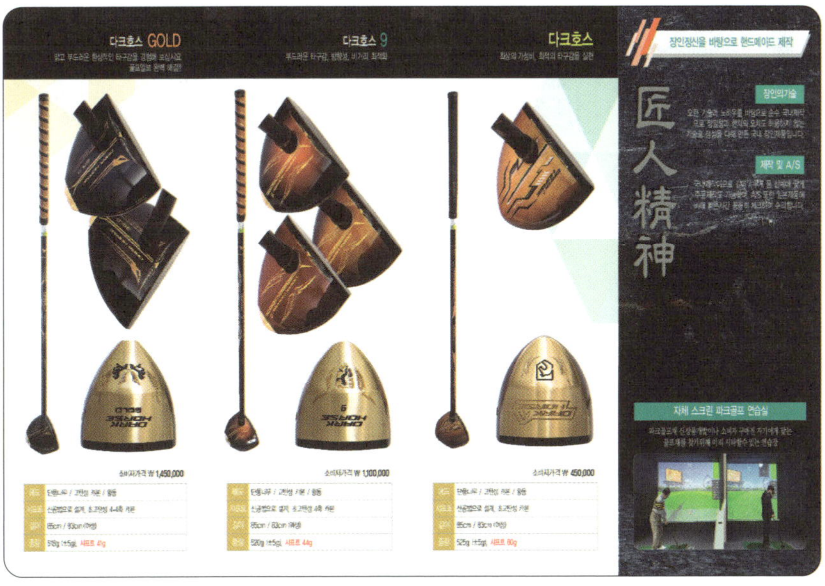

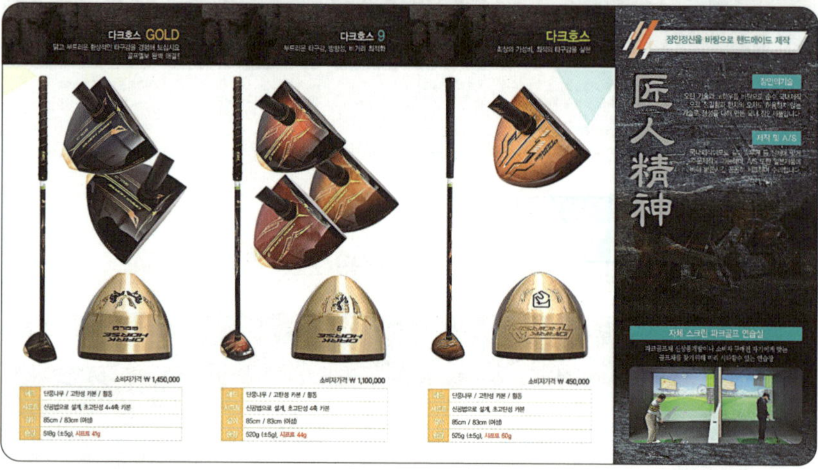

피닉스 파크골프클럽

빅토리 파크골프 클럽

ASTRO 파크골프 클럽

뉴월드 파크골프

썬파크 파크골프 클럽

판테온 파크골프클럽

라. 뉴월드 파크골프 https://www.nwparkgolf.co.kr/product

뉴월드파크골프는 100% 국내 제작 파크골프채로 최고의 성능과 디자인을 자부합니다.
제품마다 나를 보다 돋보이게 하는 하나의 패션아이템이라는 생각으로 심미적 부분까지 놓치지 않습니다.

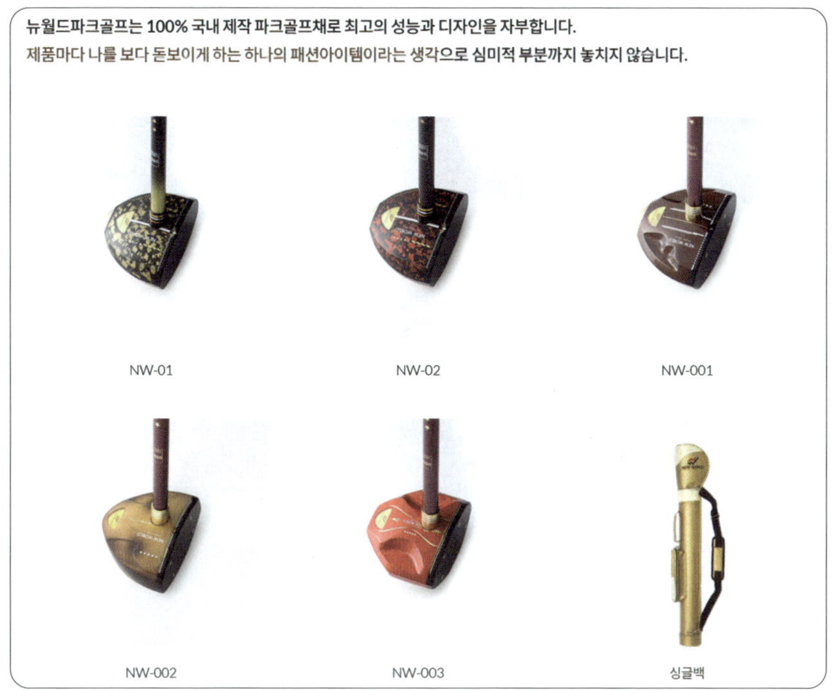

마. 썬파크 파크골프 클럽 https://tinyurl.com/2y7z3gou

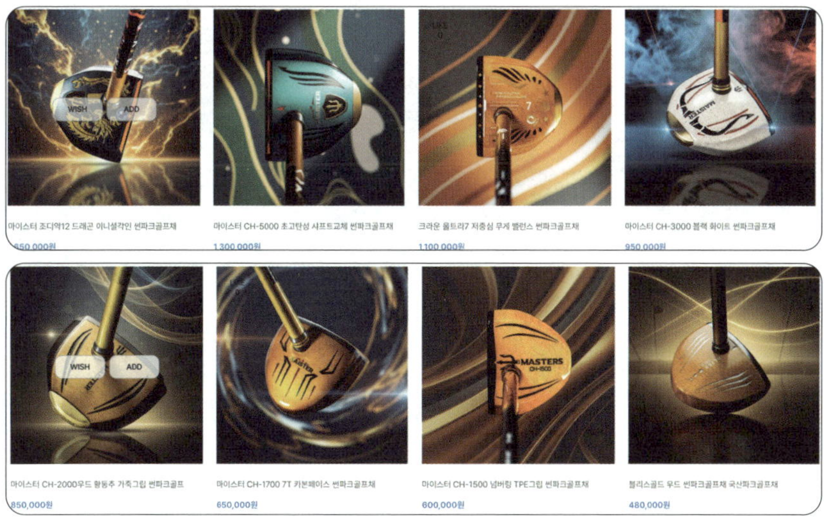

4) 공(Ball)

파크골프 공(Ball)은 **직경 6cm** 정도의 경질 플라스틱 볼을 사용하며, 무게는 약 **80~95g**으로 표준화되어 있다. 이 볼은 크고 가벼워서 멀리까지 빠르게 굴러가지만 공중으로 높게 뜨지는 않으며, 눈에 잘 띄도록 **형광색, 선명한 색상**으로 제작되어 있다.

플레이어들은 각자 자신의 공을 식별하기 위해 다양한 색상의 볼을 사용하고, 필요에 따라 날씨나 코스 상태에 맞춰 **여러 종류의 볼**을 준비해 활용하기도 한다. (예: 딱딱한 지면에서는 탄성이 높은 볼, 젖은 잔디에서는 부드러운 볼 등).

파크골프 공의 겹에 따라 2겹은 2피스, 3겹은 3피스, 4겹은 4피스라고 한다.

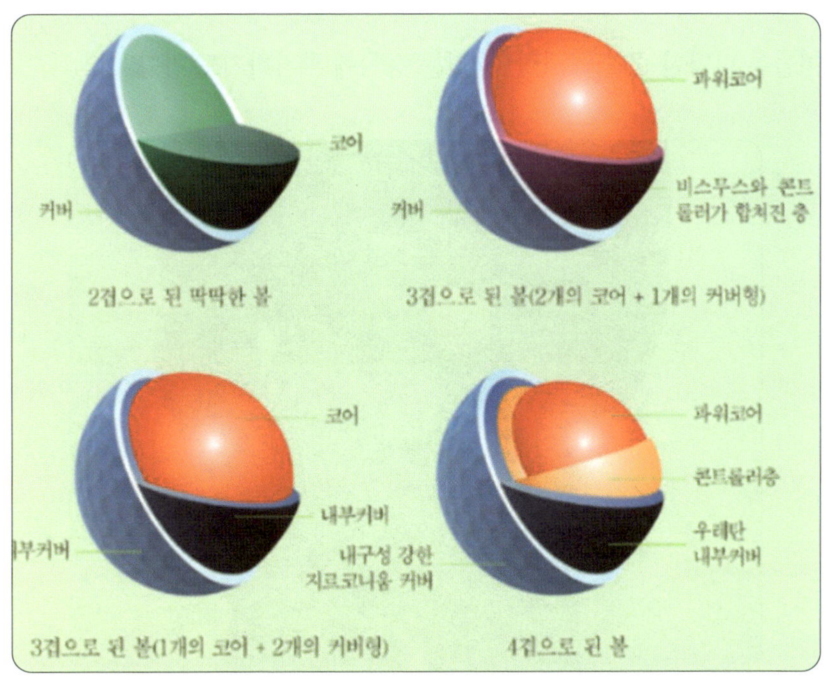

피스	구조	주요 특징	장점 (Pros)	단점 (Cons)	추천 대상
1피스	단일 소재	가장 기본적인 구조	**가격이 저렴**, 내구성이 매우 좋음	**성능(비거리, 스핀)이 떨어짐**	연습용, 드라이빙 레인지
2피스	코어 + 커버	비거리에 특화된 구조	**뛰어난 비거리, 직진성이 좋음**, 가격이 비교적 저렴	스핀량이 적어 **컨트롤이 어려움**, 딱딱한 타구감	**초보자, 헤드 스피드가 느린 골퍼** (시니어, 여성 등), 비거리 확보가 필요한 골퍼
3피스	코어 + 맨틀 + 커버	비거리와 컨트롤의 균형	**적절한 스핀량으로 컨트롤 용이**, 부드러운 타구감	2피스 대비 비거리가 약간 감소, 가격이 비쌈	**중급 이상의 골퍼**, 정확도와 컨트롤을 중시하는 골퍼
4피스	코어 + 맨틀(2개) + 커버 등	최고 수준의 성능	**비거리와 컨트롤 모두 우수**, 정교한 조절 가능, 매우 부드러운 타구감	**가격이 가장 비쌈**, 헤드 스피드가 느리면 성능 활용 어려움	**상급자, 프로**, 최대 컨트롤과 타구감을 원하는 골퍼

5) 볼 캐리어

가장 기본적인 것은 벨트나 신발끈에 부착된 스테인리스 스틸 성형 길이이다. 고급 캐리어는 가죽 힙색과 비슷하며 여러 개의 공, 휴대전화, 점수표 및 기타 개인 소지품을 담을 수 있다. 어떤 사람들은 라운드 사이에 공을 손에 들고 다니거나 주머니에 넣기도 하지만, 많은 플레이어들은 다양한 공을 보관할 수 있는 장치에 투자하기도 한다.

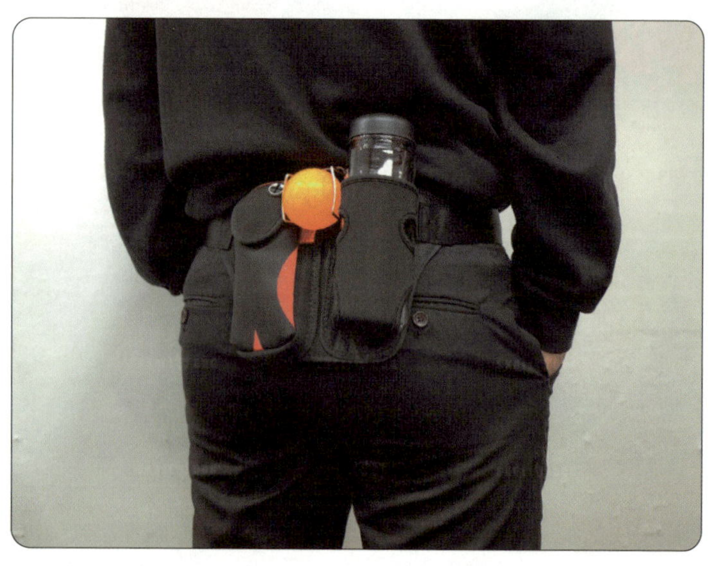

6) 티(tee)와 기타 용품

파크골프에서도 골프처럼 티잉 그라운드에서 **티**를 사용할 수 있다. 보통 **고무나 플라스틱 재질의 작은 받침대**로 공을 지면에서 약간 띄워 놓아 첫 타격을 수월하게 해주며, 필요에 따라 사용한다.

이밖에 플레이어들이 휴대하는 **볼 주머니(혹은 볼 파우치), 스코어카드와 연필, 간이 스코어카드 홀더(스코어카드 프로텍터)** 등이 개인별 준비물로 쓰인다. 스코어카드 프로텍터는 점수 카드를 비나 땀으로부터 보호해 주는 클립보드 형태의 소품으로, 동호인들이 애용하는 장비 중 하나이다. **거리측정기나 볼 마커** 등은 필수는 아니지만 골프 경험자들이 편의를 위해 사용하기도 한다.

7) 초보자를 위한 추천 세트 구성

구성품	수량	설명
파크골프채	1개	알루미늄 중량형
파크 골프공	3개	중간 탄성, 연습용
티(tee)	3개	우드 또는 플라스틱
장갑	1쌍	미끄럼 방지용
가방	1개	휴대용 경량형

※ 온라이프 회원별 결합상품 구성 내용

2. 복장 규정:

파크골프는 일반 골프에 비해 복장이 비교적 자유롭고 편안한 편이다. **운동화** 또는 밑창에 징이 없는 **골프화**를 신어 잔디를 훼손하지 않도록 하며, 옷차림은 **캐주얼 복장**이면 충분하다.

다만 공원 이용객의 안전과 경기 매너를 위해 **너무 노출이 심한 옷**이나 움직임에 방해되는 복장은 피하고, **모자**와 **장갑**을 착용하여 햇빛을 차단하고 손바닥 물집을 방지하는 것이 좋다.

공식 대회나 협회 주관 행사에서는 **단정한 카라 셔츠와 긴 바지** 착용을 권장하며, **협회 로고가 들어간 유니폼**을 맞춰 입기도 한다. 우천 시에는 가벼운 우비를 입고 플레이할 수 있으며, 한여름에는 흡습성과 통풍이 좋은 옷을 입어 열사를 예방한다. **간편한 복장**과 **편한 신발**로 남녀노소 누구나 편하게 즐길 수 있다는 점이 파크골프의 또 다른 장점이라 할 수 있다.

3. 스코어 카드

파크골프 스코어는 각 홀의 기준 타수(파)와 실제 타수를 비교해 기록하며, 적을수록 좋은 점수 이다.

가. 기본 개념

9홀 기준 총 33타, 18홀은 66타가 기준이다.

파보다 적으면 언더파, 많으면 오버파이며, 버디(-1)·이글(-2)·알바트로스(-3)·보기(+1)·더블보기(+2)·트리플보기(+3)·더블파(+2)로 표기한다.

나. 스코어카드 작성법

카드에는 홀 번호, 파, 플레이어 이름, 실제 타수, 누적·총합을 기록한다.

홀 아웃 후 실제 타수(벌타 포함)를 기록하고, 동반자 전원이 확인·서명한다.

OB는 +2타로 기록하며, 한 홀 최대 8타로 제한한다.

다. 계산·표기 팁

기준 타수 대비 많으면 +, 적으면 -로 표기할 수 있다.

예: 파3에서 1타는 -2, 2타는 -1, 3타는 0, 4타는 +1로 기록한다.

9홀 33타 기준으로 총합을 계산해 언더파·오버파를 산출한다.

스마트폰 스코어 카드

스마트폰 스코어 카드

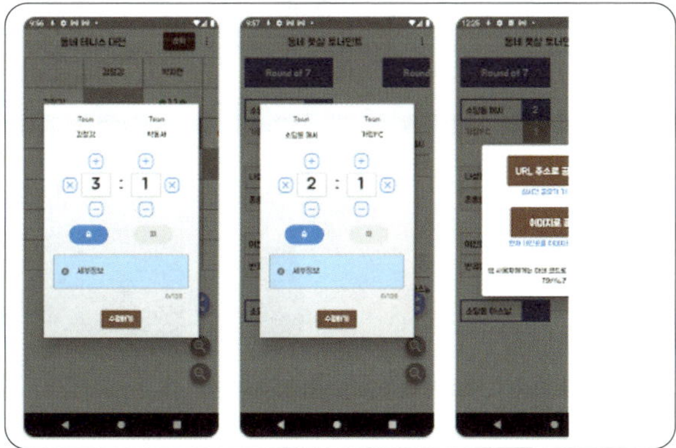

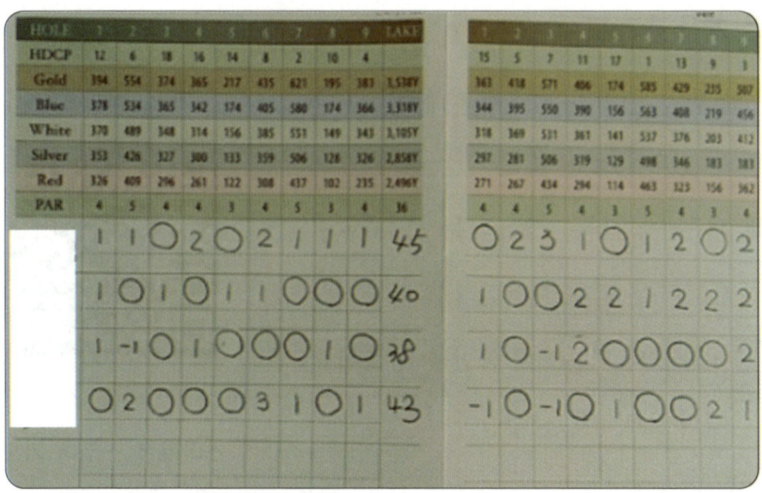

HOLE	1	2	3	4	5	6	7	8	9	LAKE
HDCP	12	6	18	16	14	8	2	10	4	
Gold	394	554	374	365	217	435	621	195	383	3,538Y
Blue	378	534	365	342	174	405	580	174	366	3,318Y
White	370	489	348	314	156	385	551	149	343	3,105Y
Silver	353	426	327	300	133	359	506	128	326	2,858Y
Red	326	409	296	261	122	308	437	102	235	2,496Y
PAR	4	5	4	4	3	4	5	3	4	36

	1	2	3	4	5	6	7	8	9
HDCP	15	5	7	11	17	1	13	9	3
Gold	363	418	571	406	174	585	429	235	507
Blue	344	395	550	390	156	563	408	219	456
White	318	369	531	361	141	537	376	203	412
Silver	297	281	506	319	129	498	346	183	383
Red	271	267	434	294	114	463	323	156	362
PAR	4	4	5	4	3	5	4	3	4

4. 파크골프 용구 및 용품 안내

제4장

경기 방식과 기본 규칙

제4장
경기 방식과 기본 규칙

파크골프의 **경기 방식**은 골프와 거의 비슷한 **스트로크 플레이**를 채택하고 있다. **각 홀에서 타수를 겨루어** 18홀 합계 최저 타수를 기록한 사람이 승리하는 방식이다. 또한 상황에 따라 **매치 플레이**(홀별 승부를 겨루는 방식)로 즐길 수도 있지만, 대체로 아마추어 동호인들은 스트로크 플레이로 스코어를 관리한다.

플레이 진행은 **4인 1조**가 일반적이고, 첫 홀에서는 가위바위보 등으로 티샷 순서를 정한 뒤, 이후부터는 이전 홀에서의 성적(타수 순)에 따라 티샷 순서를 바꾸는 전통을 따른다. 이는 실력이 비슷한 플레이어들끼리 경기 흐름을 공정하게 유지하도록 돕는 역할을 한다.

타격과 득점:

파크골프에서는 **모든 샷을 하나의 클럽으로 수행**한다. 티그라운드에서의 첫 번째 **드라이브샷**도, 그린 주변에서의 **어프로치샷**이나 **퍼팅**도 동일한 채로 한다. 클럽 헤드에 로프트가 없기 때문에 숙련된 선수만 약간 띄울 수 있을 뿐, 대부분의 샷은 **런닝 어프로치** 형태로 굴러가게 됩니다.

각 홀에는 기준 타수(파)가 있으며, 파보다 적은 타수로 넣으면 **버디**(-1), 2타 적으면 이글(-2)로 기록한다. 파보다 많은 타수는 **보기**(+1),

더블보기(+2) 등으로 불린다. **홀인원(One-in-One)**도 물론 가능하며, 파3 홀에서 홀인원을 기록하면 2타를 줄이는 성과가 된다. 18홀을 모두 마친 후 **총타수가 가장 적은 플레이어가 우승**하게 되며, 동점일 경우 합의하에 연장전을 하거나 친선 경기에서는 공동우승으로 마무리하기도 한다.

1. 기본 룰과 페널티:

파크골프의 룰은 **일반 골프의 룰을 최대한 단순화**한 것이다. 공은 **정지된 상태에서만 타격**해야 하며, **한 번 친 공이 멈출 때까지** 다음 타자는 기다려야 한다. OB(아웃오브바운즈) 구역이나 지정 해저드에 공이 들어가면

1타 페널티를 부과하고 **공이 나간 지점 근처** 혹은 티와 가장 가까운 지점에서 다음 샷을 진행한다.

특이한 점은 연령이나 성별에 따른 **핸디캡 적용이 없다는 것**인데 이는 모두 동일한 조건에서 승부를 겨루는 파크골프의 기본 정신을 반영한다. 다만 고령자나 장애인 대회 등에서는 운영 측면에서 티 위치를 앞당기는 등의 배려를 하는 경우는 있다.

모든 홀에서는 티샷 이후 **공이 홀에 넣어질 때까지** 플레이하는 것이

원칙이며, 중간에 공을 집어 올리거나 포기하면 그 홀은 최대 타수(예: 파의 2배)를 기록하는 식으로 처리된다. **스코어 카드**는 자신과 동반자가 서로 기록하여 확인하고, 라운드 종료 후 서명하여 제출하는 방식으로 신뢰성을 지킨다.

1) 벌타규정과 규칙

(1) 티업하기 전 기본 원칙

① 경기전,경기중 코스내에서 여러번 연습 스트로크를 하는 경우 / **실격**

② 경기중 동반자에게 레슨이나 조언하는 경우 / **에티켓위반**

③ 경기 시작 후 도착하여 참가 할려는 경우 / **실격**

④ 스코어 카드에 실제 타수보다 적게 기록한 것이 적발 될 경우 / **실격**

⑤ 규정을 무시하고 동반자끼리 벌타를 면제 하기로 합의한 경우/ **실격(전원)**

(2) 동작행위 위반

① 클럽의 샤프트, 그립끝등 헤드가 아닌 다른 부분으로 공을 친 경우 / **2벌타**

② 백스윙 없이 그냥 헤드로 공을 밀어내기, 퍼올리기, 끌어당기기 행위를 할 경우 / **2벌타**

③ 파크골프 클럽 헤드에 공이 따당 두번(2회) 이상 동시에 맞는 경우 / **2벌타**

④ 샷을 하기 전에 2회 이상 연습 스윙을 한 경우 (연습스윙은 1회로

제한함) / **매너위반**

⑤ 홀컵에 가까이 있다고 스텐스를 하지 않고 공을 한손으로 퍼팅하

는 경우 / **매너위반**

⑥ 컵인으로 홀아웃을 하지 않고 다음 홀로 이동하여 경기를 한 경우

(더블파 적용시는 별도) / **실격**

(3) 티잉 그라운드

① 티잉그라운드(티샷장소)를 일부라도 벗어난 스탠스(자세)로 티샷을 한 경우 / **2벌타**

② 공을 때릴 의도없는 연습스윙하다가 클럽헤드에 공이 맞아 티에서 떨어지는 경우 / **무벌타**

③ 티잉 그라운드(티샷장소) 외의 구역에 공을 놓고 티샷을 했을 경우 / **2벌타**

④ 공을 칠 의도로 티 샷시 클럽 헤드에 살짝 맞아서 공이 티에서 떨어진 경우 / **1타가산**

⑤ 티 위에 공을 놓지 않고서 바닥에 놓고 티샷을 한 경우 / **2벌타**

⑥ 공를 칠 방향에 표시물을 놓고 방향을 잡아서 티샷을 한경우 / **2벌타**

⑦ 티 샷을 한 공이 티잉그라운드(티샷장소) 뒤로 떨어진 경우 / **2벌타, OB처리**

경기자의 스텐스가 티잉그라운드를 벗어나서 티샷을 하면 2벌타가 부가 된다

(4) 움직이는 공

① 세컨드(두번째) 샷부터 어드레스(준비) 동작 공이 클럽에 닿아서 움직인 경우 / **1타가산**

② 샷을 한 공이 다른 장애물을 맞고 다시 경기자 자신의 몸에 맞은 경우 / **2벌타**

③ 어드레스(준비동작) 이후 백스윙 도중에 공을 건드려서 백스윙을 중지한 경우 / **무벌타**

④ 경사면이나 어떤장소에서 움직이고 있는 공을 클럽 이나 발로 막을 경우 / **2벌타**

⑤ 움직이는 공이 다른 동반자에 의해 멈쳐진 경우 / **무벌타**

⑥ 공끼리 충돌하여 움직여진 동반자의 공을 원위치 하지 않고 샷을 한 경우 / **2벌타**

내리막으로 흘러 내리고 있는 공을 강제로 막아서 퍼팅을 하면 2벌타가 부여된다

(5) 정지된 공에 한 행위

① 샷을 하기 전 공 주위의 잔디, 모래 등을 클럽,발 등으로 샷하기 좋게 변경한 경우 / **2벌타**

② 공 주변의 옮길 수 없는 장애물을 강제로 이동하는 경우 / **2벌타**

③ 샷을 하는데 불편하다고 나뭇가지를 꺾거나 발등으로 나무에 손상을 주는 경우 / **2벌타**

④ 옮길 수 없는 장애물 앞에서 샷이 불가능한 경우인데 언플레이어블 (드롭)을 선언 하지 않고 클럽헤드로 당겨서 샷을 했을 경우 / **1벌타**

⑤ 나무 밑의 공이 있을때 백스윙 없이 클럽헤드로 공을 끌어 당기는 경우 / **2벌타**

⑥ 긴 풀(러프)에 파묻힌 공을 본인공인지 확인한다는 명분으로 이동을 할경우 / **2벌타**

모래 벙커에서 공 주변이 고르지 않다고 샷을 하기 좋도록 손이나 클럽 헤드로 모래를 고르면 **2벌타**

⑦ 본인의 공에 접근하여 일부러 공을 움직인 경우 / **2벌타**

⑧ 본인의 공에 접근하여 무심결에 공이 발에 눌려진 경우 / **무벌타**

모래 벙커에서 공 주변을 변경하면 안된다 있는 그대로의 상태에서 샷을 해야 한다

(6) 상대방의 공을 바꿔어서 잘못친 경우

① 세컨드 샷부터 모르고 동반자의 공으로 샷을 한 경우 / **2벌타**

② 첫시작 1번홀의 순서 대기 공거치대에서 다른 경기자의 공으로 잘
못친 경우는 다시 본인 공으로 샷을 하면 된다 / **무벌타**

(7) 공 교환

① 경기 도중에 동반자의 동의 없이 임의로 공을 교체한 경우 (코스전
체) / **2벌타**

빨간색 공으로 경기을 하다가 파란색 공으로 바꾸어서 경기을 하면 2벌타를
부여받는다

(8) 공손상으로 생기는 벌타

① 경기도중 공에 금이 가서 깨진 경우 / 무벌타

② 경기도중 공이 2개로 갈라진 경우 / 무벌타

(9) 마크로 인한 벌타

① 상대방이 볼 마크 요구가 없는데 공을 임의로 집어 올려 딱거나 이
　물질을 제거한 경우 / **2벌타**

② 공을 먼저 집어 들고 마크를 뒤에 하는 경우 / **2벌타**

③ 공뒷쪽에 마커를 하고 공을 들어야 하고, 공을 놓을때는 공을 먼저
　마크앞에 놓고 마크를 들어야 하는데 순서가 바뀐 경우 / **2벌타**

④ 마크할 때 홀컵과 가까운 쪽으로 공의 뒷쪽이 아닌 다른 방향에 마
　크를 하는 경우 / **2벌타**

⑤ 그린에서 퍼팅에 방해 된다고 공을 임의로 좌,우로 이동하는 경우
　/ **2벌타**

⑥ 그린에서 상대의 볼방향에 방해가 되어 볼마커의 위치를 이동 했
　다가 다시 원위치로 하지 않고 퍼팅을 한경우 / **2벌타**

⑦ 마크하는 도중에 공을 살짝 건들인 경우 / **무벌타**

본인의 공이 지나갈 방향에 다른공이 있으면 마크를 요청하고 퍼팅을 하는데
마크를 하는 과정에서 위와 같은 위반시 벌타를 부과한다.

(10) 움직일 수 없는 장애물

① OB 말뚝이나 OB라인을 제거하고 샷을 하는 경우 / **2벌타**

② 나뭇가지 등에 공이 걸려 샷을 할 수 없다고 나무를 훼손하고 샷을
한 경우 / **2벌타**

③ 안전망을 신체의 일부분으로 걷어 올리는 등의 행위 / **2벌타**

④ 안전망 공이 붙은경우 안전망 뒤에서 망과 함께 공을 친 경우 / **2
벌타**

⑤ 백스윙이나 스윙후 안전망을 건드린 경우 / **무벌타**

⑥깊은 러프(풀밭)에서 공 주변를 정리하고 샷을 한 경우 / **2벌타**

⑦ 깊은 러프(풀밭)에서 샷을 하면서 공을 맞추지 못하고 주변만 친경
우 / **1타 가산**

⑧ 배수구, 예비 홀컵이나 스프링 쿨러등에 공이 올라갔거나 또는 걸
쳐 있는 경우는 무벌타로 2클럽이내 이동하여 샷을 함 / **무벌타로
구제**

⑨ 샷을 하는 목표 방향에 움질일수 없는 고정 장애물이 있는 경우 2
클럽 이상 이동한 경우 / **2벌타**

(11) 움직일 수 있는 장애물

① 공 주변의 움직일수 있는 낙엽이나 작은돌, 나뭇가지, 비닐봉지 등을 치우고 샷을 한 경우 / 무벌타

② 움직일 수 있는 장애물을 치우는 도중에 공을 건드려 공이 움직인 경우 / 무벌타

(12) 언플레이어블(드롭행위)

① 언플레이어블 상황에서 동반자에게 알리지 않고 공을 집어 올린 경우 / 2벌타

② 언플레이어블 선언후에 공이 있던 장소에서 홀컵쪽으로 가까운 방향으로 2클럽 이상 이동한 경우 / 2벌타

③ 2클럽 이내로 이동을 하여도 샷을 할 위치가 없을 경우에 티잉 그라운드 방향으로 가장 근접한 곳으로서 홀컵보다 가깝지 않게 공을 놓은 경우 / 무벌타

공을 움직일 수 없는 철망에 붙어 얼플레이를 해야 할 때, 홀컵과 가깝지 않은 쪽으로 2클럽 이내로 이동하고 샷을 한다.

13. OB난 공

① OB경계를 나간 지점에서 드롭(이동)할때 홀컵쪽으로 가깝게 2클
럽이상 공을 놓은 경우 / **2벌타**

② OB여부가 애매한 지점에서 동반자의 확인 없이 본인 임의로 샷을
한 경우 / **4벌타**

③ OB라인을 밟고서 샷을 한 경우 2벌타 였는데 최근 개정되어 **무벌
타**로 변경됨

(14) 분실한 공

① 경기 도중 공을 분실한 경우(OB와 같이 적용) / **2벌타**

② 분실공을 찾는 시간을 3분이상 초과하여 경기 지연시킨 경우 /
2벌타

③ 앞조와의 경기진행 간격이 2개홀 이상 벌어져 지연된 경우 / **팀원
전체 2벌타**

(15) 모래 벙커

① 모래위에서 공을 백스윙 없이 퍼올리기,밀어내기,당기기 등을 한
   경우 / **2벌타**

② 공 주변의 모래를 고르거나 모래를 눌러서 샷을 하기 좋게 변경 하
   는 경우 / **2벌타**

③ 공을 맞추지 못하고 공 뒷쪽 모래만 친 경우(공이 움직인 것으로
   간주) / **1타 가산**

(16) 그린

① 퍼팅을 좋게 하기 위해 잔디 등을 클럽외 다른 도구로 그린을 고르
   는 경우 / **2벌타**

② 홀컵에서 2클럽이상의 거리에 있는 공을 상대방 요구도 없는데 임
   의로 마크한 경우 / **2벌타**

③ 홀컵에 가까이 있는 공을 컵인하지 않고 무의식적으로 그냥 집어 올린 경우 / **2벌타**

④ 동반자 동의 없이 깃대를 뽑고 퍼팅하는 경우 / **2벌타**

홀인 되지 않은 공을 그냥 집어 올리면 2벌타를 부여받는다

(17) 캐주얼 워터

① 캐주얼 워터에 공이나 스탠스가 겹친다고 홀컵 가까이로 공을 이 동하는 경우 / **2벌타**

② 갑자기 생긴 물웅덩이에 공이나 스탠스가 걸쳐지면 홀컵보다 가까 운쪽이 아닌 곳에 2클럽 이내로 이동시 / **무벌타**

(18) 워터 해저드

① 워터 해저드에 공이 빠져서 샷을 할 수 없는 경우 공이 들어간 지 점 좌우에서 2클럽 이내로 홀컵보다 가까운 지점에서 샷을 했을

때 / **2벌타**

② 수로에 빠져 움직이고 있는 공을 쳐내는 경우 / **2벌타**

(19) 홀을 잘못 진입

① 정해진 순서의 홀이 아니게 다른홀로 순서가 바뀌어서 잘못 진입하여 1개홀을 경기한 경우 / **2벌타**

② 정해진 순서의 홀이 아니게 홀로 순서를 바뀌어 3개홀을 잘못 경기한 경우 / **6벌타**

(20) 수리지

① 수리지에 공이 들어 갔을때 수리지 밖에 좌우에서 홀컵에 가깝지 않는 곳으로 2클럽 이내 이동시 / **무벌타**

단, 홀컵쪽으로 가깝게 공을 이동하여 규정을 위반한 행위 / **2벌타**

21. OB티및 해저드티 별도지정

① 공이 OB가 난 경우에 나간 지점에서 깃대를 보고 수직으로 서서 양팔의 좌우방향으로 2클럽이내 공을 놓을 장소가 없을 때 별도 지정 좌,우측 별도의 장소에 OB티 또는 해저드티를 설치할 수 있다.

벌타 행위 요약

구분	위반 행위 또는 상황	처치 방법
타구 규칙 위반	OB (Out of Bounds)	공이 OB 라인을 넘었을 때.
	언플레이어블 선언	공을 칠 수 없어 구제를 요청했을 때.
	공을 띄워 치는 행위 (푸시, 퍼 올리기)	클럽 헤드면을 사용하지 않고 고의로 공을 띄웠을 때.
	티잉 구역 밖 타구	티 샷을 티잉 그라운드를 벗어나서 했을 때.
	순서 위반 (티 샷)	동반자 간 합의 없이 고의적으로 티 샷 순서를 위반했을 때.

구분	위반 행위 또는 상황	처치 방법
부정 행위 및 조작	타격 오인 (오구 플레이)	자신의 공이 아닌 다른 사람의 공을 쳤을 때.
해저드 구역	인위적 코스 정비	플레이에 유리하도록 클럽 등으로 코스를 고르거나 밟는 행위.
	장애물 제거 위반	움직일 수 없는 장애물을 제거하거나 인위적으로 옮기는 행위.
	벙커 내 클럽 접촉	벙커 안에서 타구 전에 클럽으로 모래를 접촉하거나 스탠스를 다지는 행위.
	워터 해저드 구제	워터 해저드에 빠져 벌타를 받고 구제(드롭/플레이스)를 선택했을 때.
공 움직임 관련	공을 건드리는 행위	플레이 중인 자신의 공을 손이나 클럽으로 고의로 건드리거나 움직였을 때. (단, 루스 임페디먼트 제거 중 발생한 우발적 움직임은 무벌타 후 원위치)

경기 예절(Etiquette):

파크골프도 골프와 마찬가지로 **에티켓**을 매우 중시한다. 플레이 중에는 **동반자의 플레이를 방해하지 않도록** 조용히 하고, 공을 칠 때는 **다른 사람의 안전 여부를 반드시 확인한다.**

1. 에티켓 위반 (2벌타 또는 실격)

구분	위반 행위	조치
반복적 에티켓 위반	경기 속도 지연, 소란 행위, 동반자 플레이 방해 행위 등이 경고 후에도 지속될 경우.	**2벌타 부과**
중대한 에티켓 위반	욕설, 폭력적 언행, 고의적인 경기 방해 등 스포츠맨십에 현저히 어긋나는 행위.	**해당 라운드 실격** 또는 대회 전체 실격

앞 팀이 완전히 홀 아웃하여 안전한 거리가 확보된 후 티샷을 해야 하며, 혹시 공이 사람 쪽으로 날아가면 즉시 큰 소리로 "볼(ball)!"을 외쳐 위험을 알린다. 플레이어는 **자신의 순서에 신속히 준비**하여 경기 진행을 지연시키지 말아야 하고, 코스 내 **잔디나 시설을 소중히 다루는 마음**을 가져야 한다.

공을 치고 생긴 디봇(divot)이나 움푹 패인 자국은 가능하면 정리하고 나오며, 벙커를 이용했다면 간이 갈퀴로 모래를 고르게 펴놓다. 또한 **다른 조의 퍼팅 라인**을 지나칠 때는 그 선을 밟지 않도록 우회하는 것이 매너이다.

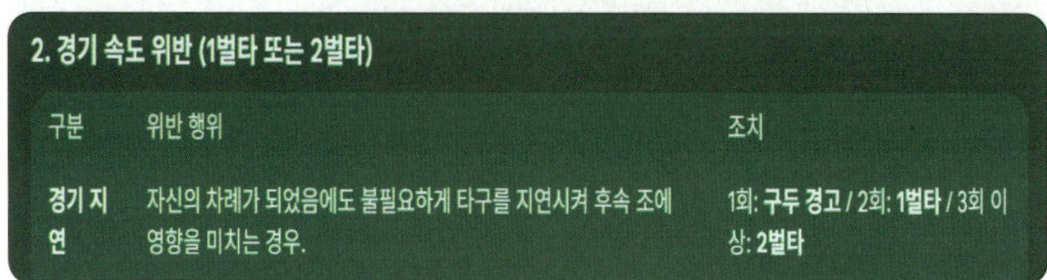

2. 경기 속도 위반 (1벌타 또는 2벌타)

구분	위반 행위	조치
경기 지연	자신의 차례가 되었음에도 불필요하게 타구를 지연시켜 후속 조에 영향을 미치는 경우.	1회: **구두 경고** / 2회: **1벌타** / 3회 이상: **2벌타**

모든 플레이어는 **스코어 정직성**을 지켜야 하며, 오구(남의 공)를 칠 경우 즉시 정정하고 2타 벌타를 받는 등 **룰 위반 시 담담히 페널티를 수**용해야 한다. 끝으로, 같이 라운드한 이들과 **악수를 나누며 감사를 표하는 전통**도 파크골프에서 이어지고 있다. 이러한 기본 규칙과 예절을 준수함으로써 파크골프는 더욱 **안전하고 즐거운 스포츠**로 유지된다.

파크골프장 경기규칙

운동가능 여부 확인

- 라운드는 3~4명 편성하고 운동 전 충분한 몸풀기 운동을 한다.

- 복장과 건강 상태를 확인한다.

1번홀 출발전 조치사항

- "번호뽑기" 또는 "가위,바위,보"등 으로 티샷을 정한다.

- 2번홀 부터는 전 홀 제일 적은 타수의 조원이 첫 번째 티샷을 한다.

티박스에서 요령

- 해당 홀의 제원을 확인한다.

- 동반자는 안전한 거리에서 경기자의 샷을 보며, 안전에 유의한다.

- 상호 간의 칭찬과 격려를 해준다.

페어웨이에서 요령

- 경기 순서는 OB 공을 우선 배려하며, 깃대에서 먼 순서대로 경기한다.

- 만약 20M 이내 동반자의 공이 방해가 되면 마크를 요구한다.

- 러프나 OB지역에서 경기방법

- 러프지역에서 주변풀을 누르는 행위는 금지된다.

- 만약 공을 찾지 못한다면 분실구 처리하며 OB와 동일하다.

- OB와 언블레이블 판단이 되면, 깃대와 다른 방향으로 2클럽 이내에 다음 샷을 한다.

그린에서 요령

• 깃대에서 먼 순서대로 경기한다.

• 모든 퍼팅이 끝나면 다음 조에게 OK 수신호를 준다.

타수 기록하기

• 경기 후 상호간 타수를 확인하고 기록한다.

파크골프장 준수사항

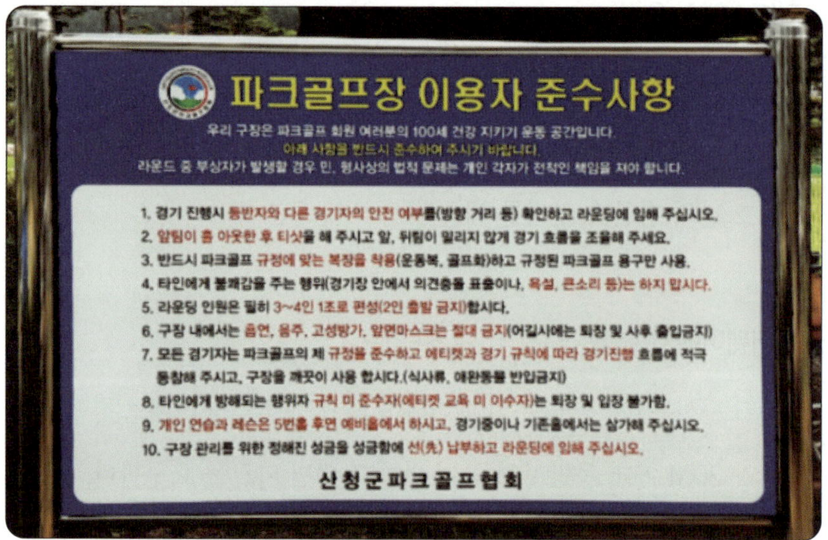

• 경기자 외 장내 출입을 금지한다.

• 공을 칠 때에는 동반자와 다른 조 경기자의 안전 여부를 확인한다.

• 앞 팀이 홀 아웃 한 후 티샷을 한다.

• 초등생은 보호자와의 동행이 필요하다.

- 파크골프장에서는 반드시 파크골프 도구를 사용하여야 한다.

- 경기장 입장 시 반드시 운동화를 착용하여야 한다.

- 클럽의 파손 및 공 분실 시 배상하여야 한다.

- 타인에게 방해되는 행위자(음주, 고성방가, 규칙 미준수 등)는 퇴장을 조치할 수 있다.

월드레저
스포츠의
미래

제5장

초보자를 위한 기본 기술 습득

제5장
초보자를 위한 기본 기술 습득

파크골프에 입문한 초보자들이 즐겁게 실력을 늘리기 위해 익혀야 할 기본 기술을 정리한다. 무엇보다 올바른 자세와 스윙 기초를 터득하는 것이 중요하다.

1. 그립 잡는 법 :

파크골프 클럽의 그립 잡는 방식은 일반 골프의 퍼팅 그립과 비슷하거나, 자신에게 편한 방법으로 할 수 있다. 가장 많이 권장되는 것은 오버래핑 그립이나 베이스볼 그립이다.

양손의 일관된 협응이 중요하므로, 오버래핑 그립의 경우 오른손 새끼손가락을 왼손 검지와 중지 사이에 걸쳐 잡고, 베이스볼 그립은 양손을 어깨너비 간격으로 쥐되 엄지손가락이 샤프트를 따라 내려오도록 한다.

그립은 너무 강하게 쥐지 말고 가볍게, 그러나 임팩트 순간 흔들리지 않을 정도의 힘으로 잡는 것이 포인트이다. 초보자는 흔히 과도한 힘을 줘서 경직되곤 하므로, 편안한 힘으로 살짝 쥔 채 팔과 클럽이 하나가 된 느낌을 익히도록 지도한다.

🏌 파크골프 기본 그립

파크 골프에서 사용하는 3가지 기본 그립

그립(Grip)이란?

그립이란 골프 클럽을 손으로 잡는 방법.
그립은 스윙의 정확성과 힘 전달에 큰
영향을 주기 때문에, 올바른 그립을 잡는
것이 무엇보다 중요하다.

기본 그립 3가지 👇

- ☑ 인터록킹 그립 (Interlocking Grip)
- ☑ 오버래핑 그립 (Overlapping Grip)
- ☑ 베이스볼 그립 (Baseball Grip)

인터록킹 그립 (Interlocking Grip)

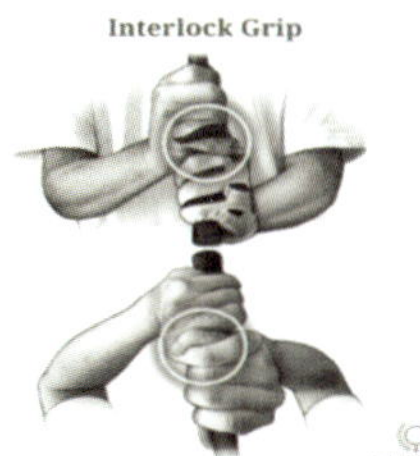

방법 : 오른손의 새끼손가락과 왼손의
집게손가락을 깍지처럼 끼워 잡는다.

특징 : 양손의 일체감이 좋아 안정적인 스윙 가능,
다만 클럽 헤드 움직임은 둔해 질 수 있다.

추천 대상 : 손이 작거나 힘이 약한 분들에게 적합

Fun! Happy! Together!
ParkGolf

🏌 파크골프 기본 그립

👆 오버래핑 그립 (Overlapping Grip)

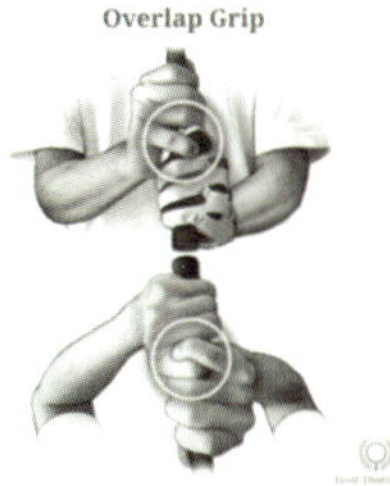

방법 : 왼손이 클럽을 먼저 감싸 쥐고, 오른손
새끼손가락을 왼손 집게손가락 위에 얹는다.

특징 : 골프에서 가장 널리 쓰이는 그립.
양손의 일체감이 좋고 임팩트 지점에서 클럽
헤드의 움직임이 부드럽다.

추천 대상 : 일반적인 체형과 힘을 가진 분들

⑪ 베이스볼 그립 (Baseball Grip)

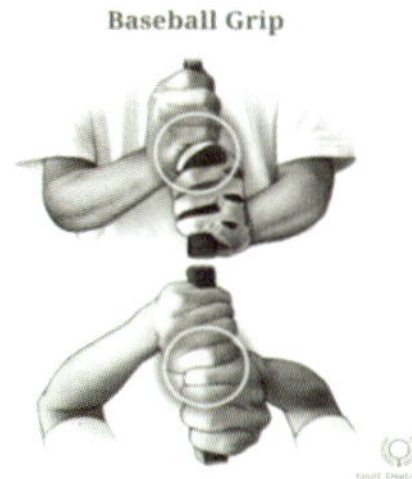

방법 : 야구 방망이를 잡듯이, 오른손과 왼손을
균등하게 잡는다.

특징 : 파크 골프에서 많이 사용. 공에 힘을 전달
하기 쉽지만, 오른손 힘이 과하면 유연성이
떨어질 수 있다.

추천 대상 : 초보자, 손이 큰 분들, 단단한 타격감을

2. 어드레스 자세

셋업 때의 자세는 공의 방향성과 거리감에 큰 영향을 준다. 다리는 **어깨너비 정도로 벌리고** 양발을 목표 방향과 대체로 평행하게 맞춘다. 무릎은 약간 굽혀 **안정적인 중심**을 잡고, 상체는 허리를 약간 굽혀 공을 내려다보는 자세를 취한다. 이때 **등과 허리는 곧게 편 상태**에서 숙여야 허리가 무리 없이 지지된다. 시선은 공 바로 뒤쪽에 두고, 어깨와 팔은 힘을 빼서 자연스럽게 늘어뜨린다. 클럽 헤드는 공 뒤에 댄 후, **페이스 면이 목표 방향을 정확히 향하도록** 스퀘어로 맞춘다. 이러한 기본 어드레스 자세가 곧고 안정적이어야 이후 스윙의 궤도가 흔들리지 않으므로, 처음에는 거울이나 남의 도움을 받아 **정렬 상태**를 점검하는 것이 좋다.

파크골프에서 어드레스 자세를 취하는 방법과 주요 포인트이다. 구체적인 설명을 읽으면서 같이 따라해 보시길 권한다.

1) 발의 위치와 스탠스

발 간격:

- 스퀘어 스탠스로 양발을 어깨너비로 벌린다.
- 안정성을 유지할 수 있는 넓이로 서는 것이 중요하다.

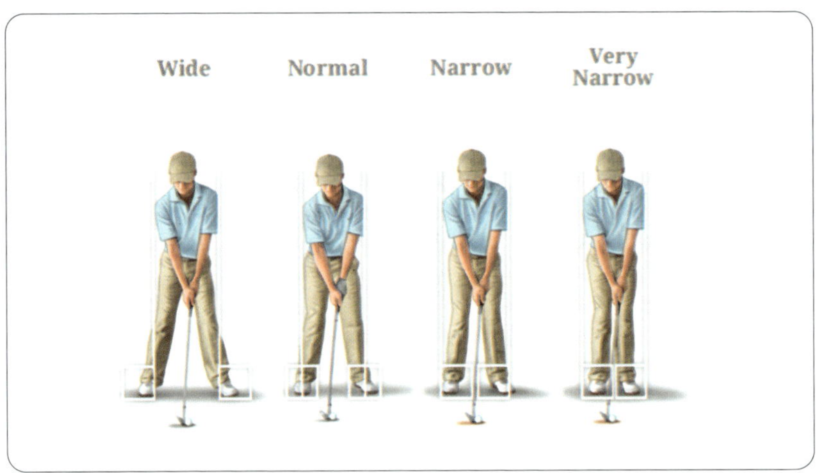

체중 분배:

- 체중은 양발에 고르게 분배하며, 발바닥 중앙에 놓는다.

- 몸의 흔들림을 최소화하기 위해 안정적인 자세를 유지한다.

발끝 방향:

- 발끝은 약간 바깥쪽으로 벌려준다.

- 이 자세는 몸의 회전을 자연스럽게 돕는다.

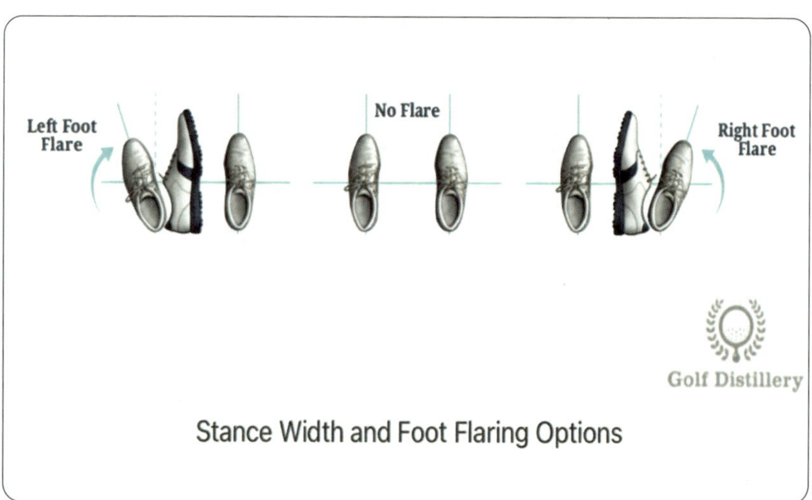

2) 공의 위치

중앙 정렬:

- 공은 두 발 사이 정중앙이나 약간 왼발 쪽에 위치한다.

- 클럽 길이에 따라 위치가 약간씩 달라질 수 있다.

거리 조절:

- 클럽 헤드가 공 바로 뒤에 위치하도록 서서, 클럽과 몸 사이에 약간
  의 공간(20~30cm 정도)을 둔다.

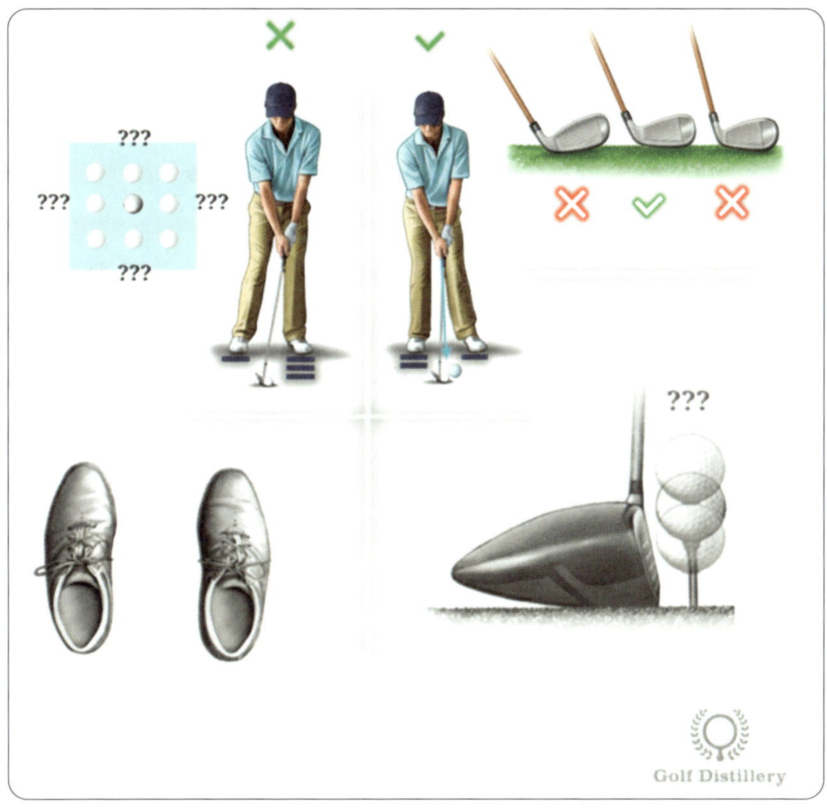

3) 상체 자세

허리 각도:

- 허리를 약간 숙여 상체를 앞으로 기울인다.

- 기울이는 각도는 약 30~40도 정도가 적당하며 등을 곧게 유지한다.

팔 위치:

- 팔은 자연스럽게 몸에서 떨어져 클럽을 잡는다.

- 어깨와 팔이 편안하게 떨어진 상태를 유지한다.

머리 위치:

- 머리는 공을 향해 고정하며, 지나치게 숙이거나 들지 않는다.

4) 무릎과 하체 자세

무릎 굽힘:

- 무릎을 약간 굽혀 안정적인 자세를 취한다.

- 무릎을 너무 굽히면 불안정해지므로 적당한 굴곡을 유지한다.

하체의 안정성:

- 하체는 스윙 동안 흔들리지 않고 고정되어야 한다.

5) 손과 클럽의 위치

그립 위치:

- 양손으로 클럽을 부드럽게 잡는다.
- 그립은 손목이 편안한 각도를 유지하도록 한다.

클럽 헤드 정렬:

- 클럽 헤드는 공 뒤에 정확히 위치해야 하며, 지면과 수평을 이루도록 한다.

6) 시선과 집중

시선 고정:

- 공의 중심에 시선을 고정한다.
- 스윙 전까지 머리와 눈은 공에서 움직이지 않아야 한다.

목표 방향:

- 타겟 방향을 정확히 설정한 뒤, 어드레스 자세를 취한다.

7) 어드레스 자세 점검 포인트

1. 자세가 편안하고 자연스러운가?

2. 체중이 발바닥 중앙에 고르게 분배되었는가?

3. 클럽과 몸 사이 간격이 적당한가?

4. 머리와 시선이 공에 고정되어 있는가?

5. 하체가 안정적으로 고정되어 있는가?

8) 상황에 따른 공 위치

파크골프에서는 티샷과 어프로치에 따라 공 위치를 달리해야 한다.

초보자들이 흔히 모든 샷을 중앙에 두는 실수를 하는데, 꼭 구분해야
한다.

왼발 쪽(앞) ← 중앙 → 오른발 쪽(뒤)
티샷 (비거리 중심) → 중앙보다 약간 왼발 쪽

▶ 클럽이 올라가는 궤도로 공을 맞아 높은 탄도 + 긴 비거리

어프로치 (정확성 중심) → 중앙 또는 약간 오른발 쪽

▶ 클럽이 내려오는 순간 공을 맞아 낮은 탄도 + 거리 조절 용이

멀리 칠 때는 왼발, 정확히 붙일 때는 중앙~오른발이다.

모든 샷에서 똑같이 중앙에 두면 안 되고, 상황에 맞춰 공 위치를 바꿔주는 것이 중요하다.

3. 스윙 동작

파크골프의 스윙은 일반 골프 스윙에서 **상체 회전과 팔의 진자 운동**을 간소화한 형태이다. 공을 멀리 띄울 필요가 없으므로 **어깨 턴은 최소화**하고, 퍼팅에 가까운 펜듈럼 스트로크 느낌으로 수행한다.

백스윙 시에는 양팔과 클럽이 일체가 되어 **어깨높이 이하**까지만 천천히 올라갔다가, 다운스윙에서는 클럽 헤드가 **일직선으로 공을 향해 나아가며** 임팩트하도록 한다. 이때 **왼손등이 목표를 향해 똑바로** 밀어주는 느낌으로 임팩트하면 헤드가 눕거나 비틀리지 않고 공을 정확히 맞힌다.

임팩트 이후 팔로우스루에서는 클럽이 자연스럽게 목표 방향으로 뻗

어나가도록 하고, 시선은 끝까지 공이 있던 자리를 응시하며 **머리를 들지 않는 것**이 중요하다. 초보자는 흔히 결과를 빨리 보려다 고개를 먼저 드는 실수를 하는데, 이는 탑볼이나 빗맞은 샷의 원인이므로 **임팩트 순간까지 고개를 유지**하도록 연습해야 한다.

또한 **체중 이동**은 큰 폭으로 이루어지지 않지만, 살짝 왼발쪽으로 옮겨지며 마무리하면 공에 충분한 힘을 전달할 수 있다.

가. 파크골프 스윙 마스타

1. 인트로파크골프의 매력 / 스윙 기술의 중요성

2. 스윙의 3단계 테이크백- 다운스윙 - 피니시기본 흐름

3. 정확한 어드레스 자세 발 넓이 클럽 위치 눈의 방향 체중 분배

4. 테이크백핵심 클럽 헤드를 낮고 길게 / 팔과 어깨의 일관성 유지

5. 임팩트 구간 손목 고정 중심 공을 정확히 맞힌다

6. 피니시자세 균형 잡힌 마무리로 부상 예방 및 정확성 확보

7. 자주 하는 실수 주의 몸이 먼저 열림 / 손목 꺾임 / 과도한 힘

8. 마스터 팁 거리 조절 방법 / 바람과 지형 고려 스윙 응용법

9. 결론 & 연습법 매일 루틴 반복 연습의 중요성

나. 파크골프와 스윙의 크기

파크골프의 스윙은 보통 4단계로 나뉘며, 백스윙보다 팔로우스루 (Follow-through, 스윙 후 동작)를 조금 더 크게 하는 것이 일반적이다.

스윙폭	백스윙 높이	설명	평균 거리
1/4 스윙	무릎~허벅지	짧은 어프로치	10~20m
1/2 스윙	허리 높이	중거리 컨트롤 샷	20~40m
3/4 스윙	가슴~어깨	정확한 롱샷	40~60m
풀스윙	어깨 이상	최대 비거리 샷	60~100m+

1) 1/4 스윙 (Quarter Swing)

• 비거리: 약 10~20m 내외

• 동작: 백스윙 정점에서 양손은 오른쪽 무릎 바깥 20cm

• 체중 분배: 좌 50% : 우 50%

  * 짧은 거리의 정밀한 샷에 활용된다.

2) 1/2 스윙 (Half Swing)

- 비거리: 약 20~40m 내외

- 동작: 백스윙 정점에서 양손은 오른쪽 옆구리

- 체중 분배: 좌 45% : 우 55%

  * 세컨드 샷이나 중거리 플레이에서 자주 사용된다.

3) 3/4 스윙 (Three Quarter Swing)

- 비거리: 약 40~60m 내외

- 동작: 백스윙 정점에서 양손은 오른쪽 어깨 높이

- 체중 분배: 좌 40% : 우 60%

  * 힘과 정확성의 균형을 맞춰야 하는 중장거리 플레이에 적합하다.

4) 풀 스윙 (Full Swing)

- 비거리: 약 60~100m 이상

- 동작: 백스윙 정점에서 양손은 오른쪽 어깨와 머리 사이

- 체중 분배: 좌 30% : 우 70%

  * 파워가 필요한 롱샷에 주로 활용되며, 정확한 임팩트가 중요하다.

TIP: 파크골프는 규칙보다 매너가 가장 중요하다. 서두르지 않고 다른 사람의 플레이를 존중하며 즐기는 마음이 최고의 스윙이다

다. 거리 조절과 방향성:

파크골프에서는 다양한 거리에 대응하기 위해 **스윙 크기와 힘 조절**을 익혀야 한다. 50m 이내의 짧은 홀과 100m에 육박하는 긴 홀이 혼재하므로, 백스윙 크기를 각각 다르게 연습한다.

예를 들어 **허리 높이까지의 하프 스윙**은 30~50m 정도, **어깨 높이의 3/4 스윙**은 70~90m까지 보내는 식으로 자신의 **평균 거리를 파악**해야 한다. 또한 클럽헤드로 볼을 정확히 맞히는 **정타율**이 거리 일관성에 직결되므로, 매 타구마다 같은 임팩트 느낌을 내는 연습이 필요하다.

방향성 면에서는, 셋업 때의 **어깨와 발 정렬**이 곧 방향 결정에 큰 영향을 주며, 임팩트 시 **헤드 페이스가 열리거나 닫히지 않고 스퀘어로 맞는지**가 중요하다. 초보자들은 보통 오른쪽으로 밀리거나 왼쪽으로 당기는 미스를 내기 쉬운데, 이는 **그립 압력**이나 팔의 개입이 달라지기 때문이다. 꾸준한 연습을 통해 **스트레이트 볼**을 구사할 수 있게 되면 파크골프 코스의 좁은 페어웨이도 자신있게 공략할 수 있을 것이다.

라. 거리·방향 두 마리 토끼 잡는 연습법

파크골프에서 비거리와 정확도는 떼려야 뗄 수 없다. 많은 초보자들이 '멀리 치면 방향이 틀어지고, 방향을 맞추면 거리가 줄어든다'는 고민을 하는데, 올바른 연습 루틴화를 통해 두 가지를 동시에 잡을 수 있다.

1. 거리 조절 감각 훈련

- **클럽 스윙 크기 일정화** : 백스윙 크기와 피니시 높이를 일정하게 유지하면, 힘 조절보다 훨씬 정확하게 거리를 맞출 수 있다.
- **목표 거리별 반복 연습** : 20m, 40m, 60m 등 구간을 나눠, 동일한 템포와 힘으로 반복 타격한다.

2. 방향성 안정 훈련

- **어드레스 정렬 확인** : 발끝-어깨-클럽 페이스가 목표 방향과 평행해야 한다. 거울이나 동영상 촬영으로 스스로 점검하도록 한다.
- **임팩트 순간 헤드 페이스 유지** : 손목이 돌아가거나 페이스가 열리면 방향이 흔들린다. 임팩트 구간에서는 손목 고정에 집중한다.

3. 거리+방향 통합 연습

- 거리 훈련과 방향 훈련을 분리해 숙달한 후, 목표 지점을 지정하고 실제 라운드처럼 시뮬레이션 연습을 한다.
- 처음엔 짧은 거리에서, 점차 긴 거리로 확장하며 나아가는 것이 효율적이다.
- * 자신의 스윙 후 '거리·방향·느낌'을 메모 또는 몸에 기억 해두면, 스스로의 패턴을 파악하는 데 큰 도움이 된다.

월드레저
스포츠의
미래

제6장

파크골프 실전 팁과 전략

제6장
파크골프 실전 팁과 전략

　어느 정도 기본기에 익숙해진 플레이어라면, **코스 공략 전략**과 상황별 응용 기술을 익혀 **스코어를 줄이는 방법**에 도전해야 한다. 파크골프는 단순히 공을 멀리 치는 것보다, **정확한 방향과 거리 맞추기**, 그리고 **홀 주변에서의 섬세한 플레이**가 승부를 좌우한다.

　1. 코스 매니지먼트: 파크골프 코스는 규모가 작지만 **홀마다 지형과 장애물**이 다양하다. 티샷을 하기 전에 해당 홀의 **레이아웃과 홀까지 거리**를 파악하고, 가장 유리한 공략 지점을 계획해야 한다. 예를 들어 **구부러진 도그렉(dogleg) 홀**이라면 욕심내어 직선으로 공략하기보다 **굽은 모퉁이를 따라 안전하게 보내는 것**이 오히려 효과적일 수 있다.

　또한 코스 상에 **벙커나 나무** 등의 장애물이 있다면, 처음부터 그쪽을 피하는 방향으로 에이밍을 조정한다. 파크골프에서는 **원 온**(티샷으로 한 번에 그린 온)이 쉬운 파3 홀들이 많지만, 무리하게 홀을 직접 노리다가 OB가 날 위험이 있다면 **살짝 짧게 끊어가는 두 번 전략**도 고려해야 한다.

　항상 **앞 홀의 스코어와 다음 홀의 난이도**를 함께 생각하면서, 공격적으로 할지 보수적으로 할 지 판단하는 **전략적 사고가 필요**하다.

2. 거리감 익히기: 파크골프에서 거리감을 익히는 좋은 방법은 **반복 연습과 기준 거리 기억**이다. 예를 들어 평탄한 지형에서 **자신의 풀스윙 거리**를 정확히 알아두고, 하프 스윙의 거리도 확인해둔다. 그런 다음 실제 코스에서는 바람, 경사, 잔디 상태를 고려해 그 기준 거리에 가감을 한다. 바람이 불면 **맞바람에서는 한 단계 더 크게**, 뒷바람에서는 살짝 줄여서 치는 식으로 조절한다.

경사가 오르막이면 거리가 덜 나가니 더 힘있게 타격하고, 내리막이면 공이 더 구르므로 조금 덜 친다. 이러한 요소들을 고려하여 **체감 거리**를 계산하는 습관을 들이면, 초보라도 금세 노련한 플레이를 할 수 있다.

3. 그린 주변 플레이: 파크골프에서는 퍼터가 따로 없지만, **홀 10m 이내의 어프로치샷**은 사실상 퍼팅처럼 다룬다. 이 때는 스윙 크기를 아주 작게 하고 손목을 사용하지 않은 채 **팔로만 굴리듯이** 치는 것이 정확도를 높인다.

홀까지 남은 거리에 따라 **스트로크 강약**을 미세하게 조절해야 하는데, 이 부분은 연습 그린에서 여러 번 쳐보며 감을 익히는 수밖에 없다. 홀 가까이에서는 볼이 크게 튀지 않으므로, **공이 굴러가는 라인**을 잘 읽는 것이 관건이다.

잔디 결이나 경사에 따라 공의 방향을 예상하고, 홀컵을 직접 겨냥하기보다 살짝 옆을 보고 치는 전략도 필요하다. 특히 경사가 심한 곳에서는 **넉넉한 거리**로 굴려서 홀을 지나치더라도 2 펏으로 마무리한다는 생각이 유리하다.

파크골프에서는 3 퍼트을 하지 않는 것이 스코어 관리의 핵심이므로, 섣불리 홀인원이나 롱퍼트를 노리기보다 **투 퍼트 전략**으로 안전하게 가는 편이 좋다.

4. 멘탈 관리: 실전에서 좋은 스코어를 내려면 **멘탈 관리** 또한 빼놓을 수 없다. 파크골프는 비교적 단순한 게임이지만, 실수가 나왔을 때 **흥분하거나 의기소침하지 않는 침착함**이 필요하다. 한 홀에서 트리플보기를 했다 하더라도 다음 홀에서 버디로 만회할 수 있으므로, 항상 **매 홀 초기화하는 마음**으로 임해야 한다.

동반자들의 플레이 페이스나 말에 휘둘리지 말고 **자신만의 리듬**을 유지하는 것도 중요하다. 특히 결정적인 짧은 퍼트를 앞뒀을 때 심리적 부담이 생길 수 있는데, 이때 **심호흡을 하고 루틴에 집중**하면 도움이 된다. 파크골프는 **함께 즐기는 스포츠**이기도 하므로, 지나친 승부욕보다는 동료들과 어울리는 즐거움을 추구하는 편이 오히려 좋은 플레이를 이끌어 낸다. 긍정적인 멘탈과 여유 있는 태도가 곧 **실력 발휘의 열쇠**임을 명심해야 한다.

5. 파크골프장 도그렉홀 공략 방법

- 홀컵까지 바람 방향 확인하기
- 코너 전까지 티샷 보내기
- 두 번째 샷이 직선이 되도록 목표점 설정하기

코스의 명칭

　파크골프를 즐기다 보면 평범한 직선 코스만 있는 게 아니라는 걸 알게 된다. 그중에서도 특히 주의해야 할 코스가 바로 '도그렉홀'이다. 도그렉홀은 중간에 코스가 꺾여 있는 형태로, 전략 없이 플레이하면 OB가 나기 쉽고 점수를 크게 잃을 수 있는 구간이다. 그렇기 때문에 도그렉홀은 초보자든 중급자든 반드시 기본 공략법을 익혀야 하는 구간이기도 하다.

　도그렉홀이라는 말은 영어로 'Dogleg Hole', 즉 강아지의 다리처럼 휘어진 코스를 의미한다. 직선이 아니라 중간에서 오른쪽이나 왼쪽으로 꺾여 있는 형태의 홀을 말한다. 보통 파3 코스에는 잘 등장하지 않지만, 파4나 파5홀에서 난이도를 높이기 위한 방식으로 자주 등장한다.

도그렉홀이 오른쪽으로 휘어져 있으면 '도그렉 라이트', 왼쪽으로 휘어져 있으면 '도그렉 레프트'라고 부릅니다. 각 형태에 따라 공략법도 조금씩 달라진다.

　도그렉홀을 공략할 때 가장 중요한 건 첫 번째 샷이다. 초보자들이 가장 많이 하는 실수는 코너를 한 번에 넘기려고 무리하게 티샷을 하는 것이다. 코너를 가로지르는 샷은 성공하면 한 번에 유리한 위치를 잡을 수 있지만, 실패하면 바로 OB(아웃오브바운드)나 장애물로 연결된다. 특히 오른쪽 도그렉에서는 공이 밀리는 슬라이스가 발생하기 쉬워 더욱 주의해야 한다. 그래서 첫 번째 샷은 무조건 안전하게 코너 직전까지 보내는 것이 가장 기본적인 전략이다.

　코너까지의 거리는 보통 70~90m 수준이며, 이는 드라이버보다는 유

틸리티 클럽이나 컨트롤 샷이 더 유리할 수 있다. 티샷에서 무리하지 않고 거리만 정확히 맞춰 놓는다면, 두 번째 샷에서 그린이 정면으로 보이기 때문에 훨씬 안정적으로 플레이할 수 있다. 한마디로 도그렉홀은 첫 번째 샷이 70%, 두 번째 샷이 30%라고 해도 과언이 아닐 만큼 시작 위치가 매우 중요하다.

두 번째 샷에서는 방향을 정확히 잡는 것이 핵심이다. 코너를 돌아 나온 상황이기 때문에 그린이 비스듬히 보이는 경우가 많고, 주변에 OB 라인이나 러프가 배치되어 있을 수도 있다. 이때는 핀을 직접 노리기보다 핀 좌우의 안전 구역을 향해 볼을 놓는 게 훨씬 유리하다. 그린 근처에서의 세 번째 샷, 즉 퍼팅을 생각한다면 핀 주변의 장애물을 피해서 가장 넓은 퍼팅 라인을 확보하는 것이 좋다.

또한 자신의 구질을 활용하는 것도 도그렉홀 공략에서 도움이 된다. 평소 슬라이스가 잘 나는 사람은 오른쪽 도그렉에 유리하고, 훅이 자주 발생하는 사람은 왼쪽 도그렉에서 장점을 살릴 수 있다. 물론 구질을 일부러 만들어내는 고급 기술은 연습이 필요하지만, 자신의 평소 구질을 이해하고 활용하는 것만으로도 도그렉홀에서의 실수가 줄어든다.

전문가들은 도그렉홀에서 고의적으로 훅이나 슬라이스를 만들어 코너를 휘돌아 나가는 전략적인 샷도 사용하지만, 초보자나 중급자는 일단 안전하게 직선 플레이를 하는 것이 안정적이다. 실제 경기에서는 한 홀에서 무리해서 스코어를 줄이기보다 큰 실수 없이 다음 홀로 넘어가는 전략이 더 효과적인 경우가 많다.

　요즘 파크골프장에는 도그렉홀이 하나 이상 포함된 곳이 많다. 이러한 홀은 보기에 멋지고 전략적으로도 흥미로운 구성이라 많은 분들이 좋아하지만, 공략을 잘못하면 오히려 한 게임 전체 흐름이 무너질 수 있다.

　도그렉홀을 처음 접하는 분들은 먼저 코스를 전체적으로 둘러보는 것이 좋다. 방향이 어떻게 꺾이는지, 장애물이 어디에 있는지, 그리고 바람 방향까지 파악한 뒤 샷을 해야 한다. 파크골프는 골프보다 샷 거리가 짧기 때문에 한 샷의 오차가 OB로 직결되는 경우도 많다. 따라서 무조건 큰 샷보다는 안전하고 정직한 플레이가 중요하다.

　마지막으로, 도그렉홀에서 가장 기억해야 할 점은 '무리하지 말자'이다. 한 번에 홀을 공략하려는 욕심보다 두 번 또는 세 번에 걸쳐 홀 근처로 천천히 접근하는 전략이 오히려 실수를 줄이고 전체 스코어를 안정적으로 유지하는 데 도움이 된다. 파크골프는 누구보다 꾸준한 플레이가 강점이 되는 스포츠이다. 특히 도그렉홀 같은 변형 코스에서는 그 점이 더 두드러진다.

제**7**장

파크골프 지도자 교육 및 훈련 가이드

제7장
파크골프 지도자 교육 및 훈련 가이드

파크골프 인구가 늘어나면서 **지도자의 역할**도 중요해지고 있다. 이 장에서는 파크골프 지도자가 알아야 할 **효과적인 교육 방법**과 **훈련 프로그램**에 대해 다룬다.

1. 교육 철학과 자세:

파크골프 지도자는 **초보자의 눈높이**에서 친절하고 체계적으로 가르치는 것이 핵심이다. 남녀노소 다양한 대상이 오는 만큼, 각자의 **체력 수준과 운동 경험**을 파악하여 맞춤 지도를 해야 한다.

예를 들어 연세 지긋한 노인에게는 너무 기술적인 용어보다는 **쉽고 안전한 동작 위주**로 설명하고, 젊은 층이나 운동 경험자에게는 보다 **스포츠적인 경쟁 요소**를 가미해 흥미를 높이는 식이다.

파크골프는 **재미있어야 오래 지속**할 수 있으므로, 지도자는 무엇보다 흥미를 유발하는 코칭을 해야 한다. 작은 향상에도 진심으로 칭찬해주고, 동호인들 사이 화합을 도모하는 역할도 병행하면 좋다. 지도자 자신도 파크골프의 에티켓과 매너의 모범을 보여서, 수강생들이 자연스럽게 운동 예절을 배우도록 한다.

2. 기초 기술 지도법:

앞 장에서 다룬 그립, 자세, 스윙 등 기본기는 초보자 때 올바르게 배워야 한다. 지도자는 우선 시범을 통해 올바른 동작을 천천히 보여주고, 개개인의 자세를 교정해 준다. 그립의 세부적인 손가락 위치, 어드레스 때의 정렬, 백스윙 크기 등 디테일을 하나씩 점검하며, 잘 안 되는 부분은 드릴(drill) 연습으로 반복시키는 것이 효과적이다.

예를 들어 스윙 궤도 교정이 필요하면 클럽 없이 팔만 진자운동을 하게 하거나, 임팩트 순간 교정을 위해 공 없이 스윙해보며 소리나 지면 자국으로 확인시키는 방법을 쓸 수 있다. 또한 라인 맞추기 연습으로 두 클럽을 바닥에 평행하게 놓고 그 사이로 스윙하게 하여 아웃사이드인이나 인사이드아웃 궤도를 바로잡을 수 있다.

이러한 **기초 드릴**들을 지도자가 다양하게 준비해 두면 초보자들의 폼을 개선하는 데 큰 도움이 된다.

3. 연습장 및 필드 교육:

파크골프 지도자는 연습장(연습용 코스)과 실제 필드 교육을 병행하는 것이 좋다. 연습장에서는 **반복 타구 연습**을 통해 근력과 정확도를 키우고, **거리 감각 훈련**을 할 수 있다. 예컨대 30m, 50m, 70m 지점

에 깃발이나 표식을 세워두고 그 거리에 최대한 가깝게 보내보기 연습을 시킨다.

한편, **실제 코스 라운드 교육**에서는 연습장과 다른 지형 변수와 멘탈 요소를 가르칠 수 있다. 지도자가 동반 라운드를 하면서, 매 샷마다 **코스 공략 조언**을 해주고 상황별 전략을 설명해 준다. 가령 "여기서는 왼쪽에 OB가 있으니 약간 오른쪽을 겨냥하세요", "이 홀은 내리막이라 5m 덜 보는 게 좋아요" 등 **즉각적인 팁**을 주면 수강생들이 현장에서 배우는 재미를 느낀다. 또한 필드에서 **규칙 적용**(예: OB 시 벌타 드롭)이나 **에티켓**도 자연스럽게 체득하게 할 수 있다.

4. 중·고급자 육성:

중급 이상 실력자나 **대회 출전을 노리는** 선수들에게는 보다 전문적인 훈련이 필요하다. 지도자는 이들에게 **샷 정교화 훈련**(예: 20m 이내 숏 게임 집중 연습), **멘탈 트레이닝**(긴장 완화 기법, 루틴 확립) 등을 지도할 수 있다.

또한 **모의 경기**를 자주 열어 실전 감각을 유지시키고, 기록을 분석해 약점을 찾아주는 코칭도 중요하다. 예컨대 최근 라운드 스코어카드를 함께 보며 "7번 홀에서 항상 +1을 하는데 티샷 전략을 바꿔보자" 식으로 **데이터 기반 피드백**을 제공한다.

필요에 따라 **영상 촬영 피드백**도 활용하여 스윙 폼을 교정하고, 다른 잘하는 선수들의 영상을 함께 보며 **벤치마킹**하도록 유도한다. 이처럼 체계적인 지도 프로그램을 운영하면 파크골프 동호인들 가운데서도 **실력을 갖춘 아마추어 선수**나 지도자가 다수 배출될 수 있다.

5. 지도자 윤리와 지속 교육:

파크골프 지도자는 **스포츠 지도자의 윤리**를 준수해야 한다. 무엇보다 **공정하고 투명한 자세**로 회원들을 대하고, **금전 처리**나 경기 운영에서 청렴성을 지켜야 한다. 파크골프는 가족적인 동호회 문화가 강하기 때문에, 지도자가 편애나 파벌 없이 모두가 즐길 수 있는 환경을 만드는 것이 중요하다.

또한 지도자 자신도 계속 배우는 자세로 **협회 주관 강습회나 세미나**

에 참석하여 최신 규정, 지도 기법, 스포츠 의학 지식 등을 업데이트 해야 한다. 최근에는 파크골프 지도자 자격 제도가 생겨 **1급·2급 지도자**를 양성하고 있으므로, 정식 자격을 취득해 전문성을 공인받는 것도 권장된다. 이러한 노력들을 통해 지도자는 **파크골프 저변 확대와 선수 육성의 일익**을 담당하는 중요한 존재로 성장할 수 있을 것이다.

제8장

파크골프장(실내·외) 개설과 운영 관리

제8장
파크골프장(실내·외) 개설과 운영 관리

파크골프의 인기가 높아지면서 전국 각지에서 새로운 파크골프장 개설이 활발하다. **골프장 운영자**나 **지자체 담당자**를 위한 이 장에서는 파크골프장을 조성하고 관리·운영하는 데 필요한 지침과 노하우를 제공한다.

1. 코스 설계와 조성:

새로운 파크골프장을 만들 때는 **입지 선정**부터 신중해야 한다. 이상적인 부지는 **평탄하거나 완만한 경사지**로, **약 2~3만㎡ 이상**의 녹지 공간이 필요하다.

공원, 하천 둔치, 폐광지, 유휴 부지 등이 주로 활용된다. 설계 시 **18홀 기준**으로 레이아웃을 잡는데, 9홀 단위로 두 코스를 만들거나 18홀 연속 배치하는 방식이 있다. 각 홀 간 거리가 너무 가깝지 않도록 하고, **코스 주변에 안전 펜스**를 둘러 외부와 경계를 명확히 한다.

홀 구성은 **다양한 난이도**를 반영하도록 길이와 방향을 섞는다. 예를 들어 스트레이트 홀 몇 개, 좌·우로 휘어지는 도그레그 홀 몇 개, 연못이나 수로를 넘기는 홀이 있다면 코스가 더욱 흥미로워진다.

다만 파크골프는 생활체육이므로 **위험 요소를 최소화**해야 한다. 따라서 티그라운드에서 홀컵까지 **직선 시야가 확보**되도록 수목을 정리하고, 플레이 동선을 고려해 **교차되는 코스**는 피한다.

잔디 선택도 중요한데, 내구성과 관리 용이성을 고려해 중지(뜰잔디)나 **한지형 잔디**를 채택하고, 그린 부근은 보다 세밀하게 관리되는 품종을 심는다. 코스 조성 후에는 KWIPGF 등 공식 규격에 맞는지 측정해 보고 홀 간격, 안전시설 등을 점검받아 **협회 또는 연맹 인증 코스**로 승인받는 절차를 밟는다.

2. 운영 인허가와 절차:

파크골프장 운영자는 개장 전 관련된 **행정 절차**를 거쳐야 한다. 부지가 공공용이라면 관할 지자체와 협의하여 **사용 허가**나 위탁 운영 계약을 맺어야 한다. 환경 영향, 치수(治水) 영향 등이 있다면 환경청이나 하천관리부서의 승인도 필요하다.

시설 완공 후에는 **안전 점검 및 보험 가입**을 진행하여 이용자 사고에 대비한다. 또한 사)대한파크골프협회 또는 한국온월드파크골프협회, K-월드국제파크골프연맹에 **시설 등록**을 하면, 공식 대회 유치나 정보 시스템 연계, 지도자 파견 등의 지원을 받을 수 있다.

운영 규정도 미리 수립해야 하는데, **이용 시간, 정원, 요금** 등을 결정하고, **이용 수칙**을 만들어 게시한다. 예를 들어 "월~토 오전 8시~오후6시 운영, 일요일 휴장", "1일 입장료 2,000원 (노인 50% 할인)" 등의 내용을 명시한다.

정부나 지자체 지침 변화에 따라 탄력적으로 운영시간을 조정하거나 방역 지침을 반영할 수 있음을 공지하고, 직원 교육을 통해 이러한 운영 수칙을 **일관성 있게 적용**한다.

3. 시설 유지관리:

파크골프장의 품질은 **잔디 관리와 시설 유지**에 달려 있다. 코스 관리는 전문 그린 키퍼나 공원관리 인력이 맡는데, 주 **1~2회 잔디 깎기**를 실시하여 페어웨이는 15~20mm, 그린은 8~12mm 정도 높이를 유지한다. 계절에 따라 시비(비료 주기와 **배토** 작업을 통해 잔디 뿌리를 튼튼히 하고, 잡초 제거와 해충 방제에도 신경 써야 한다. 우천 후 배수가 잘 되도록 **배수로와 모래층 관리**도 중요하다.

한편 시설물로는 홀컵의 손상 여부를 수시로 체크해 깨지거나 마모된 컵을 교체하고, 티 매트가 닳으면 즉시 보수한다. 코스 내 **안내 표지판, 거리말뚝, 벤치, 휴지통** 등도 정기 점검하여 파손 시 수리·교체한다.

특히 안전과 직결된 **OB말뚝, 펜스, 그물망**은 항상 견고하게 설치돼있어야 하며, 태풍이나 홍수 후에는 전체 시설물을 점검해 이탈이나 망손 부위를 복구해야 한다. 겨울철 동결기에는 잔디 보호를 위해 코스를 부분 폐쇄하거나 **동계 휴장제도**를 둘 수 있고, 봄에 재개장 전에 에어레이션(통기 작업)과 잔디 보식(補植)을 실시하면 코스 품질을 유지할 수 있다.

이러한 체계적인 유지보수는 곧 파크골프장의 **수명 연장과 이용 만족도 향상**으로 이어진다.

4. 회원 서비스와 프로그램:

운영 측면에서, 파크골프장을 **지역 커뮤니티의 거점**으로 만드는 노력도 필요하다. 먼저 **회원제**를 도입하여 정기 이용객에게 할인 혜택이나 락커룸 제공 등의 서비스를 할 수 있다.

예를 들어 **월 회원권**이나 **연간 이용권**을 발급하면 충성도 높은 고객층을 확보할 수 있다. 또한 **정규 강습 프로그램**을 운영하여 초보자 교실, 주니어 교실, 시니어 건강교실 등 타겟별 강좌를 열면 새로운 인구 유입에 도움이 된다.

주기적으로 **소규모 대회나 이벤트**도 개최하여 이용자들의 흥미를 높인다. 예컨대 "주말 패밀리 스크램블 대회", "노인 친선 리그전", "홀인원 챌린지" 등을 열어 우승 상품을 제공하면 참여도가 높아진다.

지역 행정과 협력해 **생활체육 프로그램**으로 등록시키면 홍보 및 예산 지원을 받을 수 있고, **학교 체육**이나 **동호회 모임** 유치도 활성화할 수 있다. 최근 몇몇 지자체는 **파크골프 관광 상품**까지 개발하여, 외부 동호인들이 와서 경기와 관광을 함께 즐기도록 하고 있다.

이런 사례처럼 운영자는 단순히 시설을 빌려주는 역할을 넘어, **지역 스포츠 문화의 중심지**로 파크골프장을 발전시킬 수 있다.

파크골프장 라운딩 순서를 정하는 클럽 보관 시설

5. 환경 및 지역사회 고려:

파크골프장 운영 시에는 **환경보호와 공공성**도 잊지 말아야 한다. 최근 파크골프장 증가에 대해 일부에서는 "공원, 하천 등은 모든 시민이 누려야 할 공간인데 특정 레저시설로 꾸미는 것이 공공 이익을 침해한다"는 비판도 제기되고 있다.

이에 운영자는 일반 시민들도 산책로를 이용하거나 관람할 수 있게 **개방적인 설계**를 취하고, 지역 주민 의견을 수렴하여 **과도한 확장이나 난개발을 지양**해야 한다. 또, 코스 조성으로 훼손된 식생을 보완하기 위해 **수목 식재나 생태 연못 조성** 등 친환경적 요소를 도입하면 긍정적 평가를 받을 수 있다.

농약 사용을 최소화하고 **유기질 비료** 사용을 늘리는 등 **친환경 관리 기준**을 세워야 하며, 이에 대한 정보를 게시판이나 홈페이지에 공개하여 **투명한 운영**을 추구한다. 지역 주민을 **직원 채용**이나 **자원봉사** 형태로 참여시키면 일자리 창출과 애정 형성에도 도움이 된다.

이러한 노력들은 파크골프장이 **지역사회에 기여하고 공원 본연의 가치와 조화를 이루는 방향**으로 운영되는 데 중요한 요소이다.

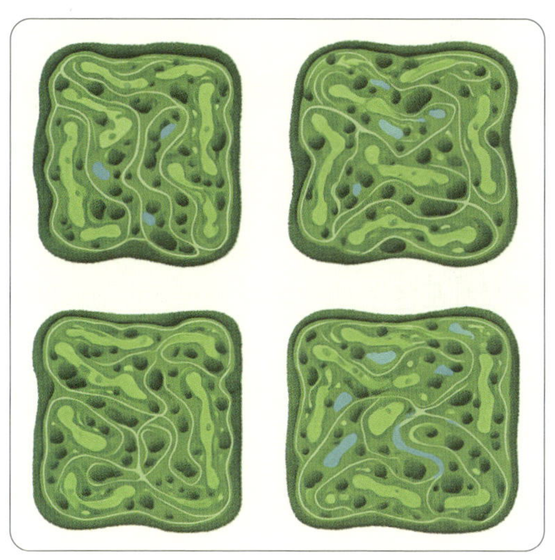

9홀파크골프장 설계 디자인 사례

6. 민영 파크골프장 설치 방법과 절차

기존에는 파크골프장을 설치하려면 대부분 지자체의 계획에 따라 공공 시설로 설치해야 했다. 하천부지나 공원부지에 '점용허가'를 받거나, 공공예산으로 부지를 개발하는 것이 일반적이었다.

이러한 환경에서 민간이 자체적으로 파크골프장을 조성하기는 현실적으로 어려웠다. 하지만 이제 체육시설로서 법적 지위를 얻게 되면서, 민간 업체나 개인도 일정 조건만 갖추면 파크골프장을 합법적으로 건설할 수 있게 되었다. 즉, 다른 체육시설과 마찬가지로 '체육시설업 신고'와 관련 기준만 충족하면 가능하다.

1) 체육 시설업 신고 절차와 방법

체육시설업으로 '신고'가 필요하다. 파크골프장은 규모와 성격상 「체육시설법」상 '신고 체육시설업'으로 분류된다. 골프장이나 스키장처럼 등록이 필요한 '등록 체육시설업'과는 구분되고. 시설을 설치하려면 관할 시·군·구청에 다음 항목들을 포함한 신고서를 제출해야 한다.

1. 코스 배치 및 설계 도면

2. 안전·위생 관리계획

3. 이용자 보험 가입 확인서

4. 배상책임보험 가입 증명

5. 시설 책임자 및 지도자 인력 정보

이 과정을 통해 해당 파크골프장은 정식 신고 체육시설로 인정받고, 운영이 가능해졌다.

설치 기준 법

설치 기준도 있다. 그냥 만들면 안 된다! 「체육시설법 시행규칙」 별표 2에서는 파크골프장을 포함한 야외 체육시설의 설치 기준을 명확히 제시하고 있다. 예를 들어, 18홀 파크골프장의 경우, 전체 부지 면적은 약 15,000㎡ 이상, 홀 간 안전거리 확보, 코스 구성 요소(티잉 그라운드, 페어웨이, 그린, 홀컵) 구비, 등고선 설계 기반 배수 구조 필수, 잔디 상태, 토양 정비, 관수 시스템 등 유지관리 고려 등의 기준이 있다.

이러한 기준을 지키지 않으면 허가가 나지 않거나, 신고 후 문제가 발생할 수 있으니 설계 단계부터 기준을 철저히 반영해야 한다. 설치 기준을 잘 지킨 파크골프장은 최근에 개장한 '삼장 여울공원 파크골프장'이나 '모충 파크골프장' 사례를 보면 된다.

민간이 파크골프장을 운영하려면 우선 '체육시설업 신고'가 필요하다. 체육시설업은 '등록 체육시설업'과 '신고 체육시설업'으로 나뉘며, 파크골프장은 일반적으로 신고 체육시설업에 해당된다.

운영을 위해서는 시설 규모, 안전장비, 지도자 배치, 위생기준, 보험 가입 등 체육시설법에서 정한 요건을 충족하고 지자체의 승인을 받아야 한다. 또한, 부지 조성 시에는 해당 토지가 계획관리지역이거나, 그린벨트(개발제한구역)인 경우 별도의 행위허가와 관리계획 변경 절차가 필요하다. 다만 체육시설로 인정받게 되어 예전보다는 허가 절차가 훨씬 수월해졌다.

2) 그린벨트 체육시설 설치 절차와 방법

주목할 만한 변화 중 하나는 그린벨트 내 파크골프장 설치 가능성이다. 기존에는 개발제한구역 내 체육시설 설치가 매우 제한적이었다. 그러나 이제 체육시설법상 실외 체육시설로 분류된 파크골프장은 지자체와의 사전협의와 관리계획 반영을 통해 3,000㎡부터 10,000㎡까지 설치가 가능하다. 이는 단순한 제도 변화를 넘어 민간이 직접 시설을 운영하고 수익을 창출할 수 있는 기반이 마련되었다는 점에서 중요한 전환점이다. 다만 환경영향평가와 주민 의견 청취 등의 절차는 지역과 규모에 따라 달라질 수 있으므로, 실제 계획 수립 시에는 전문가의 자문을 받는 것이 바람직하다.

그린벨트에도 파크골프장을 지을 수 있다. 2024년 개정된 시행령에 따라, 파크골프장은 개발제한구역(그린벨트) 내에도 특정 조건을 만족할 경우 설치가 허용된다. 다만 다음 조건을 충족해야 한다:

- 공공기관 또는 마을공동체 등 비영리 주체가 설치하는 경우
- 하천, 공원, 임야 등의 기존 지형 훼손을 최소화할 것
- 환경영향평가 및 주민 의견수렴 등 협의 절차를 완료할 것

민간 사업자가 그린벨트에 파크골프장을 설치하고자 할 경우에는, 도시계획 변경, 용도지역 변경 등 별도의 절차가 추가로 필요하다.

더불어서 하천 부지나 공원 부지에는 '점용허가'가 추가로 필요하다. 파크골프장은 종종 하천변이나 공원 부지에 조성되기도 한다. 이 경우 단순한 체육시설업 신고만으로는 부족하고, 점용허가라는 별도의 행정 절차가 필요하다.

예를 들어, 하천 부지 사용 시, 환경부 산하 하천관리청의 점용허가가 필요하다. 도시공원 부지 사용 시, 지자체 공원녹지과의 설치 허가가 필요하다. 이때는 배수구조, 환경 훼손 여부, 주민 이용 편의성 등이 평가 기준이 되며, 도면 설계에 이 모든 요소가 반영되어 있어야 심사에 통과할 수 있다.

요약 정리

1. 파크골프장 체육시설법상 정식 생활체육시설

2. 신고 체육시설업 등록 필수

3. 설치 기준 시행규칙 지키

4. 그린벨트, 공원, 하천 부지 점용허가 신청

설명 드린 것과 같이, 파크골프장을 설치하려면 반드시 관련 법규를 정확히 이해하고 따라야 한다. 법규만 잘 확인해도 공사비를 예상할 수 있고, 인허가 절차 순서를 제대로 지킬 수가 있다.

3) 공공 & 민영 파크골프장 차이점

그동안은 하천부지에 '점용허가'를 받아 파크골프장을 설치하는 경우가 많았다. 그러나 이는 임시시설로 간주되어 자연환경 훼손 문제와 안전 우려가 지속적으로 제기되어 왔다. 특히 수해나 홍수 위험이 있는 지역에서는 유지관리 비용도 상당했다.

이번 법 개정으로 이제는 민간도 자체 부지에서 체육시설 기준을 갖추고 파크골프장을 설립할 수 있게 되어 이전의 불안정한 방식보다 훨씬 더 안정적이고 법적 기반이 탄탄한 운영이 가능해졌다.

1) 민영 파크골프장 설치 절차

파크골프장 설치는 단순히 부지 확보만으로는 불가능하다. 먼저 해당 부지가 체육시설 설치가 가능한 용도지역인지 확인해야 하며, 일반적으로 용도지역 변경, 개발행위허가, 건축허가 등의 인허가 절차를 거쳐야 한다.

또한 체육지도사 배치, 시설 보험, 응급조치 매뉴얼 등 법적 안전·운영 기준을 반드시 갖추어야 시설 운영에 문제가 생기지 않다. 최근에는 이러한 조건을 전문적으로 컨설팅해주는 업체들도 있어, 초기 단계에서 전문가의 도움을 받는 것을 권장한다.

가. 용도지역 확인

먼저 설치하려는 토지가 「국토의 계획 및 이용에 관한 법률」상에서

‘제2종 근린생활시설’, ‘자연녹지지역’, ‘계획관리지역’ 등 체육시설 설치가 가능한 용도지역인지 확인해야 한다. 용도지역 기준에 따라 민간 파크골프장의 설치 과정이 달라진다!

나. 체육시설 설치 신고

파크골프장은 「체육시설의 설치·이용에 관한 법률 시행령」 제2조 제6호에 따라 ‘체육시설업’으로 분류되므로, 해당 지방자치단체(시·군·구청)에 신고를 해야 한다.

다. 사업자 등록

파크골프장 운영을 위한 사업자 등록을 세무서에서 진행한다. 개인사업자 또는 법인사업자 모두 가능하며, 사업자 업종은 ‘기타 스포츠시설 운영업’(코드: 91249)으로 등록한다.

라. 설계 및 안전기준 충족

파크골프장의 면적 기준(예: 18홀 기준 15,000㎡ 이상)과 홀 구성, 안전 펜스, 이격 거리 등을 관련 지침에 따라 설계하고, 준공 전에는 지자체의 현장 점검도 준비해야 한다.

마. 보험 가입 및 개장 신고

개장을 위해서는 공공책임보험 또는 스포츠안전재단의 안전보험 가입이 필수이며, 마지막으로 해당 지자체에 '영업 개시 신고'를 하면 정식 체육시설로 운영할 수 있다.

파크골프장은 이제 민간도 운영할 수 있는 공식 체육시설이다. 2024년 6월 개정된 체육시설법 시행령에 따라 파크골프장은 이제 민간이 설치할 수 있는 공식 체육시설로 인정받았다.

현재로서는 '서산나이스파크골프장'이 국내에서 유일하게 사설로 운영되는 야외 정식 민간 파크골프장이다. 물론 실내 파크골프장은 스크린파크골프 연습장이 많이 생기고 있지만, 사설 야외 파크골프장은 거의 전무한 상황이다.

앞으로 민간 파크골프장 설치 가능 법규로 인해서 이제 파크골프장은 단순한 취미 공간을 넘어 사업성과 공공성을 모두 갖춘 시설로 발전할 수 있는 토대가 마련된 것이다. 파크골프의 인기가 날로 높아지는 현재, 민간이 주도하는 양질의 파크골프장이 늘어나면서 이용자의 선택권이 확대되고 지역 경제 활성화에도 기여할 것으로 기대된다.

만약 민간 사업자로 파크골프장 설치를 고민하고 계시다면, '코스 난이도 설계'를 잘 하셔야 사람들이 공을 치러 계속 온다. 코스에 다양한 해저드, 벙커, 언덕 등을 잘 넣으셔서 난이도를 중하~중상으로 맞추는 게 좋다!

4) 파크골프장 인허가 절차 실제 사례

파크골프장 만들고 싶은 분들이 가장 먼저 부딪히는 벽은 바로 '인허가 절차'이다. 땅은 있는데 이게 가능한지, 어느 부처에 신청해야 하는 지, 복잡해 보이지만 체계적으로 정리하면 길이 보인다. 이에 파크골프 장 설치에 필요한 법적 기준과 인허가 절차를 공식 문서와 실제 사례를 바탕으로 쉽게 설명한다.

가. 파크골프장 법규

먼저 파크골프장은 체육시설로 분류된다. '체육시설의 설치·이용에 관한 법률'을 따르게 되어 있다. 여기서 중요한 포인트는 두 가지이다.

파크골프장은 '기타 운동시설' 중 실외체육시설로 간주하며, 설치 기 준은 '체육시설 설치 기준에 관한 규칙 '에 따르고 있다. 단순히 '잔디 깔 고 홀만 파면 되는 거 아닐까?' 하고 시작하면 중간에 허가가 안 떨어져 낭패를 보기 쉽다.

나. 인허가 절차 순서

① 부지 확보 및 용도 확인

가장 먼저 확인할 건 해당 부지의 법적 용도이다. 예를 들어 녹지지 역, 농림지역, 개발제한구역(그린벨트)이라면 용도변경 또는 개발행위 허가 절차가 추가로 필요하다. 특히 그린벨트(GB)는 다음 기준을 기억 해 둔다.

구분	개발 허용 조건
3,000㎡ 이하	실외체육시설 설치 가능 (행위허가 필요)
10,000㎡ 이하	관리계획 수립 및 협의 필요

② 기본 설계 및 시설 계획

부지를 확보한 후 다음은 설계 단계이다. 필요한 항목은 다음과 같다.

- 코스 설계: 9홀 또는 18홀 기준, 총 면적 약 15,000㎡ 이상 권장

- 부대시설 계획

- 화장실: 100명당 1개 이상, 장애인용 포함

- 주차장: 1홀당 차량 1대 이상 확보

- 클럽하우스: 1인당 1㎡ 이상

- 조경 및 배수 설계: 배수로, 흙 안정화, 접근 경사 고려

이 단계에서는 도면, 조감도, 개략비용 추정서 등도 함께 준비해야 한다.

다. 신규 파크골프장, 설계 및 운영 착안 사항

코스 수와 홀 수 조합: 18홀 코스 하나, 혹은 36홀(2×18홀) 구성으로 초보자/숙련자 코스 분리 여부

- 지형의 자연미 활용 (강변, 산자락, 조망점 등)

- 부대시설 계획: 쉼터, 화장실, 주차장, 카페 혹은 가벼운 식음료 시설

- 유지관리 계획: 배수, 잔디 종류, 그린 관리, 기후 대응

- 이용 요금 및 주민·비주민 접근성 고려

- 지역성과 문화성 요소 포함하여 단순 스포츠 공간 이상의 체험 요소 제공

파크골프장은 단순한 운동장이 아니다. 법적 기준을 갖춘 체육시설이므로 설계, 인허가, 시공, 운영까지 단계별로 꼼꼼히 준비해야 안전하고 지속 가능한 시설이 된다. 특히 그린벨트 지역이나 농지 전환을 고려하신다면 반드시 사전에 지자체와 협의해보시기 바란다. 그리고 파크골프장 인허가 절차 받을 때, 면적이 중요한 만큼 홀컵 규격도 중요하다. 잊지 말고 홀컵 규격까지 확인하시기를 권해드린다!

경남 함안 강나루파크골프장/함안군

라. 파크골프장 용도지역 확인 방법

파크골프장 용도지역 확인

파크골프장을 새로 설치하거나 부지를 구매하려는 분들이 가장 먼저 마주치는 것이 바로 '이 땅에 파크골프장이 설치 가능한가요?'라는 질문이다. 이때 확인해야 하는 것이 바로 '토지의 용도지역'인데. 용도지역에 따라 파크골프장이 가능한 곳과 불가능한 곳이 명확히 구분되기 때문에, 이를 잘 알아두는 것이 매우 중요하다.

파크골프장 법규

파크골프장은 「체육시설의 설치·이용에 관한 법률」에 따라 정식 체육시설로 인정받는다. 2024년부터는 시행령 개정으로 민간사업자도 파크골프장을 체육시설로 설치할 수 있는 법적 근거가 명확해졌다. 이제는 단순한 취미 공간이 아닌 도시계획 내 체육시설로 포함되어 설치 기준이 매우 중요해졌다.

토지 용도지역이란?

'용도지역'이란 국토의 효율적인 개발과 보존을 위해 국토계획법에 따라 지정된 토지 구분이다. 대표적으로 주거지역, 상업지역, 공업지역, 녹지지역, 관리지역, 농림지역, 자연환경보전지역 등이 있으며, 이 중 파크골프장이 설치 가능한 용도지역은 제한적이다. 파크골프장 용도지역 확인 방법은 먼저 '국토정보플랫폼'에서 검색하는 것이 제일 빠르다.

계획관리지역 적합

용도지역 중 계획관리지역은 파크골프장 설치에 가장 적합하다. 이곳은 실외 체육시설, 문화·복지시설 등의 설치가 가능한 '네거티브 규제

지역'으로, 지자체에 설치 계획만 잘 제출하면 파크골프장 허가가 상대적으로 수월하다. 실제로 전국의 새로운 민간 파크골프장 상당수가 이 계획관리지역에 조성되고 있다.

그린벨트(개발제한구역) 설치 가능성

개발제한구역, 즉 '그린벨트'는 규제가 많아 설치가 까다롭다. 다만 일정 조건을 충족하면 파크골프장 설치가 가능한 경우도 있다.

예를 들어, 3,000㎡ 이하의 실외 체육시설은 행위허가를 통해 그린벨트 내 설치가 가능하다. 또한 3,000~10,000㎡ 규모는 '개발제한구역 관리계획'에 반영된 시설일 경우 허가를 받을 수 있다. 이때는 지자체와의 협의가 필요하며, 도시계획시설로 지정이 필요할 수 있다. 일반인에게는 까다로운 절차지만, 여러 지자체가 공공 파크골프장을 그린벨트에 조성하고 있는 사례가 있다.

농림지역과 보전관리지역은 제한적

농림지역, 자연환경보전지역, 보전관리지역과 같은 보존 목적이 강한 토지는 원칙적으로 체육시설 설치가 불가능하다. 다만 예외적으로 지자체가 주도하여 '생활체육시설'로 지정한 경우 파크골프장 설치가 가능하다. 이는 지자체와의 협업 형태로 접근해야만 가능한 영역이다.

공원이나 녹지지역도 설치 가능

근린공원, 체육공원 등의 도시계획시설 내에서는 파크골프장을 설치할 수 있다. 특히 30만㎡ 이상의 대형 공원에서는 조경과 체육시설을 함께 설계하여 파크골프장이 포함되기도 한다. 단, 사전에 도시계획상 '공원시설 세부 계획'에 포함되어야 하므로 지자체와의 협의가 필요하다.

예를 들면 경남 사천시에 있는 '모충파크골프장'의 경우가 공원 안에 파크골프장이 설치된 상황이다. 쉽게 말해서, 근린공원 및 체육공원으로 분류되는 모충공원이 사천시 도시계획시설로 설계된 것이고, 이 때 모충 파크골프장이 공원 설계 세부 계획으로 함께 진행된 사례인 것이다.

'모충 파크골프장' 전경. / 사천시

마. 신규 개설 실전 사례

부산 동구 좌천동에서는 폐교 부지를 도시계획시설로 전환해 소형 파크골프장을 설치했다. 전북 일부 지역에서는 하천점용 허가를 받아 하천 부지에 파크골프장을 설치한다. 하천부지는 국유지로 점용허가가 필요하고, 환경영향평가가 간소화되는 장점이 있으나 생태계 훼손 우려가 있다.

이처럼 용도지역에 따라 접근 방식이 완전히 달라지므로, 부지 선정 전에 용도지역 확인과 허가 가능성 검토가 반드시 필요하다.

요약 정리

1. 부지 용도지역 국토정보플랫폼에서 확인

2. 계획관리지역 설치 가능 (추천)

3. 개발제한구역 조건부 설치 가능

4. 공원 및 녹지지역 조건부 설치 가능

5. 농림지역 및 보전지역 지자체 주도 설치 가능

집중 호우에 피해를 입은 광주 북구 연제동 730에 위치한 북구파크골프장.
출처 : 남도일보

　파크골프장을 설치하려면 부지의 용도지역을 가장 먼저 확인해야 한다. 계획관리지역은 설치가 용이하고, 그린벨트는 일정 면적 이하라면 허가 가능, 농림·보전지역은 지자체 지정이 있는 경우에만 가능하다. 공원 부지도 가능하지만, 도시계획시설로 반영되어 있어야 한다.

　부지 매입 전에 용도지역 확인과 인허가 조건을 먼저 파악하는 것이 중요하다. 파크골프장 용도지역 확인이 되면, 그 다음에 인허가 절차가 용도지역에 따라 달라진다. 만약 지자체와 협의하는 일이 복잡하다고 생각한다면, 가능한 공원 주변에 파크골프장을 설치하지 않으시는 게 좋다. 그래야 공원 설계와 별개로 파크골프장이 별도 설치를 할 수 있기 때문이다.

　경기도 연천군의 연천파크골프장은 주변에 공원이나 도시 근린 시설 설계와 상관없이 독립적으로 설치된 구장이다. 그래서 36홀 대형 규모

경기도 연천파크골프장/연천군

의 코스를 갖출 수 있었다. 만약 대형 파크골프장 설치를 염두하고 있다면, 되도록 용도지역 확인을 할 때 계획관리지역으로 선택하시는 것을 추천한다!

③ 인허가 신청

설계가 완료되면 다음은 허가 절차이다. 이 단계에서는 해당 지자체의 건축과, 도시과, 환경과, 교통과 등 여러 부서의 검토가 필요하다.

- 건축허가: 클럽하우스 등 건물 설치 시 필수

- 개발행위허가: 토지형질변경, 공작물 설치 전 필요

- 환경영향·교통영향 평가: 일정 규모 이상 시 의무

- 소방·전기 인허가: 시설 안전기준 검토 포함

이 과정은 지역별로 다르지만, 보통 1~3개월이 소요되며 경우에 따라 주민 의견 청취도 필요하다.

④ 시공 및 준공 검사

허가가 나면 본격적인 공사가 시작된다. 이때 중요한 점은 설계도서대로 시공이 이뤄져야 준공검사에서 문제가 생기지 않는다는 것이다. 준공 후에는 다음 사항을 확인받아야 한다.

- 건축물 사용승인

- 소방시설 검사

- 전기·배관·위생시설 검사

- 배수시설·잔디 상태 등 시공 품질 확인

모든 항목이 '적합' 판정을 받아야 정식 개장이 가능하다. 최근에 설계

도에 따라 건축물 사용 승인을 받고, 배수시설이 우수하여 적합 판정을 받아 준공 후 최근 개장한 구장은 '모충파크골프장' 사례가 있다.

경남 사천 모충파크골프장/사천시

⑤ 운영 준비

준공이후 운영계획을 별도로 수립해서 시설 유지 관리, 이용요금 체계, 강습 프로그램까지 계획해야 한다. 요즘은 키오스크, 온라인 예약 시스템도 도입되는 추세라 초기부터 준비해두면 좋다. 또한 장애인과 고령자의 이용 편의를 고려한 동선과 시설 정비도 중요하다.

인허가 절차 요약 정리

단계	주요 내용
1단계	부지 확보, 토지 용도 확인 (특히 GB 여부 확인)
2단계	코스 및 부대시설 설계 (면적, 배수, 주차 등)
3단계	인허가 신청 (건축, 개발, 환경, 소방 등)
4단계	시공 및 준공 검사 (도면 일치 여부, 시설 안전성)
5단계	운영 준비 (잔디 관리, 프로그램 운영, 예약 시스템 등)

바. 파크골프장 설치 내용 요약

1. 최소 면적 (18홀)

파크골프장 18홀 조성에 필요한 최소 면적은 약 15,000㎡(1,500평) 이상이다. 이는 축구장 2개 크기(1개 약 7,000~8,000㎡)에 해당하며, 공식 경기와 공공 시설 기준으로 가장 적합한 규모로 인정받고 있다.

2. 18홀 파크골프장 면적 기준

- 최소 면적: 15,000㎡ 이상(대한파크골프협회, K-월드국제파크골프연맹 규정)

- 실제 조성 사례: 18홀 기준 27,000~28,000㎡(청양금강변파크골프장 등)로, 부대시설과 안전거리 확보를 위해 더 넓은 부지가 필요할 수 있다.

- 코스 길이: 전체 1,200~1,400m, 각 홀 길이 60m 내외가 일반적리다.

3. 면적 산정 시 고려사항

홀 간 안전거리, 잔디 유지 공간, 부대시설(화장실, 클럽하우스, 주차장 등) 포함이 필수적이다. 지형, 설계 방식, 난이도에 따라 실제 필요 면적은 다소 달라질 수 있다.

요약하면, 18홀 파크골프장 조성 시 최소 15,000㎡ 이상의 부지가 필요하며, 부대시설과 안전거리를 충분히 확보해야 한다.

파크골프는 공원과 골프가 결합된 생활스포츠로, 나무로 만든 클럽과 플라스틱 공을 사용해 잔디 위 홀에 공을 넣는 운동이다.

주요 특징 및 장점 접근성과 안전성 파크골프는 도심 내 소규모 녹지 공간에서 남녀노소 누구나 쉽게 즐길 수 있으며, 하나의 나무 클럽만 사용해 위험성이 낮고 체력 부담이 적다. 클럽의 길이는 약 85~86cm, 무게는 525~600g 내외로, 일반 골프에 비해 휘두르기가 편해 다양한 연령층이 함께할 수 있다.

경기 방식과 규칙 4인 1조로 18홀 기준으로 진행하며, 각 홀에서 소요된 타수를 합산해 승부를 가린다. 공이 코스 외부로 나가면 벌타 1타, 플레이 불가능한 위치에서는 1타를 받고 공을 재배치하는 등 일반 골프와 유사한 규칙이 적용된다.

장비와 브랜드 클럽, 공, 티 등 기본 장비만 필요하며, 프리미엄 브랜드(혼마, 마틴캐럿)와 대중 브랜드(프라임, 데이비드 등)가 다양하게 존재한다. 국내에서는 중국산 OEM 제품도 많아 가격이 저렴한 편이다.

사회적·문화적 가치 3세대 가족이 함께 즐길 수 있는 스포츠로, 고령층과 장애인도 부담 없이 참여할 수 있어 사회적 소통과 건강 증진에 기여한다. 전국적으로 파크골프장 수가 빠르게 증가하고 있으며, 동호회와 커뮤니티 활동도 활발하다.

이처럼 파크골프는 접근성, 안전성, 가족 친화성, 건강 증진 등 다양한 장점으로 인해 현대인의 생활스포츠로 자리잡고 있다. 일본과 한국에서 현재 운영 중인 파크골프장 중에서 우수한 코스를 가진 골프장의 장단점을 함께 소개하면 다음과 같다.

5) 한국의 우수 파크골프장 소개

가. 예천 한천파크골프장

- **위치:** 경북 예천군 한천변

- **예약 :** https://parkgolfinfo.co.kr/

- **규모 및 구성:** 36홀 (A, B, C, D 코스 각 9홀), 면적 약 55,632㎡, 전체 길이 약 2,566m

- **특징 / 장점:** 강변의 자연 지형을 잘 활용하여 풍경이 좋고 쾌적함.

홀의 난이도가 다양하여 초급자부터 상급자까지 모두 즐길 수 있음.

입문자 부담을 낮추고 도전 요소도 있음.

사)대한파크골프협회 공인 제21호 구장으로 대회 개최 가능성이 있음. 시설 표준이 비교적 높음.

- **단점 / 한계:** 규모가 커서 유지·관리 부담이 큼 (잔디, 잔디 주변, 물 관리 등).

자연 지형을 살린 만큼 날씨 영향이나 배수, 유지관리 어려운 구간이 있을 수 있음.

방문자 수가 많을 경우 주차 / 교통 / 대기 문제 발생 가능.

나. 고아 파크골프장 (구미시)

- **위치:** 경북 구미시 고아읍 예강리 등

- **예약:** https://tinyurl.com/295mb5no

- **규모 및 구성:** 36홀, 여러 코스 (컬러별 코스 구분됨)

- **특징 / 장점:** 낙동강 둔치에 조성되어 있어 경관 좋은 자연 환경.

장애인용 코스와 비장애인용 코스를 분리하여 접근성 고려됨.

이용요금 매우 저렴하고, 공공시설로서 주민 접근성이 좋음.

• **단점:** 주차 시설이 부족하다는 평이 있음.

인기 있는 시간대에는 대기 또는 혼잡 가능성 있음.

시설 규모가 크면 운영비 및 유지비 증가.

다. 충북 괴산 파크골프장

• **위치:** 충북 괴산군 괴산읍 서부리 일대

• **예약:** https://parkgolfinfo.co.kr/

• **규모 및 구성:** 18홀 코스, 면적 약 15,483㎡, 쉼터 및 주변 공원 조성됨

• **특징 / 장점:** 자연공원형으로 조성되어 휴식 공간 겸 생활스포츠 공

간으로서의 역할도 함.

접근성이 좋고, 남녀노소 사용 가능한 시설 중심 설계됨.

- **단점:** 18홀이라 규모가 중간급, 상급자에게는 약간 단순하게 느껴질 수 있음.

부대시설이 많지 않을 가능성 있음 (예: 숙박, 카페 등).

지형적 제약 있을 경우 코스 다양성 확보 어려움.

괴산군파크골프장 (출처:파크골프커뮤니티)

6) 파크골프장 이용료

파크골프는 건강 증진과 여가 활동을 동시에 누릴 수 있어 40대 이상 부터 고령층까지 넓은 연령층이 선호하는 스포츠이다. 그만큼 이용료에 대한 관심도 높은데. 국내 주요 파크골프장의 이용료 현황을 정리하고, 비용 체계와 할인 정보까지 상세히 살펴본다,

가. 전국 파크골프장 이용료 현황

1. **모충파크골프장 (사천시)** : 사천 모충파크골프장은 현재 시범운영 기간 동안 사천시민은 무료, 관외자 8,000원에 이용 가능하다. 시범운영 종료 이후 요금은 2,000원 수준으로 책정될 확률이 높다.

2. **청양금강변파크골프장 (청양군)** : 청양 금강변파크골프장은 현재 무료로 이용 가능하며, 향후 유료화 계획이 있으나 아직 요금은 확정되지 않았다.

3. **강나루파크골프장 (함안군)** : 함안 강나루파크골프장은 이용료 3,000원, 함안군민은 50% 할인 적용된다. 카드 결제만 가능하며 사전 문자 예약 절차가 필요하다.

4. **구미파크골프장 (구미시)** : 구미 파크골프장은 현재 전면 무료로 운영되고 있으며, 이용 시 별도의 요금은 없다.

5. **연천파크골프장 (연천군)** : 연천 파크골프장은 일반 이용자 5,000원 (4시간 기준)이며, 연천군민은 2,000원으로 60% 할인된다. 장비 대여는 채·공 각 1,000원 추가된다.

6. **능주파크골프장 (화순군)** : 능주 파크골프장은 현재 유예 운영 상태이며, 향후 화순군민 및 관내 이용자는 무료 또는 소액 요금, 관외자에게는 유료화 전환 예정이다.

나. 이용료 선정 방법

비용 구조는 공공시설은 대체로 3,000~5,000원, 사설이나 관광목적 시설은 8,000~10,000원까지 다양하다. 장비 대여료는 대부분 1,000원 내외로 하며, 개인 장비를 이용하면 대여료는 제외될 수 있다. 할인 혜택은 65세 이상, 장애인, 국가유공자 등은 50~100% 할인 또는 면제가 된다.

지역 주민 우대 정책이 존재한다! (예: 양평, 가평 등) 팀 요금제는 중랑구립파크골프장처럼 팀당 요금 시스템을 도입해 지역 활성화를 유도하는 사례도 있다.

다. 이용료 팁과 요약 정리

주거지 근처 공공 파크골프장을 찾으면, 이용료와 할인 혜택을 최대로 누릴 수 있다. 장비 대여료 포함 여부를 확인하세요. 일부 시설은 대여료 별도인지 포함인지 여부가 다르다. 단체 할인 및 주민 우대 여부를 반드시 체크한다. 예약 시스템 유무도 비용만큼 중요하다. 최대한 사전 예약이 편리한 시설을 선택하는 게 좋다!

1. **이용료 평균** : 3,000~5,000원

2. **이용료 할인** : 65세 이상, 장애인, 지역 주민

3. **장비 대여료** : 1,000원 내외

파크골프장 개발방향 검토서

-경북 경주시 천군동 산193-1 일원-

1. 부지현황

1) 개요

- **위치 :** 경북 경주시 천군동 산193-1 일원
- **검토면적 :** 93,441㎡ (28,266평)
- **검토내용 :** 부지 상황을 고려한 개발 방향 및 개발 규모 검토

2) 토지현황

- **대상토지 :** 경북 경주시 천군동 산193-1, 산193-6, 산193-8, 산193-3, 198답
- **현황 :** 산193-1번지는 기 관광농원으로 허가 되었으며, 부지 하단에 자연녹지지역이 일부 존재함
- **자연녹지 및 계획관리지역 현황 :** 부지 하단에 자연녹지지역 일부 존재함 (약 33,500㎡)

3) 지형분석

- **표고 :** 상단부 210m, 하단부 170m로 약 40m의 표고차를 보임
- **경사도 :** 평균경사 15.16%, 25도 이상 13.73%로 전반적으로 완만한 지형임

2. 개발방향 검토

1) 관광농원의 증설

관광농원은 10만 제곱미터까지 설치할 수 있으며 그 면적의 20%이상
필수시설을 설치 하여야 함.

① 필수시설

- 영농체험시설(식량작물·특용작물·약용작물·채소·과수·화훼·유실수·버섯 등이 입식된
  농장), 저 수지, 조류사육장, 초지, 축사, 양어장, 유리하우스(비닐하우스를 포함한다),
  분재원 등 농수산 물 생산을 위한 토지와 시설(자연림, 자연초지 또는 야생화 등의
  자생지는 제외한다) 면적이 2,000㎡ 이상이면서 관광농원 개발 승인 면적의 20%이상

② 자율시설

- 지역특산물판매시설, 체육시설, 휴양시설, 음식물제공시설, 기타시설 등으로 사업자가
  자율적 으로 설치여부 결정.(숙박시설은 농어촌정비법 제2조 16호 나목 관광농원의
  정의에 따라 설 치 가능)

- ※ 단, 사업운영에 필요한 시설로서 관광농원의 목적과 취지에 부합하는 규모 및 형태를
  갖 추어야 하고, 국토의 계획 및 이용에 관한 법률, 농지법, 산지관리법 등 개별법
  규정에 따라 용도지역 내 개발행위가 가능한 시설이어야 함

③ 결론

국토의 계획 및 이용에 관한 법률에 따라 자연녹지에는 체육시설의 설치가 가능함. 현재
관 광농원을 10만 제곱미터 미만으로 증설하여 자연녹지 내에 파크골프장을 설치할 수
있음.

- 장점 : 인허가 기간이 짧음.

2) 지구단위계획

도시지역 내 지구단위계획 수립지침 2-1-2 (7) 비시가지 관리개발 –
녹지지역의 체계적 관리 및 개발(체육시설의 설치 등)을 통하여 그 기능을
증진시키고자 하는 경우에 해당 함.

① 행정계획

- 지구단위계획구역의 지정은 경상북도 지정사항으로 절차가 오래 걸리고 그에 따라
  파생되는 환경 교통 재해 등의 각종 보고서 또는 평가서가(지정면적에 따라 다름)
  첨부되어야 함.

② 개발계획

- 행정계획 후 개발행위 허가를 통한 개발을 하여야 함. 통상 지구단위계획구역의 결정은 최 소 18개월~24개월정도 소요되며 증감이 있을 수 있음.

③ 장단점

- 행정계획은 경주시의 의지만 있으면 한번에 많은 면적을 개발할 수 있으며 파크골프장의 홀수도 최대한 많이 확보 할 수 있음.
- 용역비용과 소요기간이 길어지는 단점이 있음.

④ 기타

- 입목축적조사는 산지관리법에 따라야 하며 전문가 조사가 필요함.
- 경사도는 20도 이하여야 함.
- 비오톱 1등급이 아닌 지역이어야 함.
- 문화재보호법상 개발면적 3만제곱미터 이상일 경우 문화재 지표조사 대상임.

3. 검토결과

○ 인허가 방향 : 지구단위계획을 통한 개발

- 현재 토지현황 상 자연녹지지역이 일부 포함되어 있지만 원하는 규모의 체육시설 (파크골프장) 설치를 위해서 용도지역변경이 불가피 함.
- 관광농원의 확장 또한 용도지역변경이 수반되야 하고 필수시설 20%이상을 확보해 야 하므로 효과적이지는 않다고 판단됨.
- 따라서 지구단위계획을 통한 개발로 필요한 시설과 규모를 감안하여 개발하는 것 이 유리하다고 판단됨.
- 또한 부지경계의 정형화를 위한 일부 하천부지의 편입이 필요함.

○ 개발 종류 및 규모: 파크골프코스 + 자동차 극장

- 파크골프장의 홍보 및 인지도 고취를 위해 대규모 시설 개발이 유리하며, 지형 등 부지여건을 고려할 때 약 45홀 규모의 개발이 가능할 것으로 판단됨.(도입시설 및 디자인 컨셉에 따라 변동이 있을 수 있음)

제**9**장

파크골프
각종대회와 미디어

제9장
파크골프 각종대회와 미디어

파크골프의 즐거움 중 하나는 친선 경기와 대회를 통해 **경쟁과 교류**를 경험하는 것이다. 이 장에서는 **파크골프 단체나 대회 조직자, 클럽 운영자**를 위해 파크골프 대회를 기획·운영하는 방법과 동호회 활성화 전략과 미디어 현황을 살펴본다.

1. 대회 종류와 규모

파크골프 대회는 그 목적과 참여 대상에 따라 다양하게 개최된다. **동호인 친선전**부터 **대통령배, 지역 협회장배 대회, 전국 아마추어 대회**, 나아가 **프로 선수권 대회**까지 규모가 커질 수 있다. 우선 소규모 클럽 차원의 대회는 **참가자 20~50명 내외**로 하루 안에 끝낼 수 있으며, 18홀 스트로크 플레이로 순위를 가린다.

지역 연맹이나 지자체 주최 대회는 **100명 이상**이 참여하여 예선-결선 또는 조 편성 경기로 진행하기도 하고, 협회 공인 대회는 남녀부, 연령별 부문 등으로 세분화하여 개최된다. 대회를 기획할 때 **참가 대상(회원전용/오픈대회), 경기 방식(스트로크/매치), 시상 내역** 등을 미리 결정하고 공지한다.

파크골프는 여성과 노인의 참여가 많으므로, 성별·연령별 핸디캡 없이 동일 조건으로 치르거나, 또는 시범적으로 **시니어부, 여성부**를 별도로 시상하여 동기 부여를 할 수도 있다.

가. 대회 준비

성공적인 대회를 위해서는 **세밀한 준비와 홍보**가 필요하다. 먼저 **일정과 장소**를 확정한 후, **참가자 모집 공고**를 한다. 지역 동호인 카페, 협회 웹사이트, 사회관계망(SNS) 등을 활용해 **대회 요강**(일시, 장소, 경기 방식, 참가비, 상품 등)을 알리고, 필요시 온라인 사전 접수를 받는다.

참가 인원이 확정되면 **조 편성**과 **티오프 시간표**를 짠다. 보통 3~4인 1조로 편성하며, 실력 균형이나 친목을 고려해 무작위 추첨하거나, 같은 클럽 사람들은 흩어지도록 배려하기도 한다. **경기위원과 기록위원** 등 운영 요원을 미리 섭외하고 역할 분담을 한다.

경기위원은 코스 내 룰 판정과 경기 진행을 돕고, 기록위원은 스코어카드 회수 및 집계를 담당한다. 진행에 필요한 **물품**도 체크리스트를 만들어 챙긴다.

예를 들어 **스코어카드와 필기구, 명찰이나 조 편성표**, 홀컵에 사용할 **깃발(대회 로고 부착), 확성기나 호루라기**(샷건스타트 시 신호), 그리고 **상품 및 상장** 등이 필요하다.

당일 기상 악화에 대비해 예비 일정을 마련하거나, 우천 시 운영 방안을 사전에 고지해두는 것도 중요하다.

나.경기 운영과 심판

대회 당일에는 모든 참가자가 모인 자리에서 오리엔테이션(사전 설명)을 진행한다. **경기 규칙과 에티켓**을 다시 한 번 상기시키고, 홀 로컬 룰(예: 특정 구역 공 드롭 규정)을 안내한다.

샷건 스타트 방식이라면 각 조를 할당된 홀로 보내고 일제히 시작 신호를 준다. 순차 티오프 방식이면 1번 홀부터 순서대로 티오프 시간을 지켜 진행한다. 경기 중 이슈가 발생하면 경기위원(심판)이 신속히 판정을 내린다.

예컨대 "공이 수리지(ground under repair)에 멈췄을 때 드롭 허용 여부", "OB 말뚝이 없지만 넘어갔다고 판단될 때 처리" 등 애매한 상황에 규정대로 결정한다.

참가자들이 규칙에 미숙할 수 있으므로, 심판위원들은 **주요 지점에 배치**되어 문의에 답해주고 안전사고를 예방한다. 모든 조가 경기를 마치면 스코어카드를 제출 받아 **합산 점수 집계**를 한다.

최근에는 **앱 기반 스코어링 시스템**을 도입하여 현장에서 바로 입력·집계하는 혁신적 방식도 등장하고 있어, 오차 없이 신속하게 순위를 산출할 수 있다. 결과가 나오면 **시상식**을 진행한다. 보통 **메달, 트로피, 상품**을 수여하고, 특별상으로는 **최연소 참가자상, 최고령 참가자상, 홀인원상** 등을 시상하여 화기를 돋운다. 폐회식에서는 다음 대회나 정기 모임 일정을 공지하며 대회를 마무리한다.

제1회 농촌사랑
파크골프 대회
총 상금 1억원 상당
2023년 6월 ~ 11월

주최 : OBS 주관 : MASIL PARKGOLF
총 대회기간 : 10/01-12/07
대회문의 : 1688-8937
2025년 OBS배
전국 마실스크린
파크골프대회
2025년 OBS배
전국 마실스크린
파크골프대회
예선전
본선
결승
참가자 전원 푸짐한상품 증정
LG UHD TV
총 시상품 2억원~!!

제15회 대한파크골프협회장기
전국 파크골프대회

I. 대회 개요

1. **대회명** : 제15회 대한파크골프협회장기 전국파크골프대회
2. **대회기간** : 2025. 11. 6. (목) ~ 11. 7. (금) / 2일간
3. **대회장소** : 청양 금강변 파크골프장(충청남도 청양군 청남면 왕진리 367)
4. **참가대상** : 대한파크골프협회에 2025년 9월 30일까지 등록된 회원
5. **참가인원** : 약 700명(선수 532명, 임원 및 위원 106명, 심판 42명, 직원 및 운영요원 20명)
6. **참가비** : 20,000원
7. **주최** : (사)대한파크골프협회
8. **주관** : (사)대한파크골프협회, 충청남도파크골프협회
9. **후원** : 청양군파크골프협회, 청양군, 청양군체육회

II. 대회 요강

1. 경기 규칙

가. (사)대한파크골프협회 경기 규칙을 준수한다.

나. 대회 로컬룰은 경기 시작 전에 공지한다.

2. 경쟁 종목 및 경기 진행 방법

가. 경쟁 종목

　　1) 개인전(일반부 및 시니어부 / 남, 여) : 36홀 스트로크 방식

　　2) 단체전(일반부 및 시니어부) : 36홀 포섬 방식(베스트 볼 적용)

　　3) 종합우승 : 개인전 및 단체전 점수 합산

　　4) 임원 친선전 : 18홀 스트로크 방식

일반부 및 시니어부 분류 기준

부문		주민등록증 기준	비고
남자	시니어	1956. 12. 31. 이전 출생자	• 시니어 기준은 협회 회원의 평균나이
	일반	1957. 01. 01. 이후 출생자	
여자	시니어	1960. 12. 31. 이전 출생자	
	일반	1961. 01. 01. 이후 출생자	

나. 경기 진행 방법

   1) 1일간 18홀씩, 2일에 걸쳐 총 36홀을 진행한다.

   2) 2일차는 1일차에 경기한 코스를 바꾸어서 경기한다.

   3) 전 홀에 배치하여 샷건 방식으로 진행한다.

3. 조편성

가. 개인전 : 남자, 여자선수를 구분하여 2개 그룹으로 편성한다.
      (단, 필요시 일반부와 시니어부 선수를 혼합 편성)

나. 단체전 : 2개 시·도협회 팀을 1개조로 하여 1개 그룹으로 편성한다.

※ 조 편성표는 선수 명단 접수이후 공지할 예정이며, 2일차는 일부 선수의 조 편성이
   변경될 수도 있음.

4. 시·도협회별 참가선수 배정

구분			서울	부산	대구	인천	광주	대전	울산	세종	경기	강원	충북	충남	전북	전남	경북	경남	제주	총계
개인전	일반부	남	8	6	9	5	5	5	6	5	8	8	7	8	6	7	9	9	5	116
		여	8	6	9	5	5	5	6	5	8	8	7	8	6	7	9	9	5	116
	시니어부	남	8	6	9	5	5	5	6	5	8	8	7	8	6	7	9	9	5	116
		여	8	6	9	5	5	5	6	5	8	8	7	8	6	7	9	9	5	116
단체전	일반부	혼성	각 시·도별 일반부 남녀 혼성팀 1팀씩 총 2명																	34
	시니어부	혼성	각 시·도별 시니어부 남녀 혼성팀 1팀씩 총 2명																	34
계			36	28	40	24	24	24	28	24	36	36	32	36	28	32	40	40	24	532

* 시·도협회는 배정된 인원 고려, 단체전 선수(일반부, 시니어부 혼성팀)를 우선 배정하고 개인전에 배정을 준수.
(예: 시·도협회 배정이 28명인 경우 단체전 4명 배정하고 개인전에 24명 배정)

* 배정된 인원보다 적게 참가 등록할 경우는 타 시·도협회로 추가 배정할 예정임.

5. 임원 친선전

가. 참가대상 : 시도협회 회장 및 사무국장, 대한파크골프협회 임원, 분과위원회 위원장, 원로위원회 위원

나. 경기 진행 방법 : 11월 7일(금) 2일차에 18홀 개인전 경기 진행

6. 순위 결정방법

가. 개인전(1~5위) : 일반부(남·여), 시니어부(남·여)로 구분하여 개인별 저타순으로 결정한다.

나. 단체전(1~5위) : 일반부(혼성), 시니어부(혼성)로 구분하여 팀별 저타순으로 결정한다.

다. 종합시상(1~3위) : 개인전에 입상한 일반부(남·여), 시니어부(남·여)의 점수와 단체전에 입상한 일반부(혼성), 시니어부(혼성) 점수를 합산하여 시·도별 순위를 결정한다.

※ 동타(동점)시 순위 결정방법

① 개인전 및 단체전은 동일하게 1, 2일차 상관없이 D코스 합산순 → C코스 합산순 → B코스 합산순 → D-9 홀부터 역순을 적용한다.

② 종합시상은 단체전 합산순 → 단체전 시니어부 → 단체전 일반부 합산순으로 순위를 결정한다.

등수별 점수제

구분	개인전(일반 남·여 / 시니어 남·여)					단체전(일반 혼성 / 시니어 혼성)				
등수	1위	2위	3위	4위	5위	1위	2위	3위	4위	5위
점수	5	4	3	2	1	10	8	6	4	2

7. 대회운영위원 운용계획

가. 본부석 : 대회위원장 및 대회위원, 심판위원장 및 심판위원, 공인인증위원, 사무처 직원

나. 코스 : 심판 40명 고정 배치 (스코어카드 기록, 경기 진행)

다. 경기장 주변 : 지원요원 배치 (의료지원, 차량통제, 음료지원 등)

8. 시상 계획

종별			1위	2위	3위	4위	5위
개인전	일반부	남	트로피, 시상품, 시상금 100만원	트로피, 시상품, 시상금 50만원	트로피, 시상품, 시상금 30만원	시상품	시상품
		여	트로피, 시상품, 시상금 100만원	트로피, 시상품, 시상금 50만원	트로피, 시상품, 시상금 30만원	시상품	시상품
	시니어부	남	트로피, 시상품, 시상금 100만원	트로피, 시상품, 시상금 50만원	트로피, 시상품, 시상금 30만원	시상품	시상품
		여	트로피, 시상품, 시상금 100만원	트로피, 시상품, 시상금 50만원	트로피, 시상품, 시상금 30만원	시상품	시상품
단체전	일반부	혼성	트로피, 시상품, 시상금 50만원/50만원	트로피, 시상품, 시상금 30만원/30만원	트로피, 시상품, 시상금 20만원/20만원	시상품	시상품
	시니어부	혼성	트로피, 시상품, 시상금 50만원/50만원	트로피, 시상품, 시상금 30만원/30만원	트로피, 시상품, 시상금 20만원/20만원	시상품	시상품
종합시상			우승기, 트로피 상금 200만원	트로피 상금 150만원	트로피 상금 100만원	–	–

III. 경기 일정표

1. 1일차

시 간	내 용
07:00 ~ 07:50	o 1그룹 용구 검사, 선수 등록
08:00 ~ 10:30	o 1그룹(개인전 일반부) 18홀 경기
09:00 ~ 10:00	o 2, 3그룹 용구 검사, 선수 등록
10:30 ~ 11:00	o 식전행사

시 간	내 용
11:00 ~ 11:50	o 개회식 　1. 개식통고 　2. 국민의례 　3. 개회선언 　4. 내빈소개 　5. 시·도별 선수단 소개 　6. 식사(式辭) 　　– 환영사, 대회사, 격려사, 축사 　7. 선수대표 및 심판대표 선서 　8. 폐식통고
12:00 ~	o 중식 (2그룹→1, 3그룹)
12:30 ~ 15:00	o 2그룹(개인전 시니어부) 18홀 경기
15:00 ~ 16:30	o 3그룹(단체전) 18홀 경기
16:30 ~ 17:30	o 파크골프 화합 대축제

2. 2일차

시 간	내 용
07:30 ~ 10:00	o 2그룹(개인전 시니어부) 18홀 경기
10:00 ~ 12:30	o 1그룹(개인전 일반부) 18홀 경기
11:30 ~	o 중식 (3그룹→1, 2그룹)
13:30 ~ 15:30	o 3그룹(단체전, 임원 친선전) 18홀 경기
15:30 ~ 16:00	o 점수 집계 및 이벤트 추첨
16:00 ~	o 시상식 및 폐회식 　1. 순위 발표 　2. 시상식 　　– 임원 친선전 시상 　　– 종합 시상 　　– 개인전 시상 　　– 단체전 시상 　3. 폐회식

* 행사 진행에 따라 시간은 다소 변경될 수 있음.

Ⅳ. 대회 준수 및 유의사항

1. 시·도 협회 선수는 개인전 또는 단체전 1종목만 출전이 가능하며,
   참가자명단을 양식에 맞게 작성하여 2025년 10월 15일(수)까지 기일
   준수하여 시·도협회에서 참가비와 함께 제출한다.

2. 접수 마감 후 선수 변경 또는 참가비 환불이 불가하며, 개인 신변 문제로
   인한 참가자 변경은 증빙서류를 첨부한 시·도협회 공문을 통하여 경기 10일
   전까지만 가능하다.

3. 경기시작 전 코스 내에서 연습은 금지하며, 선수 중에 부적격자(비회원,
   임의 교체 등) 출전 또는 부정행위시 몰수 패로 처리하고 해당 시·도 협회는
   종합시상 순위에서 제외한다.

4. 경기 중 순위 결과에 대해 문의사항은 시·도 협회 감독만이 할 수 있으며, 특히
   선수가 심판에 대한 폭언 또는 판정에 불응 시는 실격 처리하고 사안에 따라
   스포츠공정위원회에 회부한다.

5. 경기 도중 특별 재해 발생 등으로 경기 진행이 불가능할 경우는 대회 본부에서
   협의 하에 결정한다.

6. 대회 일정을 고려하여 시간 내 도착, 개·폐회식에 빠짐없이 참석하여야 하며
   입상자가 폐회식에 불참 시는 시상에서 제외하고 차 순위 입상자로 수여한다.

7. 본 협회에서 인증한 공인 용구(클럽) 소지자만 대회에 참가 가능하며,
   대회에서 공인 용구(클럽)만 사용해야 한다. 또한, 기본 용구 외에 부착물은
   허용이 안 된다.

8. 참가대상(본 협회에 2025년 9월 30일까지 등록된 회원)이 아닌 자가
   참가하여 시상하였을 경우 시상 이후 시상금·품을 회수 조치한다.

9. 초상권 활용 동의 안내
   본 대회 참가선수들은 대회를 신청함으로써 참가한 선수 이름, 목소리, 사진,
   동영상 및 각종 기록물들에 대하여 방송 및 파크골프 관련 홍보를 위해
   방송사, 대한파크골프협회 공식 홈페이지 및 유튜브, SNS채널, 배포용 보도
   자료에 사용될 수 있다.
   본 대회 참가선수의 경기관련 촬영물에 따른 초상권 및 관련한 모든 권리는
   대한파크골프협회에 귀속되는 것에 동의하는 것으로 간주한다.

※ 본 대회는 방송 송출될 예정이므로 방송 송출에 동의하지 않는 선수는 출전할
   수 없다.

제15회 대한파크골프협회장기 전국 파크골프대회 결과

제15회 대한파크골프협회장기 전국 파크골프대회

순위		1위	2위	3위	4위	5위
		클럽	클럽	고급 가방	고급 가방	싱글 가방+공
청양군친선전		(충남 청양)윤두봉	(충남 청양)이재인	(충남 청양)황인석	(충남 청양)송인문	(충남 청양)한영규
		56타	57타	57타	58타	58타
순위		1위	2위	3위	4위	5위
		클럽	클럽	클럽	고급 가방	싱글 가방+공
임원친선전		(이사)이용용	(경북 사무국장)권명하	(서울 사무국장)남인섭	(이사)유공규	(이사)김기석
		50타	53타	54타	54타	55타
순위		1위	2위	3위	4위	5위
		트로피+ 클럽+ 시상금 100만원	트로피+ 클럽+ 시상금 50만원	트로피+ 클럽+ 시상금 30만원	고급 가방	싱글 가방+공
개인전 일반부	남	(광주)장우진	(충남)이찬영	(충남)이창묵	(세종)김명수	(경남)이재봉
		110타	112타	112타	112타	112타
개인전 일반부	여	(경기)정은미	(충남)양승자	(충남)이기남	(전북)오온숙	(세종)신현주
		112타	115타	116타	117타	118타
개인전 시니어부	남	(대전)하왕규	(대전)최관하	(대구)박래삼	(세종)김병수	(전남)유건종
		109타	110타	112타	113타	114타
개인전 시니어부	여	(충남)임봉순	(전남)남정덕	(부산)김옥희	(제주)이금자	(충남)권남순
		115타	115타	115타	1117타	121타
순위		1위	2위	3위	4위	5위
		트로피+ 클럽 + 시상금 50만원/50만원	트로피+ 클럽 + 시상금 30만원/30만원	트로피+ 클럽 + 시상금 20만원/20만원	고급 가방	싱글 가방+공
단체전 일반부 혼성		(부산)이경화 김순록	(서울)최종국 표상옥	(충북)변창섭 전영분	(전남)김춘식 정미란	(충남)김달제 박수경
		107타	108타	109타	110타	111타
단체전 시니어부 혼성		(광주)김규태 이옥순	(부산)강호상 김영자	(인천)이성원 이정순	(서울)노인섭 권경순	(대전)이경호 김미영
		109타	111타	113타	114타	116타
순위		종합우승			준우승	3위
시상품		우승기+트로피+상금 200만원			트로피+상금 150만원	트로피+상금100만원
종합시상		충청남도파크골프협회			부산광역시파크골프협회	광주광역시파크골프협회
		22점			21점	15점

출처 : 사) 대한파크골프협회

2025년 열린 대회 중 전국대회와 전국규모대회를 기준으로 함

2025 개인별 점수 및 랭킹 순위

《범례》
(사)대한파크골프협회의 승인을 받은 전국(규모)대회에 한함
아래 대회는 집계에서 제외하였음
① 미승인대회 ② 참가자격 제한 대회(조합원, 3세대경기) ③ 국제대회
중앙회 「대회규정」 제3조의 전국대회와 전국규모대회를 통합하여 집계함
점수는 아래 평가기준에 의함

《집계 반영한 전국(규모)대회》
★표시 부분은 전국대회, 나머지는 전국규모대회
1. 2025 시즌오픈대회(2/19~20, 강원 화천군)
2. 제1회 브라마배대회(2/24, 부산 강서구)
3. 연합뉴스TV-밀양시대회(4/4~5, 경남 밀양)
4. 2025 전국생활체육대축전(4/24~25, 전남 화순)

<평가기준>

등급	종목	1위	2위	3위	4위	5위	6~7위	8~10위
전국대회	개인전	100	90	80	70	60	50	40
	단체전	80	70	60	50	40	30	20
전국규모대회	개인전	90	80	70	60	50	40	30
	단체전	70	60	50	40	30	20	10
등급구분	전국대회 : 대한파크골프협회 소속 시·도 협회가 참가하는 대회 ① 대통령기 ② 문화체육관광부장관기 ③ 대한체육회장기 ④ 대한파크골프협회장기 ⑤ 생활체육대축전 전국규모대회 : 10개 시·도 협회 이상의 협회 회원이 참가하는 대회							
비고	주최 측에서 발표한 입상 등위까지만 산정 1위보다 상위 입상(MVP, 대상 등)인 경우 1위와 동일 점수 부여							

1위 부산 이한웅 520	33위 서울 김요숙 220	57위 세종 정민자 170	92위 서울 차정순 140
2위 전북(전주) 오은숙 480	33위 대구(중) 김호제 220	57위 경북 정원선 170	92위 광주(서) 최선녀 140
3위 경기(가평) 이영일 460	33위 강원 박복희 220	69위 강원(춘천) 길승무 160	92위 전북(전주) 황봉근 140
4위 전남(목포) 정미란 370	33위 경남(양산) 이정훈 220	69위 충북(충주) 김덕돈 160	103위 부산(해운대) 강호상 130
4위 강원(춘천) 정은주 370	38위 세종 김병수 210	69위 경기 김종숙 160	103위 대전 김기석 130
6위 강원(화천) 조인순 360	38위 부산 김옥희 210	69위 전북(전주) 류영철 160	103위 대구(수성) 김종수 130
7위 전북(전주) 설순례 350	38위 강원 문형식 210	69위 경기 박계숙 160	103위 전남 나인덕 130
8위 광주(광산) 유동오 320	38위 경남(김해) 배석한 210	69위 대전 박전자 160	103위 경북(안동) 윤병진 130
8위 경기(양평) 이상호 320	38위 경기(청평) 소효영 210	69위 대구 손영숙 160	103위 인천 이정순 130
10위 대전 하왕규 310	38위 전북(익산) 이선옥 210	69위 대구(서) 손영호 160	103위 강원 정대진 130
11위 경기(양평) 성정연 300	38위 서울 표상옥 210	69위 부산(사상) 송관섭 160	103위 제주 최영락 130
12위 광주(광산) 정옥분 290	45위 강원 강성용 200	69위 경기(양평) 송병열 160	111위 세종 김영옥 120
13위 전남(목포) 김춘식 280	45위 충남 김달제 200	69위 광주(동) 이병길 160	111위 충남(논산) 김영철 120
13위 대구(서) 변강식 280	47위 경기(가평) 김형길 190	69위 충남(서산) 이성희 160	111위 대구(달서) 서유심 120
13위 대구(북) 장태순 280	47위 대구(수성) 신기찬 190	69위 경북(구미) 이유정 160	111위 광주 송정금 120
16위 강원 이옥조 270	47위 전남(해남) 전만동 190	69위 충북 한영희 160	111위 세종 신현주 120
16위 강원(화천) 임후빈 270	47위 충남(아산) 최성운 190	83위 충남(서산) 가인정 15	111위 강원(화천) 윤성근 120
16위 전남(담양) 정월자 270	51위 전남(나주) 강현수 180	83위 부산(남) 김영자 150	111위 충남(아산) 이현미 120
19위 부산(부산진) 이창희 260	51위 세종 김순자 180	83위 경기 김인혜 150	111위 대구(북) 장수임 120
19위 전남(목포) 최성재 260	51위 대구(중) 제 180	83위 경기(양평) 박송화 150	111위 전북(완주) 정금자 120
19위 충남(아산) 홍종화 260	51위 경남 박명미 180	83위 충남 박수경 150	111위 서울(영등포) 허숙희 120
22위 충남 권남순 250	51위 강원(화천) 송경애 180	83위 경기 윤점숙 150	121위 경남 구석주 110
22위 전북(전주) 박용철 250	51위 전남(나주) 전준화 180	83위 대전 임수혁 150	121위 광주 김연주 110
22위 충남 양승자 250	57위 대구(서) 박정순 170	83위 경기 조경자 150	121위 대구 김정호 110
25위 경남(창원) 김경희 240	57위 경남(함안) 배회숙 170	83위 충남(예산) 최병국 150	121위 대구 남정회 110
25위 강원(양양) 김희정 240	57위 경북 송병국 170	92위 부산 김승규 140	121위 경기 배중석 110
25위 전남(강진) 마성주 240	57위 서울(송파) 신순덕 170	92위 대구 박순정 140	121위 강원 심봉섭 110
25위 대구(달성) 배현숙 240	57위 경기(평택) 이강호 170	92위 대구 배명환 140	121위 대구 윤태혁 110
25위 전남 윤명례 240	57위 대전 이경호 170	92위 경남(창원) 백미자 140	121위 전북(정읍) 이선주 110
25위 경기 정은미 240	57위 대구 이상규 170	92위 전북(익산) 양성은 140	121위 서울 최종국 110
31위 충남 김성현 230	57위 경남(양산) 이영미 170	92위 경남 염규철 140	121위 부산 황옥자 110
31위 대전 이정예 230	57위 충남 이찬영 170	92위 충남 이명숙 140	
33위 대천(서) 김미영 220	57위 충남(아산) 임경숙 170	92위 세종 정규도 140	

출처 : 사) 대한파크골프협회

중국 하이난 챔피언십 파크골프대회 개요

'중국 하이난 챔피언십 파크골프대회'는 중국파크골프 창립 및 하이난
나비파크골프장 36홀 오픈을 기념해 열리는 첫 공식 대회입니다. 주최는
중국파크골프와 (주)골프그룹 나비투어, 나비파크골프, 사카이혼마가 맡았으며,
하이난성 체육국과 BFA골프리조트, 팜스프링의류가 후원에 참여합니다.

개최지 특징

- **위치:** 중국 하이난 충하이시 BFA골프클럽 내 나비파크골프장
- **기후:** 연평균 24℃의 온난한 날씨로 겨울철에도 최적의 파크골프 환경
- **시설:** 5성급 호텔, 스파, 노천온천, 수영장, 레스토랑, 연습장 등 최고급 인프라 완비

아래 링크를 통해 채널을 추가하면, 파크골프대회 신청 2시간 전 자동으로 알람을 받을 수 있습니다.

파크골프 대회, 파크골프장 이용 정보 가장 빠르게 알아보세요!

대회 일정과 참가부문

구분	일정	참가대상	주요 특징
시니어 대회	2026년 2월 23일~27일 (4박 5일)	1962년생 이상 (65세 이상)	남·여 구분 경기
포썸 대회	2026년 3월 2일~6일 (4박 5일)	남남 / 여여 페어	누구나 참가 가능
왕중왕 일반부 대회	2026년 3월 9일~13일 (4박 5일)	일반부 (남·여 구분)	개인전, 개회식·폐회식 포함

모든 대회는 4박 5일 일정으로 구성되며, 1일차 연습 라운딩 → 2~3일차 본선 경기(36홀) → 4일차 자유시간 순으로 진행됩니다.

중국 하이난 챔피언십 파크골프대회 신청 바로 가기

참가 신청 및 비용 안내

기본 참가비(인천 출발 기준)

구분	금액	포함내역
시니어 대회	129만 원부터	항공 + 숙박 + 경기비 포함
포썸 대회	129만 원부터	항공 + 숙박 + 경기비 포함
왕중왕 대회	129만 원부터	항공 + 숙박 + 경기비 포함
2개 대회 동시 참가	209만 원부터	11박 12일 전체 일정
3개 대회 동시 참가	299만 원부터	18박 19일 전체 일정

참가 방법

- **신청 경로:** 나비투어 전화 문의 후 선착순 예약 (02-761-2348)
- **출발 공항:** 인천 또는 청주공항 (지방 선수 포함)
- **항공편:** 하이난 해구(하이커우) / 삼아 공항 이용
- **맞춤 연습 일정:** 15박~30박 등 장기 체류 프로그램 별도 제공

상금 및 시상 내역

'중국 하이난 챔피언십 파크골프대회'는 총상금 3억 2천만 원 규모의 대회로, 현금 2억 4천만 원과 경품 8천만 원이 배정됩니다.

대회명	남자 우승상금	여자 우승상금
시니어 대회	2,000만 원	2,000만 원
포썸 대회	2,000만 원	2,000만 원
왕중왕 일반부	3,000만 원	3,000만 원

입상자 상금 세부 배분

- **1위** 500만 원
- **2위** 300만 원
- **3위** 200만 원
- **4위** 100만 원
- **5위** 50만 원
- **6~10위** 30만 원
- **11~30위** 10~20만 원

특별상 부문

- **홀인원상:** 10만 원
- **행운상:** 파크골프 해외여행권(태국·중국)
- **경품:** 사카이혼마 5스타 파크골프채, 의류, 영양제 등

중국 하이난 챔피언십 파크골프대회 신청 바로 가기

경기 규칙과 운영 방식

대회는 대한파크골프협회 공식 경기규칙을 따르며, 예선 1일차에 로컬룰이 별도로 공지됩니다. 모든 경기(시니어·포썸·왕중왕)는 결선 36홀 스트로크 플레이 방식으로 진행되며, 조 편성은 남녀 또는 팀별로 구분합니다.

순위 결정 기준

- 개인별 저타순으로 결정
- 동타 시 D코스 → C코스 → B코스 순으로 합산
- 공동 1위 발생 시 서든데스 방식 적용

운영 인력 및 안전관리

- 대회위원장 1명, 심판 40명, 현지 통역 2명
- 코스별 심판 상주, 응급 의료팀 및 구급차 배치
- 참가자 전원 여행자보험 자동 가입 (질병, 상해, 사고 포함)

참가자 유의사항

- 공인 용구 사용 필수: 대한파크골프협회 공인 클럽만 사용 가능
- 부정행위 금지: 부적격자 또는 규정 위반 시 몰수패
- 시간 엄수: 모든 일정 정시 도착 및 개·폐회식 필수 참석
- 심판 존중: 판정 불복 또는 폭언 시 즉시 실격
- 폐회식 불참 시 시상 제외

변경 및 환불 규정

- 접수 마감 후 환불은 '나비투어 여행규정'에 따름
- 현지 기상이나 상황에 따라 일정 변경 가능
- 사고 발생 시 주최 측은 민·형사상 책임을 지지 않음

참가 신청 절차 요약

단계	절차	설명
①	전화 문의	나비투어(02-761-2348)로 문의
②	예약 확정	선착순 마감 방식으로 접수
③	명단 제출	나비투어 → 중국파크골프로 명단 전달
④	항공 및 일정 확정	개인별 항공 스케줄 통보
⑤	대회 참가	현지 도착 후 연습 라운딩 및 경기 진행

글 요약

- 중국 하이난 챔피언십 파크골프대회는 총상금 3억 2천만 원 규모의 국제대회입니다.
- 참가비는 129만 원부터이며, 숙박·항공·경기비가 모두 포함된 패키지로 운영됩니다.
- 신청은 나비투어(02-761-2348)를 통해 선착순 마감됩니다.

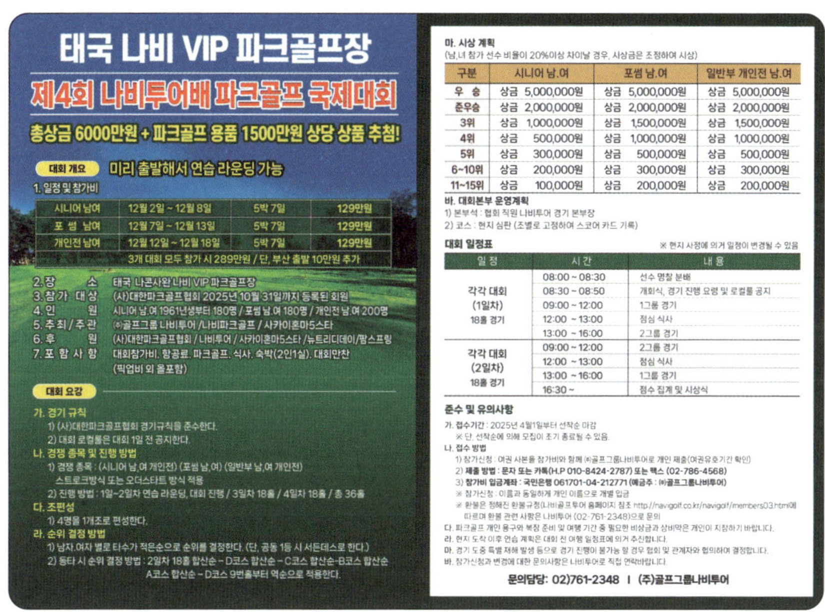

한국온월드 스크린파크골프 챔피언십
"산삼배양근농축액배" 메인 스폰서 제안서

1. 대회 개요

- **대회명:** 2026 부산시 스크린파크골프 챔피언십
- **부제:** 산삼배양근농축액배 (Main Title Sponsor)
- **주최:** ONN 닥터 TV, 실버 TV 방송 •주관: 한국온월드파크골프협회
- **후원:** 농업회사법인 ㈜진산삼바이오
- **장소:** 부산시 소재 실내 스크린 파크골프장
- **일시:** 2026년 1월 부터 24회
- **참가 규모:** 한국온월드파크골프협회 회원 / K부산여성파크골프회
- **방송:** ONN 닥터 TV, 실버 TV 방송 실버TV YouTube Live
- **스폰서명칭권 :** 산삼배양근농축액배 부산시 스크린파크골프 챔피언십" 공식 타이틀 명칭 사용
- **스폰서금액 :** 총 60,000,000원 (부가세 별도)
- **계약기간 :** 대회 개최일 기준 6개월 (홍보 영상 포함 기간)
- **지급 방식 :** 계약 시 50%, 방송 전 송출 시 50%

2. 후원사 주요 노출 및 홍보 구성

1) 방송 노출

ONN 닥터 TV 및 실버TV 및 유튜브 실시간 중계 시

- **경기 오프닝 타이틀 :** "본 대회는 산삼배양근농축액이 함께합니다."
- 경기 중 그래픽 하단 자막 / 중간 브레이크 스팟 송출
- 시상식 배경보드 및 인터뷰 구간 내 브랜드 노출
- 방송 리플레이 및 하이라이트 영상에도 로고 삽입

2) 현장 노출

- 경기장 내 중앙 배너 및 메인포토존에 로고 삽입
- '산삼배양근 부스존' 운영
- 제품 시음 및 샘플 체험
- 브랜드 홍보 영상 상영
- 참가선수 대상 기념패키지 제공

3) 디지털·SNS 홍보

- 공식 유튜브, 인스타그램, 네이버TV 등 홍보 콘텐츠 제작
- 대회 홍보영상 엔딩 부분 브랜드 시그니처 컷 삽입
- 산삼배양근농축액 × 스크린파크골프" 공동 캠페인
  #건강한스윙 #진산삼바이오

구분	혜택 내용
타이틀 네이밍권	대회명 공식 표기 및 전 매체 동일 노출
영상·방송 노출권	중계방송, 하이라이트, SNS 클립 내 로고 노출
브랜드 부스 운영권	현장 체험부스 및 제품 홍보공간 제공
시상식 협찬 및 홍보권	시상식 트로피/메달 디자인에 로고 삽입
VIP 초청권	VIP 10인 초청석 + 프리미엄 라운지 이용
홍보물 공동 제작권	포스터, 현수막, 배너, 프로그램북 등

4) 효과

- 브랜드 인지도 상승
- 방송 + 현장 + SNS 3중 노출로 전국 소비자 대상 도달
- 건강·웰빙 이미지 강화
- '국산 천종 산삼배양근'의 프리미엄 효능 강조
- 신규 시장 확장성 확보
- 중장년층·골프 커뮤니티·프리미엄 소비층 대상 홍보
- 공익·스포츠 이미지 제고
- 국민건강·스포츠 발전에 기여하는 후원사 브랜드

5) 예산 항목

방송 송출비 및 영상제작	20,000,000	33%
경기장 설치 및 홍보물 제작	15,000,000	25%
행사 운영비 및 시상금	15,000,000	25%
부스 설치 및 체험존 구성	10,000,000	17%
합계	60,000,000	

6)향후 협력 제안

- 산삼배양근농축액배" 대회를 매년 정례화하여"국민 건강 & 친환경 웰니스 골프축제"로 발전 추진.
- ONN 닥터 TV, 실버TV 방송을 통한 브랜드 캠페인 시리즈 제작
- "Healthy Swing, Healthy Life" 캠페인 공동 런칭 가능
- 제안자:박정환 P.D 드림
- 010-3220-5778
- f1pjw@naver.com

진산삼바이오 100년 천종산삼배양뿌리

|주| 대한글로벌투어
DAEHAN
파크골프 해외 원정 투어
일본 대마도·후쿠오카·북해도 / 중국 청도·위해 / 태국 등
해외 최고의 파크골프장에서
즐기고! 배우고! 힐링하는!
대마도 1박 2일
2회 라운딩
290,000원
후쿠오카 2박 3일
3회 라운딩
899,000원
중국 청도·위해 3박 4일
3회 라운딩
890,000원
전 일정 직접 기획·안심 진행
파크골프 전문 코디네이터 동행
단체 / 동호회 / 맞춤 행사 가능
항공출발: 인천공항·청주공항·대구공항·김해공항·제주공항
*출발 날짜와 인원 생길 수 있습니다.
예약문의 : (주) 1544-3474

태국 칸차나부리 R.K·SH 파크골프장(72홀)
제2회 (주)빅토리배 파크골프대회
2025년 11월 24일(월) ~ 11월 30일(일) 5박7일
주최/주관 대한직장인파크골프협회
후원 대한직장인체육회·(주)빅토리파크골프·
칸차나부리 R.K·SH 파크골프장(72홀)
대회일시 2025년 11월 27일(목) 06시~
대회장소 태국 칸차나부리 R.K·SH 파크골프장(72홀)
경기방식 36홀 삿건, 스트로크 플레이(남·여 구분)
항공편 인천 - 방콕 17:15~21:25 방콕 - 인천 22:55~06:35
부산 - 방콕 18:00~21:55 방콕 - 부산 22:55~06:20
대구 - 방콕 21:25~01:30 방콕 - 대구 02:30~09:40
투어가격 1,200,000원
(인천, 대구, 부산 출발 기준 / 예약금 60만원, 잔금 60만원)
새마을금고 80 10-3547-1425-0
예약문의 본부장 강herm
본부장 김종은 010-6506-1137
기획 무지개파크골프 대표 김신애 010-3547-1425
상품 및 상금
5,200만원 상당
120명 선착순 모집!!
투어일정
11.24.(월) 인천, 대구, 김해공항 출발
11.25. 쾌이강자리, 사원, 수영장, 사우나(무료)
11.26. 민속촌 중식, 동굴사원(유료30$)
11.27. 1차 제2회 빅토리배(18홀) 수영장, 사우나(무료)
11.28. 2차 제2회 빅토리배(18홀) 수영장, 사우나(무료)
11.29. 제오르라마운 선상기념(식음료30$) 공항 이동
11.30. 방콕 수완나품공항 출발 인천, 대구, 김해공항 도착
전일정 무제한 라운딩

"세상에서 가장 특별한 호텔 바다위에서 완성되는 여행의 품격"
가성비 한·일 호화 이스턴비너스 크루즈
2박3일 / 3박4일
전세 투어 환영
세미나 · 워크숍 · 기업포상여행 · 마이스투어 MICE · 단체모임
성지순례 · 파크골프 원정투어 · 엔터테인먼트 공연 문의바랍니다
(주)대한글로벌투어는 이스턴 비너스 크루즈 정식 파트너 에이전시로서
해외 현지 지사를 통해 일반크루즈 외 크루즈웨딩촬영 성지순례 정년퇴직자여행
기업포상여행 효도크루즈 등 타 여행사와 차별화된 경쟁력으로
다양한 고품질 맞춤여행을 제공드립니다.
예약문의 : (주)대한글로벌투어 1544-3474

멋진휴양지에서 파크골프를 즐기자
PANTHEON
상담 및 예약
H. 010-3537-1330
H. 010-4356-3352
T. 1522-3845
제3회 태국 판테온배 파크골프 대회
태국 129만원 파크골프 투어
2025년 11월 25일~ 12월 1일
(5박7일)

2026년 5월 12일 출발
파크골프의 성지 크루즈로 떠나는 북해도 여행
5박 6일 / 단 300명 한정 모집!
SPECIAL GUEST
남진
SPECIAL GUEST
조정민
✓ 최초 파크골프 발상지 북해도 최정상 파크골프장 라운딩
✓ 제1회 파크골프 북해도 친선교류대회
✓ 대회 병행 파크골프 지도자 양성과정
✓ 웅장한 코스타 세레나호 다양한 부대시설 & 초호화 선상쇼
지금 예약 시 조기할인+완납시 68만원 상당 선물증정
K-월드국제파크골프연맹   파크골프전문여행: 주)저스트아이디어

2. 동호회 조직과 활성화

파크골프 동호회(클럽)는 꾸준한 활동을 통해 회원들의 **친목과 실력 향상**을 도모한다. 동호회 운영자는 먼저 **정기모임**을 활성화해야 한다. 예를 들어 **주 1회 정기 라운드**(주말 오전 등)를 잡고, 회원들이 가급적 참여하도록 독려한다.

정기모임에서는 그냥 치는 것보다 **소규모 내기**나 팀별 경기 등을 곁들여 재미를 주고, 끝난 후 간단한 뒤풀이나 시상(예: 베스트스코어상, 행운상)을 하면 참여도가 높아진다. 신규 회원이 왔을 때는 **환영하는 문화**를 만들어, 조편성 시 기존 회원들이 새 회원을 챙겨주고 소개하는 자리를 갖는다.

클럽 내 **소통 채널**도 중요하다. 밴드나 카카오톡 오픈채팅방 등을 만들어 **사진 공유, 라운드 후기, 공지사항** 등을 활발히 주고받도록 한다.

특히 잘 친 날의 **베스트 샷** 사진이나 재미있는 해프닝을 공유하면 회원 간 유대감이 깊어진다.

동호회는 **자체 핸디캡** 제도를 도입해 실력 차이가 큰 회원들도 함께 즐길 수 있도록 할 수 있다. 예를 들어 직전 모임 성적에 따라 개인 핸디를 부여하고 순위를 가리는 방식이면, 고수와 초보 모두 승리 가능성이 생겨 흥미진진해진다.

또한 클럽 차원에서 **주변 클럽과의 교류전**이나 봉사활동 등을 기획하면 단체의 결속력과 대외 이미지가 좋아진다. 예를 들어 인근 도시 클럽과 **교류 친선경기**를 연 1-2회 열고, 승패와 관계없이 친목을 다지거나, 지역 노인복지관과 연계해 노인 파크골프 체험 행사를 지원하는 식의 활동도 권장된다. 이러한 다양한 프로그램은 동호회를 **단순한 경기 모임을 넘어 지역사회에 기여하는 공동체**로 성장시킬 것이다.

마지막으로, 동호회 운영진은 투명하고 민주적으로 모임을 이끌어야 한다. **회비 관리 내역 공개, 운영 회의 정례화** 등을 통해 신뢰를 얻고, 중요한 결정은 회원 투표나 의견 수렴을 거쳐 결정한다. 이런 건강한 문화 속에서 파크골프 동호회는 회원들의 평생 취미 생활과 우정의 장으로 번창할 수 있을 것이다.

가. 파크골프 동호회 가입해야 할 이유

동호회는 단순히 같이 운동하는 모임이 아니라 혼자서는 절대 얻기 힘든 정보와 경험이 모여 있는 곳이다.

예약을 위한 스트레스를 줄인다.

동호회는 단체로 예약하기 때문에 개인보다 훨씬 쉽게 자리를 확보할 수 있으며 특히 인기 있는 구장도 단체 회원을 우선으로 열어주는 경우가 많다.

원정 라운딩의 묘미

회원들과 함께 집 근처뿐 아니라, 주말마다 다른 지역 구장을 찾아가는 재미도 있다. 새로운 풍경에서 스윙을 날릴 때의 특별 경험을 선사한다.

정보와 실력 업그레이드

https://cafe.naver.com/f-e/cafes/21850366/menus/183?viewType=L

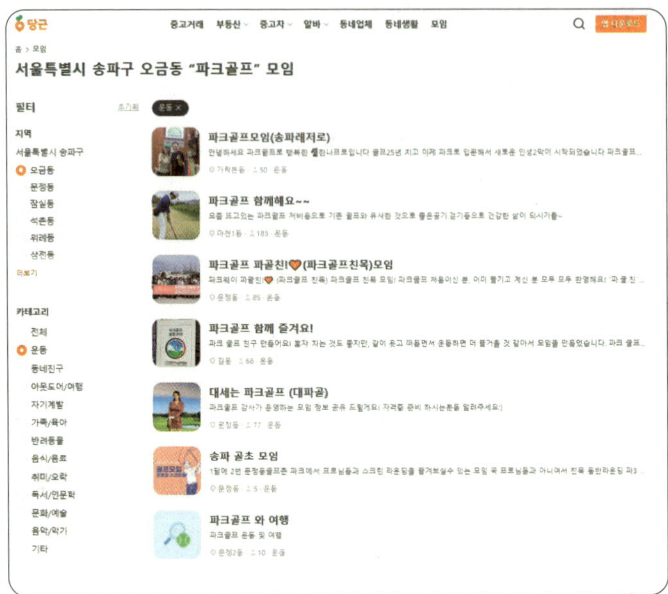

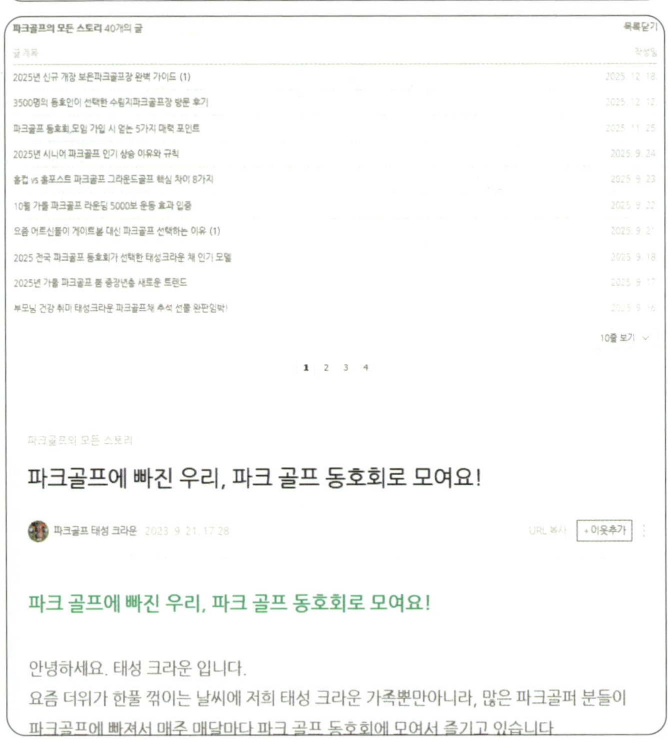

파크골프에 빠진 우리, 파크 골프 동호회로 모여요!

초보자의 경우 장비 선택부터 막막한데, 파크골프 동호회 안에는 고수분들이 많다. 스윙 자세, 파크골프채 추천, 경기 매너까지 현장에서 바로 배우는 '실전 노하우'가 가득하다.

동호회는 네이버 카페, 네이버 밴드 그리고 당근마켓 모임으로 파크골프 동호회를 찾을 수 있다.

나. 파크골프 동호회 소개

지역 파크골프장 안내문·정기 모임 게시판, 네이버 카페·밴드, 카카오톡 오픈채팅방·동네생활 앱 등에서 연결된다.

예: '일산 파크골프 동호회', '부산 파크골프 모임' 등 지역명+검색어를 활용하세요.

K-부산여성파크골프회 창단식

3. 파크골프 & 미디어

파크골프 관련 TV 프로그램으로는 OBS·MBN '렛츠고 파크골프: 환장의 짝꿍'과 SBS골프 '2024 파크골프 연예인+동호회 리그'가 있다.

주요 프로그램

- **렛츠고 파크골프:** 환장의 짝꿍: 2025년 8월 29일 밤 10시 40분 OBS·MBN 동시 첫 방송된 파크골프X여행 버라이어티로, 김구라·김경민·박진아·김지유가 MC를 맡고 있다.

매주 금요일 밤 10시 40분 방송되며, 승리팀은 '환상' 여행, 패배팀은 '환장' 여행을 떠나는 콘셉트이다.

- SBS골프 편성표에는 ‘2024 파크골프 연예인+동호회 리그’가 편성되어 있다.

('2024 파크골프 연예인+동호회 리그’ MC를 맡은 김황중과 개그맨 최양락)

• NBS(한국농업방송) 제공 '18홀의 승부사'는 MC 김정균·오정태·서인아가 각 지역을 돌며 고수들과 승부를 펼치는 프로그램으로 소개된다.

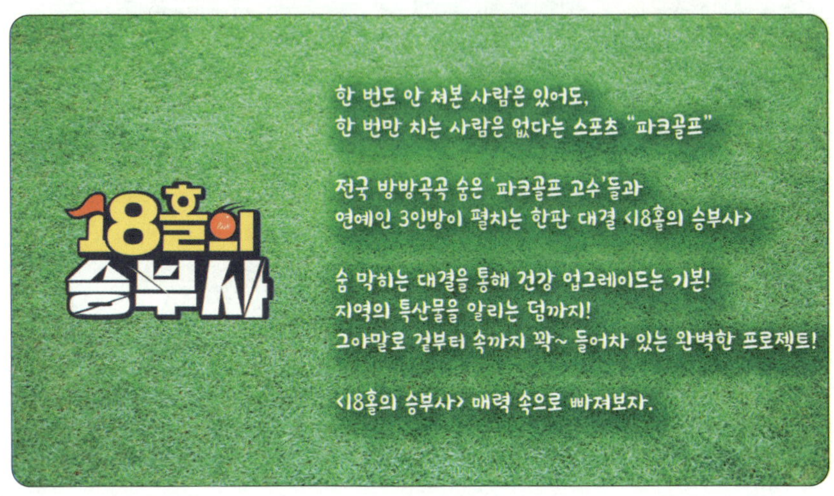

• '님아 그 홀을 놓치지 마오'가 HCN과 TRA미디어

4. 전문 잡지 '파크골프가이드'

1) 파크골프 산업 및 동호회 현황을 다룸

'파크골프가이드'는 국내 파크골프의 주요 사건·트렌드·대회·커뮤니티 소식 등을 정리하고 분석하고 있다. 예를 들어 2026년 신년 특집에

서는 **파크골프의 7대 트렌드**를 소개하며 산업 확장, 실내·스크린 시장 성장, 세대 확장 등 미래 방향성과 흐름을 정리했다.

2) 대회·현장 취재

각 지역에서 열린 **전국 파크골프 대회**, 경기 리포트, 현장 스케치 등이 실리며 동호인의 활동을 집중 조명하고 있다.

예: 구미배 전국파크골프대회, 남원시장배 전국파크골프대회 등 주요 대회 결과와 스토리가 잡지에 수록됩니다.

3) 기획·인터뷰·기술·문화 콘텐츠

파크골프 코스 설계·운영과 같은 전문 정보, 산업·장비·기술 관련 기획기사, 선수/동호인 인터뷰와 칼럼, 시니어·건강·레저 등 문화 기술과 여가 스포츠로서 파크골프를 조망 등 다양한 주제가 포함되어 있다.

2026년 파크골프 7대 트렌드, "사람·산업·기술이 동시에 뜬다"

더 빠르고 젊게 세계로 뻗는 K-파크골프

지이코노미 이창호 기자 | 대한민국 파크골프는 그동안의 성장 흐름을 뛰어넘는 새로운 단계로 접어들고 있다. 시니어 중심 생활스포츠의 이미지에서 벗어나 산업·기술·세대·글로벌 전선까지 확장되는 다층 구조의 국민스포츠 진화하고 있다. 2026년은 K-파크골프의 새로운 생태계가 본격적으로 조성되는 원년이 될 전망이다. 전국 곳곳에서 진행되는 지자체 중심의 인프라 확충, 실내·스크린 시장의 폭발적 증가, 젊은 층의 유입, 환경·지속가능성 논의의 본격화, 산업·프로 체계 구축, 디지털 전환,

해외 진출 등 여러 흐름이 동시에 태동하고 있다. 국내 유일의 파크골프 전문 월간지 〈파크골프가이드〉가 2026년 파크골프 7대 트렌드를 짚어봤다.

파크골프는 더 이상 '작은 지역 스포츠'에 머물지 않는다. 2026년은 이러한 변화의 전선이 확대하고, 각 이슈가 상호 영향을 주고받으며 파크골프가 새롭게 정의되는 변화의 분기점이다. 분명한 것은, 대한민국 파크골프는 더 빠르게, 더 젊게, 세계로 확장하고 있다는 점이다. 파크골프의 미래는 어디로 향하고 있으며, 어떤 지점에 주목해야 할까.

1. 지자체 파크골프장 확장 경쟁

지난 몇 년간 전국의 지방자치단체는 파크골프장을 생활체육 인프라의 핵심으로 인식하고 공격적으로 시설을 신설·확대해 왔다. 2026년에도 이 흐름은 계속될 전망이다.

지금, 이 순간에도 하천 변·도심 공원·유휴부지·폐운동장·군부대 이전터 등 다양한 공간을 활용해 9홀 소형 코스부터 100홀 이상 대규모 코스까지 다양한 스케일의 시설이 등장하고 있다. 노년층의 건강증진과 여가활용을 위한 '체육시설'로서의 기능은 물론 지역 커뮤니티 중심지, 관광 자원, 시니어 복지 플랫폼으로도 확장되고 있다.

실제로 지자체는 파크골프장을 주민 복지·여가·건강정책과 연계하는 방향으로 접근하고 있다. 지역 정체성을 보여줄 수 있는 랜드마크형 파크골프장을 조성하며 전국 동호인들을 끌어들이고 있다. 전국대회를 유치하며 상금도 늘리고, 지역 축제와 연계하는 흐름도 가속화되고 있다.

다만 인프라 확충 속도가 빨라지는 만큼, 관리의 전문성·운영 체계·유지보수 시스템 등 운영의 질이 핵심 이슈로 떠오를 가능성이 크다. 2026년은 코스 조성과 더불어 '잘 운영하는 시대'로 넘어가는 전환점이 될 것이다. 다만, 해마다 반복되는 홍수 피해와 복구 등은 여전히 남아있는 해결해야 할 과제다.

2. 실내·스크린 파크골프의 폭발적 성장

최근 2~3년 사이 실내·스크린파크골프 시장이 예상치를 뛰어넘는 성장세를 보이며, 파크골프 산업의 구조를 근본적으로 변화시키고 있다. 실내 파크골프장은 계절·날씨·거리의 제약이 없다는 점에서 젊은층·초보자·여성 이용자·도심 근로자에게 매력적으로 다가가고 있다. 여기에 시뮬레이터 기반의 라운드 체험, 스윙 분석, 거리 계산, 멀티 코스 플레이가 가능해지며 새로운 여가 문화로 자리 잡았다.

새해에는 '스크린 + 레슨 + 실내 라운드'가 결합한 복합형 파크골프장이 본격적인 산업 트렌드로 떠오를 전망이다. 실외 코스와 경쟁하는 게 아니다. 서로 다른 장점과 수요층을 기반으로 상호 보완적 관계를 형성하며 전체 시장을 확장하는 역할을 하고 있다. 국내 최대 규모의 스크린파크골프장을 운영하는 레저로, 마실파크골프는 억대 상금과 전국 단위 대회를 잇달아 개최하며 브랜드 인지도와 마케팅을 확대하고 있다.

도심 지역에서는 회사원들의 '퇴근 후 라운드' 문화가, 신도시에서는 가족 단위의 '주말형 실내 파크골프'가 확산할 가능성도 크다. 지방 도시에서는 전통시장의 유휴 공간을 활용하는 추세다. 이는 한국형 파크골프가 대중 스포츠로 확장될 기반을 마련하는 중요한 변화다.

3. 시니어 중심에서 전 세대로 이용자 확장

파크골프는 태생적으로 시니어에게 최적화된 운동이었다. 신체에 미치는 충격이 작고, 부담 없는 운동량, 간단한 장비, 저렴한 비용 등은 고령자에게 이상적인 조건을 제공했다. 하지만 지난 1, 2년 사이 젊은 층의 유입이 빠르게 증가하고 있다. 3세대 스포츠에 걸맞은 구조로 변화하는 초기 과정이었다.

2026년은 이 '세대 확장'이 본격적으로 나타나는 시기다. 지역에서 어린이 대회가 개최되고, 대학에 파크골프 관련 학과가 늘고 있으며, 대한파크골프협회는 대학부 창단을 서두르고 있다. 젊은 층은 SNS 공유·챌린지 문화·패션 요소·친구 모임 중심 활동 등을 통해 파크골프를 새로운 취미로 받아들이고 있다. 여성·초보자·가족 단위 이용자 증가가 이어지면서 파크골프는 자연스럽게 전 세대 스포츠로 변신하고 있다.

문제는 세대가 다양해진 만큼 시설 이용 방식·라운드 예절·예약 시스템·소음 문제·시설 배치 등에서 서로 다른 기대값이 존재하는 점이다. 시니어 중심 운영 문화와 MZ 중심 소비문화가 만나는 과정에서 운영자들은 조율과 기준 정립이라는 새로운 도전에 직면하게 될 것이다.

2026년은 파크골프가 노령 세대 중심 스포츠를 넘어 남녀노소 누구나 즐기는 스포츠로 재구성되는 첫해로 기록될 가능성이 크다.

4. 환경·생태 보호 기준 강화해야 성장세 지속

파크골프장이 하천·습지·자연녹지 등 환경 민감 지역에 조성될 때마다 생태계 훼손 논란은 꾸준히 제기되어 왔다. 특히 조류 서식지 변화, 수질 문제, 토양 압박, 식생 파괴 등의 문제가 일부 지자체에서 사회 이슈로 부상했다.

2026년에는 이러한 환경 이슈가 우려 차원이 아니라, 시설 조성·운영의 필수 기준으로 자리할 가능성이 높다. 친환경 잔디·생태 기반 배수 시스템·저탄소 관리 기법·야생 동물 보호 구역 설정 등이 도입될 것으로 보인다. 이와 관련해 '환경친화형 파크골프장 인증제'나 '친환경 코스 표준 모델' 논의도 본격화될 전망이다.

지자체와 운영자에게 중요한 과제는 확장과 보전의 균형을 어떻게 잡을 것인가이다. 파크골프가 지역의 주민건강증진과 경제 활성화에 필수 인프라가 된 만큼, 앞으로는 환경을 훼손하지 않고도 즐길 수 있는 지속가능한 코스 설계와 관리가 시대의 요구가 될 것이다.

5. 산업화·프로화 가속화로 생태계 확장

한국형 파크골프 산업은 올해를 기점으로 본격적인 성장 궤도에 진입할 것으로 전망된다. 관련 장비와 용품 시장이 다양해지고, 클럽·공·슈즈·의류 등에서 전문성과 기술력 경쟁이 치열해진다. 브랜드화·패션화 흐름도 함께 나타나고 있다.

프로 체계 구축 또한 중요한 변화다. 프로 테스트, 프로 협회 운영, 공식 대회 체계 정립 등은 파크골프의 경기력을 높이고 스포츠로서의 위상을 강화하는 데 크게 기여하고 있다. 여기에 지역 축제형 대회, 신도시 중심의 아마추어 리그, 프로화를 향한 기업 스폰서십 유입이 더해지면서 시장 규모는 더 커지게 된다.

관광 산업 역시 주목할 만하다. '파크골프 + 관광' 모델은 지역 경제 활성화에 긍정적인 결과를 가져온다. 특히 산·바다·강을 활용한 자연형 코스와 지역 축제 등 특화 콘텐츠를 결합한 파크골프 투어가 새로운 여행 트렌드로 자리매김할 가능성이 크다. 파크골프 산업 생태계가 폭발적으로 확장되는 것이다.

6. 디지털 전환(DX)과 스마트 코스 확산

디지털 전환은 파크골프 산업의 또 다른 성장축이다. 모바일 예약 시스템, GPS 기반 거리 측정, 스코어 자동 기록 앱, AI 스윙 분석, 코스 혼잡도 확인 서비스 등은 이미 여러 파크골프장에서 활용되고 있다. 이 기술들이 하나의 통합 플랫폼 형태로 발전할 가능성이 크다.

스마트 코스는 향후 파크골프장의 운영 표준이 될 전망이다. IoT 기반 잔디 관리, 자동 조명 제어, 안전 감지 시스템, 무인 출입 관리, 실시간 코스 모니터링 등은 인력 부담을 줄이고 운영 효율을 크게 높여줄 것이다. 디지털 전환은 젊은 세대를 유입하고 기존 이용자의 경험을 개선하는 중요한 변화 요소다.

7. K-파크골프가 글로벌 표준, 세계화 가속

한국형 파크골프는 이미 미국·캐나다·중국·동남아 시장에서 주목받고 있다. 한국형 코스 설계, 장비 기술력, 운영 시스템, 프로 체계 등이 해외에서도 경쟁력을 인정받기 시작했다. 국내 단체들과 해외 협회 간의 교류도 활발해지고 있다.

해외 코스 건설·국제대회 공동 개최·교류전·해외 관광객 대상 파크골프 패키지 등은 앞으로 더욱 확대될 가능성이 크다. 이는 파크골프를 단순한 스포츠가 아니라 한국을 대표하는 'K-레저 콘텐츠'로 성장시키는 기반이 된다.

'K-파크골프 글로벌 원년'이라는 표현이 가능할 만큼 다양한 시도가 본격적으로 가시화되는 시점이다. 한국형 코스 설계와 규칙이 글로벌 표준이 되고, 우리 용구의 수출이 늘며, 국제대회 개최와 교류도 더욱 활발해질 것이다.

2026년의 대한민국 파크골프는 인프라·세대·산업·기술·환경·글로벌까지 아우르며 성장할 전망이다. 본지는 이러한 흐름을 기록하고, 앞으로의 방향성을 제시하며, 새로운 시대의 막을 여는 길잡이가 될 것을 약속한다.

출처 : https://www.geconomy.co.kr/news/article.html?no=313657

제 **10** 장

프로 파크골프의 시대:
탄생과 발전 전략

제10장
프로 파크골프의 시대: 탄생과 발전 전략

최근 파크골프는 생활체육의 범주를 넘어 프로 스포츠로 도약하기 시작했다. 2025년 10월, 대한민국에서 **세계 최초의 프로 파크골프 출범 선언식**이 열리며 파크골프의 새로운 장이 열렸다.

프로파크골프 협회 출범

25. 10. 21일 경기도 포천 한여울파크골프장에서 사단법인 한국프로파크골프협회가 '프로파크골프 선언식'을 통해 프로파크골프가 지난 2004년 국내에 처음 도입된 지 20년 만에 '프로스포츠'로서의 새 장을 열게 되어 생활체육을 넘어 세계 최초의 프로 무대로 도약했다.

한국프로파크골프협회는

세계 최초 '프로 파크골프' 공식 출범…프로 선언식 개최

권정식 · 2025. 10. 23. 10:04

22일 포천 한여울파크골프장에서 선언식 및 제1회 프로테스트 개막
파크골프 도입 20년 만에 프로시대 열려…내년 정규리그 출범
이정길 회장, "프로파크골프의 탄생을 전 세계에 엄숙히 선언한다"

백영현 포천시장을 비롯한 포천시 주요인사 및 체육계, 학계 인사들이 21일 포천 한여울파크골프장에서 열린 프로파크골프식에서 '프로시대'를 선언하고 있다. 사진=한국프로파크골프협회 제공

[스포츠한국 조민욱 기자] 파크골프가 생활체육을 넘어 세계 최초의 프로 무대로 도약했다.

지난 21일 경기도 포천 한여울파크골프장에서 열린 '프로파크골프 선언식'을 통해 사단법인 한국프로파크골프협회가 공식적으로 파크골프의 '프로 시대' 개막을 선포했다.

이로써 한국 파크골프는 지난 2004년 국내에 처음 도입된 지 20년 만에 '프로스포츠'로서의 새 장을 열게 됐다.

내년부터 정규리그 시스템을 출범시켜 선수 랭킹, 구단 창단, 중계권, 스폰서십 등 프로 스포츠의 완전한 체계를 단계적으로 확립할 예정이다. 또한 전국 주요 도시 및 대학, 기업과 연계해 교육 및 자격제도 운영을 강화, 'K-파크골프의 세계화'를 본격 추진한다.

프로 선수 선발과 육성:

프로 시대를 열면서 **프로 선수 인증제도**도 도입되었다. 선언식 제1회 프로파크골프 프로테스트(Player Ability Test)에서는 전국에서 모인 **380명의 참가자**가 3일간 기량 테스트를 치렀다

이 테스트에서는 **실제 36홀 경기 성적, 매너, 코스 관리 능력**까지 종합 평가하여 **상위 30%에게 '공인 프로 파크골프 선수' 자격**을 부여했다. 이처럼 **엄격한 선발전**을 통해 초대 프로 선수 **약 100여 명 규모**의 명단이 확정되었으며, 이를 계기로 2025년 말 현재 **250명 이상**의 프로 파크골퍼가 탄생했다.

향후 2027년까지 프로 선수를 약 300명 규모로 늘리고, 이들을 **체계적으로 육성하는 프로그램**이 추진되고 있다. **정기적인 프로테스트 개최**를 통해 실력 있는 아마추어들이 프로로 진입하는 통로를 열어두고, 또한 프로 선수를 전문 지도자로도 육성하여 **후진 양성 및 종목 보급**에도 기여하도록 하는 복안이다.

협회는 랭킹 시스템 도입과 공정한 경기 제도 구축을 통해 파크골프를 신뢰받는 전문 스포츠로 만들겠다고 강조했다.

온그룹(ONN 닥터 TV) 파크골프 프로선수단 결성

2025년 12월 8일, 부산 온병원 15층 대회실에서 온월드파크골프연맹(의장:김홍민)과 온그룹 파크골프프로선수단(구단주: 정근) 출범식이 100여명의 관계자들이 참석한 가운데 개최되었다.

리그와 대회 운영

프로 선수가 등장한 만큼 **프로 경기 무대**를 마련하는 것이 중요다. 한국프로파크골프협회는 출범과 함께 **정규 프로 리그 창설**을 발표하였으며, 이르면 2026년에 첫 시즌을 시작할 계획이다.

리그는 남자부와 여자부로 나누어 **연간 수차례 투어 대회**를 개최하고, 포인트 랭킹에 따라 시즌 챔피언을 결정하는 형태가 구상되고 있다. 이를 위해 **상금** 제도도 도입되는데, **리그별 총상금 5천만 원~1억 원 규**

모를 목표로 기업 스폰서 및 지자체 후원을 유치하고 있다.

예를 들어 **프로암 경기나 지역 오픈대회**에 프로들을 초청해 흥행을 도모하고, 중계 방송이나 인터넷 스트리밍을 통해 종목 인지도 상승을 노릴 예정이다. 또한 **공식 랭킹 시스템**을 구축하여 모든 프로 선수의 성적을 투명하게 관리하고, 랭킹에 따라 시드 배정이나 해외 대회 파견 등을 결정하게 된다.

이러한 제도는 공정한 경쟁을 담보하여 프로 스포츠로서 **신뢰성과 흥미**를 함께 높이는 효과를 가져올 것이다.

프로 선수 지원과 산업 연계

프로 스포츠가 지속 발전하려면 **선수들의 처우 개선과 산업 기반**이 뒷받침되어야 한다. 현재 프로파크골프협회는 창설 단계에서 프로 선수들에게 **공식 용품 지원, 훈련 프로그램 제공** 등을 시작하고 있다.

예를 들어 협찬사를 통해 클럽, 볼 등의 **장비 후원**을 받게 하고, **전문 트레이너나 코치진**을 구성하여 선수들의 기량 향상을 도울 계획이다. 또한 **상금 외 수입원**으로서 선수들이 클리닉, 행사 참가, 광고 모델 등 다양한 활동을 할 수 있도록 연결하고, **지도자 자격**을 병행 취득하여 은퇴 후 진로도 열어주는 방안을 마련 중이다.

산업적인 측면에서는 프로화로 인해 파크골프 용품 시장과 관련 관광산업, 교육 사업 등이 발전할 것으로 기대된다. 예컨대 프로 대회 개최지에서는 **스포츠 관광 효과**가 나타나 지역경제에 도움이 되고, 용품 제조사들은 **고품질 클럽과 볼 개발**에 투자하여 기술 혁신을 이룰 수 있다.

교육 분야에서는 **청소년 파크골프 아카데미**를 운영하거나 대학에 산학 협력 과정을 개설하는 등, 파크골프 인재 양성 시스템을 구축할 수 있다. 이렇듯 프로 파크골프의 등장은 경기 뿐 아니라 **경제·교육·관광이 함께 성장**하는 새로운 스포츠 산업의 시작점으로 평가받고 있다

공정성과 품격 확립

프로 스포츠로 나아가면서 **공정한 제도 확립과 선수 윤리**는 가장 중요한 과제가 된다. 한국프로파크골프협회는 **프로 선언문**을 통해 몇 가지 원칙을 천명했다:

① **투명한 제도로 선수 보호**

② **실력과 품격을 겸비한 선수 양성**

③ **경기·산업·교육·관광의 동반 성장**

등을 내세우며, 프로 파크골프를 신뢰받는 종목으로 만들겠다고 선언한 바 있다.

이에 따라 선수들에 대한 **부정행위 방지 규정과 페어플레이 서약**이 이루어졌고, 심판 판정의 객관성을 위해 **규정 표준화 작업**도 진행되고 있다. 프로 선수들은 경기력 향상뿐 아니라 **사회적 모범**으로서의 역할도 기대되므로, 봉사활동 참여나 유소년 지도 등에 나서며 파크골프 홍보대사로 활동할 것이다.

여성 프로 선수의 적극 진출도 장려되어, 성별 다양성이 보장된 리그

를 지향한다. 이렇게 스포츠로서의 **윤리와 품격**을 갖출 때 비로소 대중의 신뢰와 인기를 얻을 수 있기 때문에, 프로파크골프의 초창기부터 이에 대한 교육과 분위기 조성이 중요하다.

프로 파크골프의 미래

프로 선언식에서 강조된 바와 같이, **한국형 프로파크골프 리그를 세계 시장으로 확대**하는 비전이 제시되어 있다. 이는 장기적으로 한국뿐 아니라 일본 등 파크골프 선진국이 함께 참여하는 **국제 프로 투어**를 만들고, 향후 파크골프가 세계 생활체육을 넘어 **글로벌 프로스포츠 브랜드**로 성장하도록 하겠다는 포부이다.

아직은 걸음마 단계이지만, 프로파크골프가 성공적으로 안착한다면 젊은 선수들이 진로로 선택하는 **신규 직업 영역**이 생겨나고, 파크골프도 **세대 확대**를 이룰 것이다. 프로 선수들의 등장과 경쟁이 **기술 수준의 전반적 향상**을 이끌어내고, 그 영향이 다시 아마추어와 생활체육에 긍정적 파급을 주면서 **선순환 구조**를 만들 것으로 기대된다.

결국 프로파크골프의 성공은 **생활체육-아마추어 스포츠-프로 스포츠로** 이어지는 파크골프의 **전반적인 발전**을 의미하며, 이를 위해 선수, 협회, 운영자, 기업, 관중까지 모두가 한마음으로 노력해야 할 것이다.

K-파크골프와 프로 파크골퍼가 이끄는
글로벌 스포츠 콘텐츠로서의 월드 레저 스포츠의 미래

21세기 글로벌 스포츠 시장은 분명한 변화를 맞이하고 있다. 승부와 기록 중심의 엘리트 스포츠에서 벗어나, 참여·공감·지속성을 핵심 가치로 하는 **'레저 기반 스포츠 콘텐츠'가 세계적인 흐름으로 자리 잡고 있다.** 이러한 변화의 중심에서 K-파크골프와 프로 파크골퍼는 새로운 월드 레저 스포츠의 미래를 열어가는 핵심 주체로 주목받고 있다.

K-파크골프의 가장 큰 경쟁력은 한국형 생활체육 모델의 진화에 있다. 파크골프는 이미 시니어·가족·지역 커뮤니티 중심의 스포츠로 정착했지만, 한국은 여기에 프로 제도, 리그 시스템, 지도자·운영자 양성 구조를 결합함으로써 **세계 최초의 '프로 파크골프 생태계'를 구축**하기 시작했다.

이는 파크골프를 단순한 여가활동이 아닌, 지속 가능한 스포츠 산업이자 콘텐츠 자산으로 확장시키는 결정적 전환점이다.

프로 파크골퍼의 등장은 파크골프의 위상을 근본적으로 변화시킨다. 프로 선수는 단순한 경기자가 아니라, 콘텐츠의 주인공이자 브랜드 아이콘이다. 이들의 경기력, 스토리, 훈련 과정, 대회 서사는 영상·디지털·교육 콘텐츠로 확장되며 글로벌 시장과 연결된다.

특히 파크골프는 경기 규칙이 직관적이고 이해하기 쉬워, 국적과 언어의 장벽을 넘어 전 세계 누구나 쉽게 소비할 수 있는 스포츠 콘텐츠로 발전할 가능성이 높다. 미래의 월드 레저 스포츠는 더 이상 "보는 스포츠"에 머물지 않는다. 함께 즐기고 따라 할 수 있는 스포츠, 즉 '참여형 글로벌 콘텐츠'가 중심이 된다. 이 점에서 파크골프는 탁월한 잠재력을 지닌다.

프로 파크골퍼의 경기와 동시에 일반 동호인이 같은 코스에서 체험하고, 같은 규칙으로 플레이하며, 동일한 문화를 공유할 수 있다. 이는 기존 엘리트 스포츠가 갖지 못한 개방성과 확장성이다.

K-파크골프가 글로벌 스포츠 콘텐츠로 성장하는 과정에서 중요한 요소는 국제 연맹과 글로벌 투어 시스템이다.

아시아를 중심으로 시작된 파크골프는 일본, 한국, 태국, 몽골, 중국. 동남아, 유럽, 미주로 점차 확산되고 있다. 여기에 K-파크골프가 주도하는 국제 연맹과 프로 투어가 결합 된다면, 파크골프는 축구·골프와는 전혀 다른 방식의 글로벌 레저 스포츠 네트워크를 형성하게 된다. 이는 경기 중심의 투어를 넘어, 관광·교육·문화·헬스케어가 결합된 복합 콘텐츠 산업으로 진화한다.

또한 **파크골프는 초고령사회와 웰니스 산업이라는 세계적 흐름과 정확히 맞닿아** 있다. 건강, 삶의 질, 평생 스포츠에 대한 관심이 커질수록 파크골프의 가치는 더욱 높아진다. 프로 파크골퍼는 이러한 흐름 속에서 '경쟁의 상징'이 아니라, 건강한 삶과 지속 가능한 스포츠 문화를 대표하는 롤모델로 자리 잡게 된다. 이는 **기존 프로 스포츠와 차별화되는 파크골프만의 독보적인 정체성**이다.

디지털 기술과의 결합 역시 미래를 밝힌다. AI 스코어링, 글로벌 랭킹 시스템, 온라인 중계, 가상 대회, 교육 플랫폼 등은 파크골프를 언제 어디서나 연결되는 **글로벌 스포츠 콘텐츠로** 만든다. K-파크골프는 이러한 디지털 전환을 선도하며, **오프라인 레저 스포츠와 온라인 콘텐츠 산업을 동시에 아우르는 새로운 시장을 창출**할 수 있다.

결국 K-파크골프와 프로 파크골퍼가 함께 만들어갈 미래는 단순한 종목의 세계화가 아니다. 그것은 누구나 참여하고, 오래 즐기며, 삶의 일부가 되는 **월드 레저 스포츠의 새로운 패러다임**이다. 경쟁보다 공존을, 기록보다 경험을, 일회성 흥행보다 지속 가능한 문화를 지향하는 이 흐름 속에서 **K-파크골프는 세계 스포츠사에 새로운 장**을 열 가능성을 충분히 갖추고 있다.

다가오는 미래, 파크골프는 더 이상 특정 세대나 지역의 스포츠가 아니라, **전 세계가 함께 즐기는 글로벌 라이프 스포츠로** 성장할 것이다. 그리고 그 **중심에는 K-파크골프와 프로 파크골퍼**가 있다.

온그룹 온라이프 상조 파크골프 결합상품 출시

파크골프장비 셋트 결합상품=상조+파크골프장비 제공

*구좌 : 2구좌

*60회 의무 납입

*월납입금 : 35,000원*2구좌=70,000원

*상품 : 595상품=35,000원*170회

*만기 170회 납입시 100% 원금회수 됨

*가입조건

1) 나이 25세이상 75세이하

2) 신용등급 : 1등급~7등급

3) 신용이 좋은 사람

　　→ 신용이 안좋은 사람은 일반상품 2구좌가 동우회 가입조건

　　→ 파크골프 장비지급은 안됨

***온월드파크골프협회 및 연맹 설립**

→ 1,000명 회원모집(온라이프상조 가입한 회원)

→ 해외 파크골프 대회 참가 및 관광

→ 지도사자격증 수여(1급,2급)

***파크골프지도사 자격증 수령조건**

→ 온라이프상조 가입한 회원 중 200명

→ 이론과, 강습 : 10회

→ 야외 필드 파크골프 참석 등

→ 파크골프지도사 자격증 취득 등 각종 혜택부여

사업 문의 : 1660-2013

울주 온양 발리 프로선수단 전용 파크골프장 후보지
용곡산 하늘길
Yonggok Mountain Sky Road
종합안내도
현위치
3구간
현위치
일몰 이후 위험하오니 산행을 삼가하여주시기 바랍니다.

파크골프 아카데미
PARK KHAN
PK-818
파크골프 지도강사 이론 및 실기 과정
주최 : 한국 온월드 파크골프 협회   후원 : ON 온그룹 · 온라이프그룹
K-월드 국제 파크골프 연맹

제**11**장

해외 파크골프의 현황:
일본, 미국, 중국, 대만, 태국,
몽골, 베트남, 라오스 그리고

제**11**장
해외 파크골프의 현황: 일본, 미국, 중국, 대만, 태국, 몽골, 베트남, 라오스 그리고

파크골프는 일본에서 시작되어 아시아를 중심으로 보급되었으며, 최근에는 미주와 유럽까지 점차 관심이 확산되고 있다. **글로벌 무대에서의 파크골프 현황**을 이해하는 것은 향후 국제 교류와 연맹 결성에 중요한 밑바탕이 된다.

일본: 파크골프의 발상지이자 선도국

일본은 파크골프 종주국으로서 가장 체계적인 발전을 이룬 나라이다. 일본파크골프협회(NPGA)가 일찍부터 설립되어 전국 규모의 보급을 이끌었고, 홋카이도 등 북해도 지역을 중심으로 시작된 파크골프는 일본 전역으로 퍼져 현재 수백 개의 코스와 수십만 명의 인구가 즐기는 국민 레저가 되었다.

일본에서는 매년 **전일본 파크골프 선수권 대회**가 열릴 정도로 경쟁 수준도 높고, **JPGA 공인 규격**이 사실상 세계 표준으로 인정받고 있다. 코스 설계 표준, 장비 규격, 경기 룰 등 여러 방면에서 일본이 쌓은 노하우는 다른 나라들이 참고하는 모델이 되고 있다.

특히 **장수 사회**에 접어든 일본에서 파크골프는 노인의 건강과 삶의 질 향상에 크게 기여하고 있으며, **3세대 가족 스포츠**로도 인기가 높다. 일본의 공원, 리조트에는 파크골프 시설이 흔하고, **홋카이도 등지에서는 파크골프 관광 투어**가 있을 정도로 하나의 문화로 자리 잡았다.

한편 일본은 아직 **프로화**는 이루어지지 않았으나, 아마추어 경쟁이 활발하고 국제 교류에도 관심이 많다. 한국, 대만 등과 **정기 교류전**을 열고 있으며, 규칙 통일과 정보 교환을 위해 일본파크골프협회가 주변 국 협회들과 지속적인 소통을 해오고 있다.

한국: 급성장하는 K-ParkGolf 글로벌 진출

한국은 2000년대 중반 이후 파크골프장이 폭발적으로 늘어나 2020 년대 중반 현재 전국 **400여 개 이상**의 코스가 운영 중이다. 특히 **지방 자치단체**들이 앞장서서 파크골프장을 건립하여, 중장년층 주민 복지 차원에서 지원하고 있다.

그 결과 2019년 226개였던 파크골프장이 5년 만에 423개로 두 배 성장했고, 경북 등 일부 지역에는 **70곳 이상의 코스**가 있을 정도로 보편화되었다. 대한파크골프협회와 각 시도협회는 지도자 양성, 심판 인증 등 제도적 기반을 마련하면서 **전국규모 대회**도 해마다 개최하고 있다.

국제 교류 면에서도 일본, 대만과 **한·일 교류전, 아시아 친선대회** 등에 참가하여 성적을 내고 있고, 2024년에는 **국제 파크골프 한일교류대회**가 후쿠오카에서 열려 한국 선수들이 파견되었다. 한국은 현재 **프로 파크골프**를 세계 최초로 도입한 나라로 프로선수단을 결정한 국가로,

향후 국제적인 프로 교류에도 주도적인 역할을 할 잠재력을 갖추고 있다. 다만 종주국 일본에 비해서는 아직 장비 산업이나 코스 운영의 역사 등이 짧기 때문에, 지속적으로 일본 등과 함께 협력하는 것도 중요하다.

기타 아시아 국가들:

파크골프는 동아시아의 다른 나라들에서도 점차 인지도가 올라가고 있다. **대만**은 일본과의 교류를 통해 파크골프를 도입하여 일부 지역에서 코스를 운영 중이며, 일본 기업이 대만에 코스를 건설한 사례도 있다.

중국도 최근 고령화와 생활체육 붐에 맞춰 파크골프에 관심을 보이고 있으며, 일부 한중 교류 행사가 열리기도 했다. **몽골**은 일본 국제협력기구(JICA)의 지원으로 파크골프장을 설치하여 노인 복지 프로그램에 활용하고 있다는 소식이 있으며 2026년 6월 테를지 국립공원 파크골프 전용 구장에서 국제대회를 준비하고 있다.

동남아시아에서는 **태국**이 한국 기업과 합작하여 대규모 파크골프 리조트를 조성한 것이 주목된다. 태국 파타야에는 **36홀 규모의 타이시암 파크골프 리조트**가 개장하여, 한국 등지의 파크골프 애호가들이 **동계 전지훈련 및 휴양지**로 찾고 있다.

현지인들도 파크골프를 접하며 관심을 보이고 있는데, 태국의 '박골프'는 20년전 일반 골프로 시작하여 2023년 3월7일 "RK파크골프장" 36홀을 오픈하였다. 또한 "SH파크골프" 36홀, "SP파크골프"36홀 모두 108홀과 "서울 커피랜드"(부지/15만평방미터)를 운영 사업장을 임대가 아닌 박골프의 소유 토지에서 운영하고 있다.

태국 RK파크골프장에서 태국 대표 선수들

태국 관광청 차원에서 파크골프를 **웰니스 관광 상품**으로 육성하려는 움직임도 있다. 중국의 베이징 파크골프장이 26년 4월 개장, 몽골 울란바토르 실내외 파크골프장이 6월 개장을 예정하고 있으며 베트남, 라오스 도 이어사 파크골프장이들이 개설되고 있는바 이러한 아시아 국가들의 사례는 파크골프가 문화권을 넘어 **범아시아적인 생활스포츠**로 자리잡을 가능성을 보여주고 있다.

미주·유럽 등 기타 지역

파크골프는 아직 아시아 밖에서는 널리 알려지진 않았지만, **북미**를 중심으로 서서히 보급의 싹이 트고 있다. **미국**에는 일본계 커뮤니티를 통해 하와이 등에 파크골프가 소개되었고, 최근에는 북미파크골프협회

(North American Park Golf Association)가 생겨 표준 규칙 전파와 코스 조성에 힘쓰고 있다.

미국 스포츠 전문지에서도 "일본의 파크골프, 미국에 상륙하다"라는 기사를 내며 주목하기 시작했는데, **간소한 골프**라는 컨셉이 미국 골프계의 새로운 트렌드로 자리 잡을 수 있다는 전망도 있다.

캐나다와 **호주** 등지도 비슷한 맥락으로 시니어 스포츠에 관심이 높아 파크골프 도입 논의가 있다. **유럽**에서는 아직 소수지만, **스웨덴** 등에 취미로 즐기는 모임이 있고, **독일**의 일부 공원에서 파크골프를 벤치마킹한 스포츠를 시도하고 있다.

아직 이들 지역은 **공식 연맹이나 대회**는 없으나, 일본이나 한국에서 파견된 인물들이 시범 보급하는 사례들이 늘고 니다. 장기적으로 볼 때, 파크골프의 **단순함과 낮은 비용**은 전 세계 어디서든 통할 장점이므로, 향후 세계적 유행 가능성도 충분합니다. 다만 문화적 차이를 고려해 **룰의 현지화, 홍보 방식** 등을 연구할 필요가 있다.

일본과 한국이 투톱으로 견인하고 주변 아시아 국가들이 동참하는 형태로 파크골프의 세계화가 진행 중이며, 미주·유럽 등에도 **서서히 씨앗이 뿌려지는 단계**라 하겠다. 다음에는 이러한 국제적 확산 추세를 바탕으로, **글로벌 파크골프 연맹 결성**을 위한 방안과 전략을 구체적으로 살펴보겠다.

일본 파크골프와 골프장 정보

일본에는 "파크골프(Park Golf)"라는 스포츠가 한국만큼 보편적이지 않거나 명칭이 다를 수 있고, 많은 골프 코스는 일반 골프 코스임. 직접적으로 한국 파크골프와 동일한 규모 / 설계 기준을 가진 사례가 공개된 내용은 많지 않지만, 일본의 골프 및 놀이·체육 시설 설계에서 참고할 만한 디자인, 경관, 운영 방식 특징들이 있다.

일본 파크골프협회(NPGA)의 규정 서문 "누구나 부담 없이 즐길 수 있는 생애 스포츠, 세대 교류, 커뮤니티 스포츠로서의 원점을 준수한다."에서 볼 수 있듯이 일본의 파크골프는 경쟁을 위한 스포츠가 아닌 커뮤니티로 할아버지와 손자가 함께 웃으며 즐기는 '가족 놀이 문화'에 방점이 찍혀 있다.

일본은 1홀 최장 거리를 100m 이내로 제한하고 있으며, 9홀 총 거리도 500m를 넘지 말 것을 규정하고 있어 일본의 100m 규제에 비하여 우리 K-파크골프는 에전부터 150m 장타 코스들을 만들어 왔다.

하드웨어(코스 길이/규모) 면에서 한국은 이미 일본을 압도하고 있다. 일본이 노인과 어린이의 눈높이에 맞춰 거리를 묶어두며 국내용에 머물 때, 우리는 과감하게 스포츠의 성격을 강화하고 프로화, 국제화를 추진하고 있는데 이것이 한국 즉, K-파크골프 저력의 바탕이 되고 있다.

일본은 "어렵게 만들지 않는다"는 기조로 도그렉(굽은 홀)을 지양하며, 연못이나 계곡을 넘기기는 홀을 만들지 않고, 러프도 공이 잘 빠져나오게 짧게 깎는 등에 반하여 우리는 골퍼들에게는 공격적이고 도전적인 승부욕으로 물을 넘겨야 하는 압박감과 깊은 러프에서 탈출하는 기술, 도그렉(굽은 홀)의 공략을 즐기는 전략으로 성취감을 즐기는 프로의 기술이 나오고, 갤러리의 환호를 유발하곤 한다.

　일본은 약 2400개의 파크골프장이 있고 북해도만 하더라도 174개의 공인구장이 있다.그러므로 방문 전에 파크골프장의 홈페이지를 보고 정보를 알고 가야 한다.

花夢里 파크골프장은 81홀 규모의 구장으로 동절기 폭설을 대비하여 실내(강화 플라스틱 하우스) 구장이 갖추어져 있는 세계 최대의 파크골프장이다.

What is Park Golf?

Park Golf is a sport where players can hit the ball with a club on courses covered with green and play happily while competing for the number of strokes before cupping in.

Park Golf Equipment

Players should use clubs, balls and tees provided for park golf. The tee is where the ball is placed, and it is used at the opening shot (on tee ground) of each hole.

▶ About Equipment

Park Golf Course

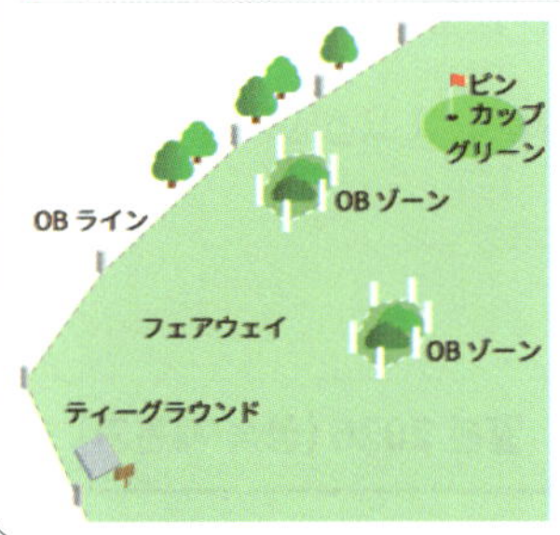

There is a teeing ground at the starting point, and the standard number of strokes (par) of 3 to 5 are set in 1 hole.
*The names and terms in the course map are explained in the park golf course.
If you would like to know more about the rules and manner of park golf, please refer to Park Golf Rule Book (Issued: Nippon Park Golf Association).

NPGA(Nippon Park Golf Association; 일본파크골프협회) 홈페이지
https://www.parkgolf.or.jp/english/about/what/index.html

Nippon Park Golf Association

Takaramachi, Makubetsu-cho

Nakagawa-gun, Hokkaido, 089-0616,

Japan

TEL 0155-54-2260   FAX 0155-54-2204

2026 한·일 파크골프 트렌드 비교

2026년 기준, 파크골프의 본고장 일본은 규모는 방대하지만 성장보다는 "재편·유지·고급화"의 흐름을 보이고 있습니다. 반면 한국은 "급성장·산업화·스크린 확장기"에 진입하여 두 시장은 단계 자체가 완전히 다른 양상을 띕니다. 본 리포트는 2026년 두 국가의 핵심 트렌드를 비교 분석하고 비즈니스 시사점을 제시한다.

1. 한·일 2026 트렌드 핵심 비교

한국과 일본은 시장의 성숙도와 주요 과제가 상이합니다. 한국은 인프라 확장이 한창인 반면, 일본은 기존 인프라의 효율화와 고도화에 집중하고 있습니다.

항목	한국 2026 (성장기)	일본 2026 (성숙·재편기)
시장 단계	고성장·확장기, 산업화 초기 진입	성숙기·재편기, 유지 및 업그레이드 국면
코스 수	2025년 400곳+ 돌파 후 지속 증가	전국 약 900~1,400개 (홋카이도만 800개 수준)
인구/회원	20만 명 이상 회원, 잠재 인구 급증	세계 200만 중 다수 차지, 회원 수는 정점 대비 감소
주요 트렌드	스크린·실내 복합화, 젊은층·여성 유입, 패션 확대	고령층 중심 지속, 지역 대회 활성, 시설 통폐합 관리
사업 환경	민간·지자체 혼합, 창업 기회 확대	인프라 포화, 신규 창업보다 리모델링·서비스 개선

2. 일본 2026 트렌드 포인트: "성숙과 관리"

일본 시장은 양적 팽창이 멈추고 질적 관리 단계로 접어들었습니다. 이는 한국 시장의 5~10년 후 미래를 예측하는 중요한 선행 지표가 됩니다.

- **압도적 인프라와 지역 편중:** 일본은 파크골프 발상지답게 전국에 900~1,400개의 코스가 존재하며, 특히 홋카이도에만 800여 개가 집중되어 있습니다. 인프라가 이미 촘촘하게 구축되어 있어 신규 조성보다는 유지 보수가 주된 이슈입니다.

- **회원 감소와 고령화 현실화:** 협회 회원이 수십만 명에 달하던 전성기를 지나, 2024년 기준 홋카이도 내 협회 회원 수는 정점 대비 약 70% 수준으로 감소했습니다. 이는 "양적 성장"에서 "안정·감소 관리" 국면으로의 전환을 의미합니다.코스 폐쇄와 재편 진행: 이용객 감소와 관리 비용 부담으로 인해 일부 지역에서는 공인 코스가 축소되고 있습니다. 경쟁력 없는 소규모 코스는 도태되고, 대형·거점 코스 위주로 시장이 재편되고 있습니다.

- **대형 이벤트 중심의 결속 강화:** 2026년에는 NPGA(일본파크골프협회) 40주년 기념 전일본 대회가 홋카이도 막베쓰에서 개최됩니다. 이러한 빅 이벤트를 통해 기존 팬층을 결속시키고 브랜드 가치를 유지하려는 노력이 계속되고 있습니다.

- **대기업의 보수적 접근:** 주요 스포츠 브랜드인 아식스가 2026년 가을까지 파크골프 용품 사업에서 철수한다고 발표한 것은, 대기업들이 이 시장을 더 이상 '핵심 성장축'으로 보지 않고 있음을 시사합니다.

3. 한국 2026 트렌드와의 구조적 차이

같은 종목이지만 시장을 바라보는 관점과 비즈니스 기회는 정반대 양상을 보입니다.

1) 확장(KR) vs 선별(JP): 한국은 생활체육 인프라 확충 정책과 맞물려 코스와 스크린 매장이 동시에 급증하는 확장기입니다. 반면 일본은 이미 포화된 인프라 속에서 수익성과 관리 효율성을 기준으로 시설을 선별하고 고급화하는 단계입니다.

2) 산업화(KR) vs 커뮤니티(JP): 한국은 스크린 골프 기술을 접목하고 패션, 용품 브랜드를 런칭하며 '산업화'를 강력하게 추진하고 있습니다. 일본은 여전히 실외 코스 기반의 지역 대회, 복지, 커뮤니티 기능이 시장의 핵심을 차지합니다.

3) 규칙 설계(KR) vs 서비스 고도화(JP): 한국 사업자들에게는 새로운 규칙과 문화를 만들어갈 '진입 기회'가 열려 있는 반면, 일본 사업자들은 이미 형성된 까다로운 눈높이를 맞추기 위해 '차별화된 서비스'와 '관광·리조트 연계'에 집중해야 합니다.

4. 창업·비즈니스 인사이트

한국의 예비 창업자와 관련 기업은 일본의 현재를 통해 '차별화 모델'과 '리스크 관리' 아이디어를 동시에 얻을 수 있습니다.

- **관광 연계형 모델(Travel & Play):** 일본의 와카야마, 홋카이도 등지에서 성행하는 '36홀/99홀 대형 코스 + 온천/호텔 패키지' 모델은 한국의 강원도, 해안 지역 개발 시 즉시 벤치마킹할 수 있는 유효한 모델입니다. 체류형 상품 개발이 핵심입니다.

- **미래 리스크 대비 설계:** 일본의 코스 폐쇄와 브랜드 철수 사례는 한국 역시 5~10년 후 과잉 공급과 수익성 악화에 직면할 수 있음을 경고합니다. 초기 창업 단계부터 단순 시설 임대 수익을 넘어, 젊은 층 유입 프로그램이나 F&B 결합 등 수익 다각화 구조를 설계해야 합니다.

미국 파크골프와 골프장 정보

1. 미국국제파크골프협회(IPGAA) 홈페이지

International Park Golf Association of America, Inc.
Welcome to the home of the International Park Golf Association of America, Inc.

ipgaa.com

IPGAA; International Park Golf Association of America

2. 북미파크골프협회(NAPGA) 홈페이지

North American Park Golf Association

Certified Courses, Quality Supplies, and Rules for Park Golf, associate of
the Park Golf Worlwide (PGW) Assn. network.

northamericanparkgolfassociation.org

NAPGA; North American Park Golf Association

북미파크골프협회(NAPGA) 본부는 텍사스주 플라토니아(Flatonia)에 있다.

버팔로에서 차로 40분 거리에 있는 인구 2,800명 남짓의 작고 한적한 마을 디스트로이어에 미국 최초의 파크 골프장이 있다. 이 골프장은 18홀 코스를 갖춘 미국 유일의 파크 골프 시설이라는 점에서 특별하다. 미국도 국제공원골프협회로 알려진 일본공원골프협회(JPGA)의 규정에 따라 9홀 코스는 500미터(약 500야드)를 넘을 수 없으며, 파5 홀은 약 110야드를 초과할 수 없다는 규정을 준수하고 있다.

우리의 사명

북미 공원 골프 협회는 대륙 전역에 공원 골프에 대한 사랑을 알리는 데 전념하고 있습니다. 저희의 사명은 이벤트, 교육, 커뮤니티 참여를 통해 모든 실력 수준의 플레이어 경험을 향상시키는 것입니다.

파크 골프 전문가 팀을 만나보세요

헌신적인 공원 골프 전문가 그룹이 항상 준비되어 있으며, 여러분의 공원 골프 코스를 가동할 수 있도록 돕기 위해 '열정'을 가지고 있습니다. 저희와 함께 이 여정을 함께 하시고, 즐거운 시간을 함께 즐기시죠!

장비와 코스는 미국 골프 협회와 유사한 관리 기구인 JPGA의 승인을 받는다. 골프공은 일반 골프공보다 큽니다(당구 큐볼 크기 정도). 따라서 홀 크기도 8인치로 더 크다. 클럽은 드라이버 와 말렛의 중간 형태이며 로프트가 없다. 각도와 높이에도 제한이 있다.

USA Grass Golf의 게리 리브세이는 "이 게임은 기본적으로 크로케를 훨씬 더 재미있게 만든 버전입니다."라며, 휴대용 골프 변형 게임이라고 말했다. 리브세이는 공원이나 뒷마당 등 넓은 부지에 코스를 만들고 싶은 사람들을 위해 골프채, 공, 깃대, 홀 등의 용품을 판매할 계획이다.

사진 출처:https://ipgaa.com/

디스트로이어 파크 골프는 크리스 바이어와 크리스 존스 부부가 소유하고 관리하는 고정식 파66 18홀 골프 코스이다. 그런데 도대체 어떻게 이 파크 골프가 일본에서 5,954마일이나 떨어진 미국 시골길 한복판에 자리 잡게 된 걸까 하는 의문에 대하여는 다음과 같다. 베이어의 아버지이자 프로레슬링 명예의 전당 헌액자인 딕 "더 디스트로이어" 베이어는 선수 생활 동안 일본에서 수없이 많은 경기를 펼쳤다. 그의 인기는 1960년대와 70년대에 최고조에 달했고, 1980년대에는 헐크 호건에 버금가는 수준에 이르렀다.

'파괴자'라는 별명을 가진 그는 골프도 좋아해서 방문할 때마다 골프채를 가져오곤 했다. 자연스럽게 시간이 흐르면서 그는 그곳에서 여러 친구들도 사귀게 되었다.

"어느 날 아버지가 일본에 계셨을 때 친구분이 '오늘 파크 골프장에 가자'라고 말씀하셨어요."라고 크리스 바이어가 말했다. "아버지는 무슨 생각을 하셨는지 모르셨죠. 하지만 파크 골프장에 가보신 후, 아버지는 그곳에 완전히 매료되셨습니다. 당시 아버지는 70세 정도셨는데, 파크 골프가 미국에서 크게 성공할 수 있을 거라고 생각하셨고, 언젠가 파크 골프장을 여는 것이 아버지의 꿈이었습니다."

크리스 존스가 크리스 바이어를 만나기 전에 애크런에 있는 댄디 팜스 골프 코스를 운영했던 경험이 있었기에, 완전히 미지의 영역에 발을 들여놓는 것은 아니었다. 두 사람은 일본 공원 골프 협회(JPGA)에 자문을 구했다. JPGA에 설계도를 제출하면서 여러 차례 소통이 오갔다.

이렇게 부부는 JPGA 규정을 준수하고자 했고, 결국 골프 코스는 인증을 받았다. 2013년 개장식에는 일본에서 JPGA의 소규모 대표단도 참석했다.

게리 라이브세이(Gary Livesay) 미국 북미파크골프협회(NAPGA) 회장과
한국프로파크골프협회와 업무협약 체결 장면:출처 지이코노미

https://ipgaa.com/contact-us

전화번호: (716) 512-5452

주소: 랭커스터, NY 14086

대만 파크골프와 골프장

　대만은 일본과 한국에 비해 다소 늦게 파크골프를 도입하였지만, 최근 들어 급속도로 성장세를 보이고 있다. 2015년 전후로 일본의 스포츠 관광 교류를 통해 파크골프가 소개되었으며, 대만 정부는 이를 고령화 사회에 대비한 건강 스포츠로 지정하고 적극적으로 장려하고 있다.

　대만은 연중 온화한 기후와 도시 인프라가 잘 정비되어 있어 파크골프장이 들어설 공간적 여건이 우수하다. 특히 중남부 지역의 공원과 도시 외곽 지역을 중심으로 파크골프장이 조성되고 있으며, 다양한 민간 단체와 지방정부가 협력하여 체험 프로그램과 교육 강좌를 운영하고 있다.

대만의 린커우 골프장

대만의 파크골프 문화는 '여유'와 '사교성'에 기반을 두고 있다. 한국이나 일본처럼 경기 성적에 집착하기보다는 자연 속에서의 교류와 친목을 중요시하는 문화가 자리 잡고 있으며, 노년층뿐 아니라 중장년층, 여성층의 참여율도 높은 편이다. 특히 다문화 사회인 대만에서는 파크골프가 언어와 세대의 장벽을 넘는 커뮤니케이션 도구로서 기능하고 있으며, 공동체 의식을 강화하는 데에도 큰 역할을 하고 있다. 최근에는 대만 파크골프협회가 발족되었으며, 국제 대회 참가를 통해 스포츠의 외연을 넓히고 있다. 관광과 연계한 '파크골프 여행' 상품도 개발되고 있어 경제적 파급 효과 또한 기대되고 있는 상황이다.

일본, 한국, 대만은 같은 파크골프라는 스포츠를 공유하고 있지만, 각 나라의 사회 구조, 문화, 정책에 따라 다양한 방향으로 발전해 왔다. 일본은 고령화에 대응한 체계적인 시스템과 커뮤니티 중심의 문화, 한국은 경쟁과 디지털화 중심의 적극적 참여 문화, 대만은 여유롭고 사교적인 접근 방식이 특징이다. 이러한 차이는 파크골프라는 단일 스포츠가 얼마나 유연하게 다양한 사회적 요구에 대응할 수 있는지를 보여준다. 앞으로도 각국은 파크골프를 통해 고령화 사회의 과제를 해결하고, 세대 간 소통을 촉진하는 데 더욱 적극적으로 활용할 것으로 기대된다.

예약 홈페이지 : https://www.tigerbooking.com/Field?FieldId=AWB003

https://www.linkougolf.com.tw/linkou-golf-course.html

전화 : +886 2 2601 4104

주소 : 50-1, Houhu, Linkou District, New Taipei City, 대만 244

중국 파크골프와 골프장 정보

중국 유일의 전문 파크골프장, 총 12,000평에 현재 18홀을 개장 운영 중이며 9홀을 추가 공사하여 총 27홀을 구축할 예정이다. 아울러 숲 3,000평, 연못 900평, 글램핑장 30개로 중국 베이징시 화이러그 옌치진 베이타이상촌, 홍뤄사 및 예치호 인근

인천에서 한시간 반이면 베이징도착!
베이징에서 Blue sky park까지 30분
인천에서 베이징까지 1시간 50분
인천

블루스카이 파크골프 지도
A1-110
A2-70
B4-45
B5-40
B3-35
A8-55
B9-65
A7-90
B6-60
A3-65
A9-40
B8-60
B7-70
B2-80
B1-120
A6-80
A5-40
A4-55
P
A코스 A course
B코스 B course
주차장 Parking lot
숲 Forest
몽골바오 Mongolian yurt
인공호수 Lake
개방공간 Open space
화장실 Toilet
현위치 Location

중국 최초의 유일한 파크골프전문골프장

총면적: 12.000평

크기:18홀

숲면적: 3.000평

연못면적: 900평

글램핑장:30개

위치: 중국 베이징시 화이러우구 옌치진 베이타이상촌, 홍뤄사 및 옌치호 인근

한국인이 설립하고 운영하는 파크골프장

🇨🇳 중국 최초의 파크골프 테마 공원

블루 스카이 파크 골프 예약 가이드 (회사 버전)

주소: 중국 베이징 화이러우구 옌치타오 난타이 상촌 넘부

전화: 010-6765-0799

이메일: blueskyparkgolf@gmail.com

운영 시간: 오전 6시 – 오후 10시

휴관: 음력 설 및 추석 연휴

개장 기간: 연중 내내 개방(설날과 국경일 공휴일 제외)

운영 시간: 오전 9시부터 오후 6시까지 (마지막 입장은 오후 5시)

요금 (1인)

15,000

원 **장비 대여:** 1,000원 [1세트 클럽과 공 포함; 할인 없음]

※ 자세한 내용은 운영 지침을 참고해 주세요.

예약 기간

예약 페이지를 통해 예약하세요. 예약은 10일 전 오전 6시에 시작됩니다. 예약은 하루 전인 오후 9시에 마감됩니다. _예시: 7월 20일 예약을 원하시면 7월 10일 오전 6시에 예약이 시작됩니다._

환불 정책

: 사용 당일에는 취소가 불가하며, 비나 자연재해 시 100% 환불

지금 예약하세요

파크 골프 경기 규칙

게임은 1번 홀 티 박스에서 시작되며, 선수들은 그린의 홀 컵을 향해 공을 쳐야 합니다. 각 홀을 통과하는 데 사용한 타격 수가 기록됩니다. 선수들은 9홀을 연속으로 완료하며, 총 점수가 가장 낮은 선수가 승리합니다.

파크 골프 라운드 절차

사전 예약이 필요하며, 경기는 예약 일정에 따라 진행됩니다. 각 그룹은 3-4명의 선수로 구성됩니다.
※ 구두, 슬리퍼, 축구화를 신은 경우 입장이 제한됩니다. 1번 홀에서는 플레이 순서가 정해지며, 2번 홀부터는 이전 홀에서 가장 낮은 점수부터 높은 점수 순시대로 티오프를 시작합니다.
티샷부터 홀아웃까지 코스 규칙을 준수하세요. 각 홀마다 각 선수의 타격을 점수표에 기록하세요. 1번 홀부터 9번 홀까지 순차적으로 플레이하세요. ※ 코스를 떠날 경우 선수들은 퇴장을 요청받을 수 있습니다.

주요 공지

선수만 코스에 들어갈 수 있습니다.
선수들은 경기 전에 몸을 준비하기 위해 스트레칭을 해야 합니다. 사고를 방지하기 위해 무모한 스윙을 피하세요. 동료 선수나 타인에게 위험이 있을 경우 즉시 경고하세요.
선수들은 코스에 입장한 후 지정된 공원 골프장 구역 밖에서 공을 치는 것이 금지되어 있습니다.
티샷부터 홀아웃까지 코스 규칙을 준수하세요. 사고가 발생하면 즉시 경기를 중단하고 직원에게 통보하세요.
※ 시설은 응급처치 제공 와에는 책임지지 않습니다.

공원 골프 규칙 및 지침

선수들은 코스에 입장할 때 적절한 복장을 착용해야 합니다. 허가된 공원 골프 장비만 허용됩니다. 코스 시설을 움직이거나 손상시키지 마십시오. 대여 장비가 손상되거나 분실된 경우 보상이 요구됩니다 (공: KRW 15,000, 클럽: KRW 100,000) 경기 중 흠연은 엄격히 금지되며, 초보자는 적절한 교육을 받아야 합니다. 어린이는 보호자와 함께 플레이할 수 있습니다. 모든 선수는 원활한 경기 흐름을 위해 예절과 경기 규칙을 준수해야 합니다. 음주, 고함, 규칙 불준수 등 방해 행위는 코스에서 퇴장될 수 있습니다. 코스 내 음식이나 음료는 허용되지 않습니다

베이징 파크골프 투어 프로그램

중국 북경 Bluesky Park Golf 4박 5일

수 신		발 신	
여행일자	2026년 4월 기준	인 원	
호 텔	호텔: HOLIDAY HOTEL & 하워드존슨 온천호텔		
예상입금가	1,360,000원		
포함사항	왕복항공료, 유류할증(1월기준),가이드+기사팁, 관광지 입장료, 4성급 호텔, 식사, 전용차량, 1일1생수, 여행자보험		

불포함사항	기타개인경비, 매너팁
쇼핑안내	
비 고	★특식3회 – ★특전 : ★차량과 가이드 : 45인승 1대, 한국어 인솔자 및 가이드 각 1명 ▶[싱글차지] 호텔: $/인/박, 게르: $/인/박 ▶여권 잔여기간은 출국일 기준, 6개월 이상 남아있어야 합니다.

일자	지역	교통	시간	세부일정	식사
제1일	부산 (김해국제 공항) 북경 (수도국제 공항)	중국국제항공 전용차량	12:45 16:10	김해 국제공항 출발 베이징 캐피탈 국제 공항 도착 추천일정: [천안문광장]으로 이동 • 베이징의 중심, 중국 민주화의 　상징 천안문 광장 • 경산공원 (자금성 조망) 석식후 호텔 투숙 및 휴식 HOLIDAY HOTEL	기내식 현지식
제2일	북경	전용차량	전일	호텔 조식후 Bluesky Park Golf (대회 참가 또는 강습, 전일 자유 라운딩) 추천일정: • 십찰해 거리 (명,청 시대의 전통이 　가장 안벽하게 보존되어 있는 곳) • 북경 서커스 : 북경 전통 　기예쇼(개인별 자유 선택 참여 　비용 별도) HOLIDAY HOTEL	호텔식 현지식 특 식
제3일	북경	전용차량	전일	호텔 조식후 Bluesky Park Golf(대회 참가 또는 강습, 전일 자유 라운딩) 추천일정: 만리장성 • 영국 타임지 선정 "세계에서 꼭 　가봐야 할 곳 25곳" 중에 첫번째로 꼽힌 사마대장정 피로를 풀어주는 발/전신 마사지 (개인별 자유 선택 참여 비용 별도) HOLIDAY HOTEL	호텔식 현지식 힌 식

일 자	지 역	교 통	시 간	세부일정	식 사
제4일	북경	전용차량	전일	호텔 조식 후 Bluesky Park Golf(대회 참가 또는 강습, 전일 자유 라운딩) 추천일정:이화원 • 서태후의 화려한 여름 별장 [이화원] 석식 후 호텔 투숙 및 휴식 북경 하워드존슨 온천호텔	호텔식 현지식 특 식
제5일	북경 부산	중국국제항공	08:15 11:45	호텔 조식 후 • 베이징 캐피탈 국제 공항으로 이동 /도착 후 출국 수속 베이징 국제 공항 출발 부산 김해 국제 공항 도착	
예약 및 문의		▶ 상기 일정은 항공 및 현지 사정 또는 협의에 의해 변동이 될 수 있습니다.			

중국 K-월드국제파크골프 협회

https://blueskyparkgolf.com/

blueskyparkgolf@gmail.com

태국 파크골프와 골프장 정보

태국 "박골프"20년전 일반골프로 시작하였으며 2023년 3월7일 "RK 파크골프장"36홀을 오픈 하였습니다.

"SH파크골프"36홀, "SP파크골프"36홀

모두 108홀과 "서울 커피랜드"(부지/15만평방미터)를 운영

위의 사업장은 모두가 임대가 아닌 박골프의 소유토지입니다.

RK ParkGolf & Coffee
제2회 빅토리 파크골프대회

일반 자유 골프장 7군데 골프장을 컨택 운영 중

라완cc.불루cc.그랑프리cc.니찌고cc.미션힐cc.타무엉cc.에버그린cc.

웰빙타운 80실을 소유 운영 중이다.

대형 야외 수영장 2개 대형 슬라이드 5개

온탕 3개, 냉탕 1개

황토사우나, 핀랜드 사우나, 스팀 사우나, 냉방실 사우나

주변 관광지 장박손님을 위한 염가 투어

8곳 관광 가능함/비용-2만원씩

최소인원/6명 이상 출발(입장료금,음료수 별도)

1/콰이강 다리(커피숖)

2/죽음의철도

3/통칸 카페

4/동물원

5/코끼리 트레킹

6/빤빤 카페

7/에라완 폭포

8/저녁시간-딸랏째째

9/오후4시-재래시장(1만원씩)

태국 K-월드국제파크골프 협회

1/4M. 5T. Latya Amphur Muang

Kanchanaburi

태국 타이 시암 파크골프장

A~D까지 9홀씩 총 36개 홀로 조성되어 있다.

2024년 2월 오픈하여 파타야 1호 파크골프장이다.

사진 중앙 흰 천막이 클럽하우스와 휴식 공간의 역할을 하고 있다.

각 홀은 깃발 색깔별로 구분, 관리가 잘되고 있었다.

코스 곳곳에 바나나나무와 파파야나무 등이 식재되어 있어
한국과 다른 풍경을 느낄 수 있다.

코스에 따라 벙커 등의 장애물이 있고 OB 없는 창의적인 코스 설계로
재미있는 라운드가 가능하다.

숙소 안내 : 시암파크 골프텔

위치 안내

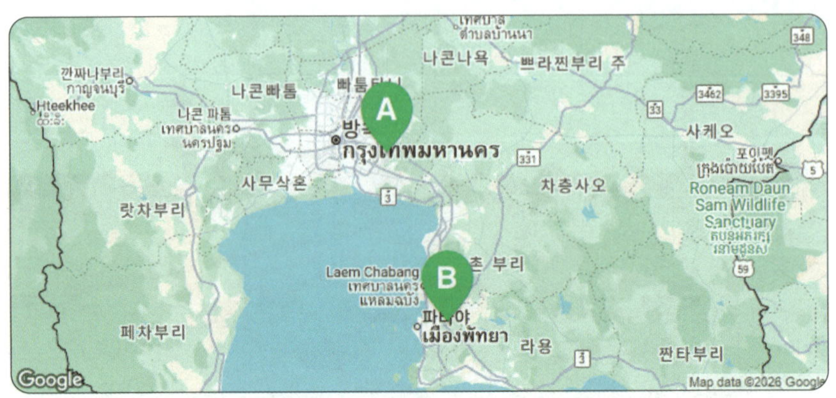

999, Nong Prue, Bang Phli District, Samut Prakan 10540 태국

111 11 ม.2 ถนนบายพาส 36 Khao Mai Kaeo, Bang Lamung District, Chon Buri 20150 태국

방콕 수완나폼 국제공항에서 골프장까지 차량 약 1시간 30분 소요된다.

파타야 시내까지 20~30분 소요되어 관광/쇼/마사지 진행도 가능하다.

몽골 파크골프와 골프장 (테를지 2026년 6월 개장 예정)

몽골은 광활한 초원과 청정한 자연환경을 갖춘 국가로, 파크골프장을

설립·운영하기에 최적의 조건을 지니고 있다. 특히 테를지 국립공원 일대는 세계자연문화 유산급 경관과 쾌적한 기후로 이미 많은 한국 관광객이 찾는 대표적인 여행지이다. 여름철에는 훼손을 최소화한 친환경 잔디 코스를 활용해 초원 속 야외 파크골프를 즐길 수 있어, 건강·휴양·관광을 결합한 차별화된 콘텐츠가 된다.

홀번호	홀	길이(m)	홀번호	홀	길이(m)
A-1홀	PAR 4	63	B-1홀	PAR 3	50
A-2홀	PAR 3	48	B-2홀	PAR 4	78
A-3홀	PAR 5	125	B-3홀	PAR 4	85
A-4홀	PAR 4	66	B-4홀	PAR 3	56
A-5홀	PAR 3	43	B-5홀	PAR 4	63
A-6홀	PAR 4	97	B-6홀	PAR 3	41
A-7홀	PAR 3	50	B-7홀	PAR 5	150
A-8홀	PAR 4	93	B-8홀	PAR 3	53
A-9홀	PAR 3	40	B-9홀	PAR 4	95
소계		625	소계		671
총연장					1296

또한 몽골의 긴 겨울에는 실내 스크린 파크골프장을 운영함으로써 계절적 한계를 극복하고 연중 안정적인 이용이 가능하다. 이는 관광객 체류 기간 연장, 현지 일자리 창출, 스포츠 관광 활성화를 동시에 달성하는 지속가능한 모델로서 몽골과 한국 모두에게 실질적인 경제·문화적 가치를 제공한다.

제17차 유엔 사막화방지협약(UNCCD) 당사국총회(COP17)가 2026년 9월 17일부터 28일까지 몽골 울란바토르 테를지 국립공원 일원에서 개최될 예정이다. 이번 총회에는 약 100여 개국, 1만 명 이상의 대표단이 참석할 것으로 예상되며, 사막화·토지 황폐화·가뭄 등 전 지구적 환경 문제와 해결 방안이 집중적으로 논의될 예정이다.

K-월드국제파크골프연맹과 몽골 파크골프협회에서는 6월과 8월에 각각 국제 대회를 개최 할 예정으로 본 대회는 몽골 정부의 주관으로 백강그룹에서 후원하며 약 1억원의 상금을 내걸 예정이다.

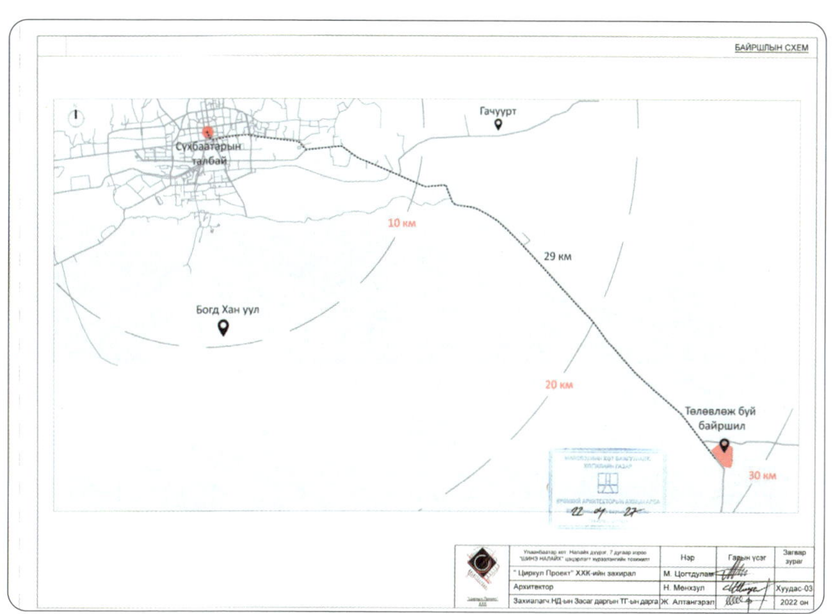
БАЙРШЛЫН СХЕМ
Гачуурт
Сүхбаатарын талбай
10 км
29 км
Богд Хан уул
20 км
Төлөвлөж буй байршил
30 км
"Циркул Проект" ХХК-ийн захирал
Архитектор
Захиалагч НД-ын Засаг даргын ТГ-ын дарга
Нэр
М. Цогтдулам
Н. Мөнхзул
Ж. Алтангэрэл
Гарын үсэг
Загвар зураг
Хуудас-03
2022 он

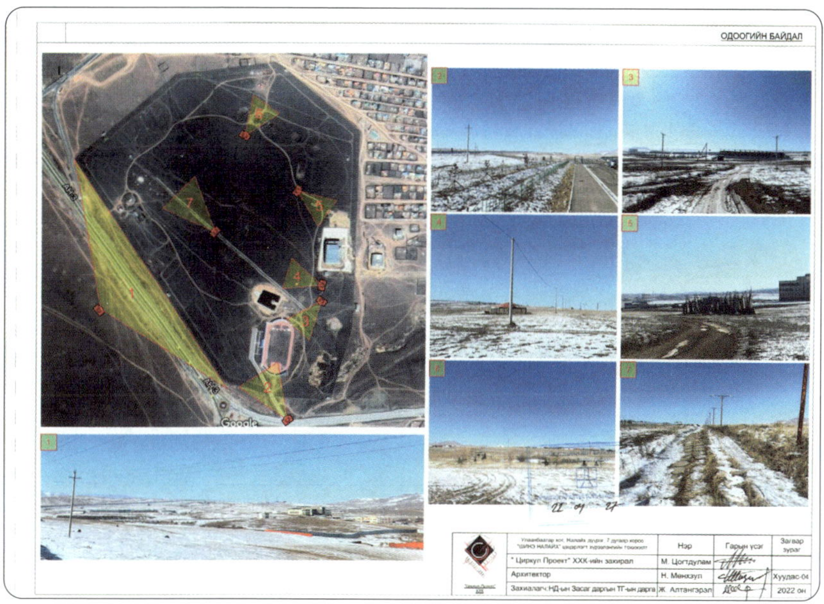
ОДООГИЙН БАЙДАЛ
Google
"Циркул Проект" ХХК-ийн захирал
Архитектор
Захиалагч НД-ын Засаг даргын ТГ-ын дарга
Нэр
М. Цогтдулам
Н. Мөнхзул
Ж. Алтангэрэл
Гарын үсэг
Загвар зураг
Хуудас-04
2022 он

MOU 협력 제안 공식 공문(안)

몽골 고르히-테를지 국립공원 공원관리소
(Gorkhi-Terelj National Park Administration)

K-월드국제파크골프연맹 & ㈜저스트아이디어 → 몽골 환경관광부 /
고르히-테를지 국립공원 공원관리소

- **수신:** 몽골 환경관광부 (Ministry of Environment and Tourism
  of Mongolia)

- **발신:** K-월드국제파크골프연맹

  주식회사 저스트아이디어(JustIdea Co., Ltd.)

- **제목:** 몽골 테를지 국립공원 지속가능 관광 콘텐츠 개발 및 공동 프
  로젝트 추진을 위한 MOU 체결 제안

존경하는 관계자 여러분께,

K-월드국제파크골프연맹과 ㈜저스트아이디어는 몽골 테를지 국립공
원을 아끼고 사랑하며, 이를 세계적 관광지로 발전시키고자 하는 깊은
관심과 책임감을 지닌 조직으로서, 귀 기관과의 전략적 협력(MOU) 체
결을 정식으로 제안드립니다.

테를지 국립공원은 몽골의 자연과 문화, 역사적 정체성이 고스란히
담긴 소중한 공간이며, 지역 사회가 자부심을 갖고 지켜온 중요한 유산
입니다. 저희는 테를지 지역 관광의 발전 가능성과 지속 가능한 성장성
에 깊은 확신을 가지고 이 공문을 전달드립니다.

1. 프로젝트 및 협력 제안 취지

관광산업은 지역 경제 활성화, 고용 창출, 문화교류 촉진 등 폭넓은
사회·경제적 효과를 기대할 수 있습니다.

테를지 국립공원은 이미 세계적인 관광 잠재력을 갖추고 있으며, 이

를 체계적으로 개발·홍보할 필요가 있다고 판단합니다.

이에 따라 K-월드국제파크골프연맹 & ㈜저스트아이디어는 다음과 같은 협력 방향을 제안합니다.

2. 제안 내용

① 테를지 국립공원 관광 콘텐츠 개발 및 글로벌 홍보

자연·문화·역사 기반의 신규 여행 콘텐츠 제작

- 열기구 벌룬투어 운영

- 파크골프장 개설 및 운영

- 테를지 둘레4길 개발 및 스토리텔링 (트래킹 & 산악마라톤)

SNS·디지털 플랫폼 기반 글로벌 홍보

세계인에게 매력적으로 다가가는 테마 관광 기획

K-컬처·몽골 전통문화 융합형 콘텐츠 추진

② 지역 명소 및 관광 인프라 개선 협력

지역 내 주요 포인트(전망대, 탐방로, 포토존) 개선

소상공인·지역 주민 관광 비즈니스 지원

관광 편의시설 개선을 위한 공동 연구

③ 지속 가능한 관광(Sustainable Tourism) 모델 구축

환경 보전 원칙에 기반한 콘텐츠 개발

방문객 증가 대비 환경 보호 조치 마련

미래세대를 위한 자연 보호 및 생태계 관리 체계 구축 지원

3. 기대 효과

테를지 국립공원의 글로벌 인지도 향상

지역 경제 활성화 및 일자리 창출

자연 보전과 관광 성장이 균형을 이루는 지속 가능한 생태관광 모델 수립

몽골 환경관광부, 국립공원 관리소, 지역사회 간의 강력한 파트너십 형성

4. 향후 계획

귀 기관의 긍정적인 검토 후,

MOU 세부 항목 협의,

관광 콘텐츠 개발 계획 수립,

현장 조사 및 협력 워크숍,

공동 프로젝트 일정 확정

등을 진행할 준비가 되어 있습니다.

귀 기관의 공식적인 지지와 협력이 이루어진다면, 테를지 지역 관광 발전은 물론 지역사회에 긍정적인 영향을 미치는 장기적인 성과를 창출할 수 있으리라 확신합니다.

5. 맺음말

본 제안을 검토해주셔서 진심으로 감사드립니다.

K-월드국제파크골프연맹 & ㈜저스트아이디어는 귀 기관과 함께 책임 있는 관광 개발과 자연 보전을 동시에 달성하는 모범 사례를 만들고

자 합니다.

추가 논의가 필요하시다면 언제든지 편하게 연락주십시오.

곧 귀 기관과 직접 만나 뵙고 더 자세한 내용을 상의드리기를 희망합니다.

감사합니다.

K-월드국제파크골프연맹 ㈜저스트아이디어 (JustIdea Co., Ltd.)

대표: 김 홍민 ____________________________________

연락처: 82 10 39** 4430 ________________________________

E-mail: richard1957@naver.com ______________________________

울란바토르 실내 스크린파크 골프장 (2026년 5월 개장)

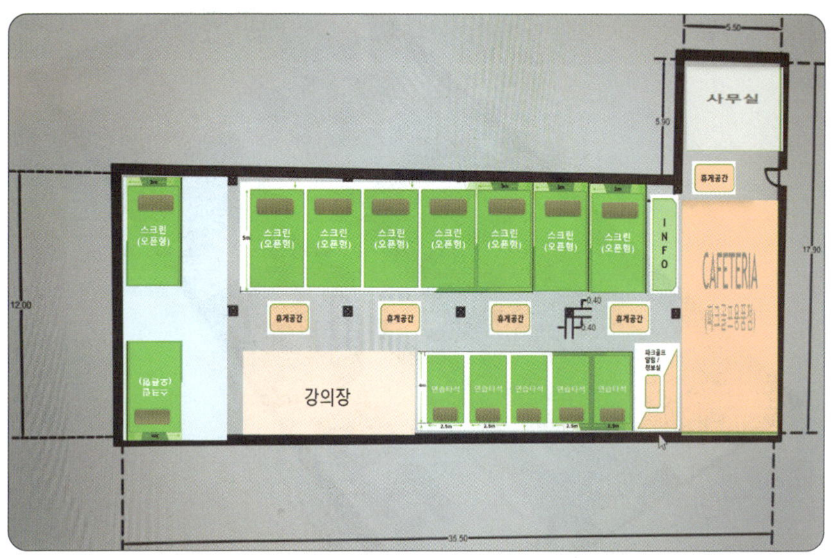

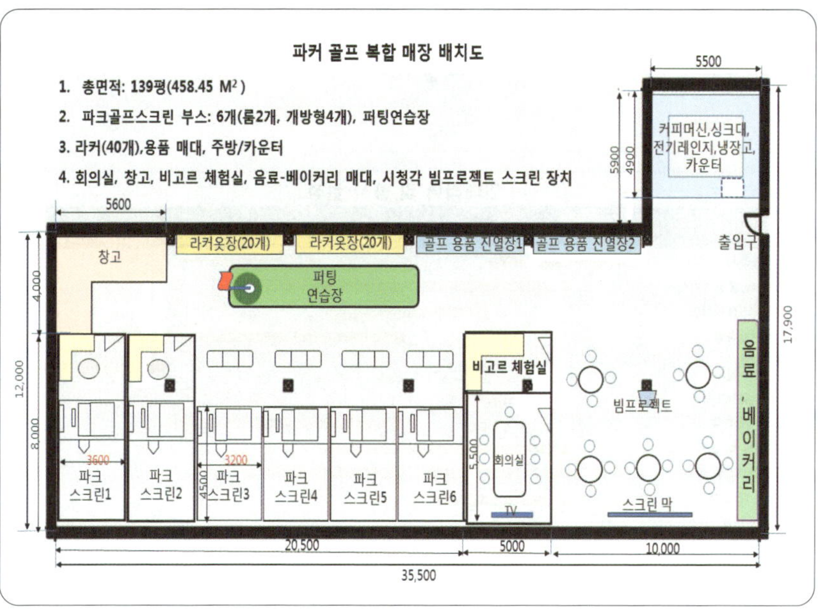

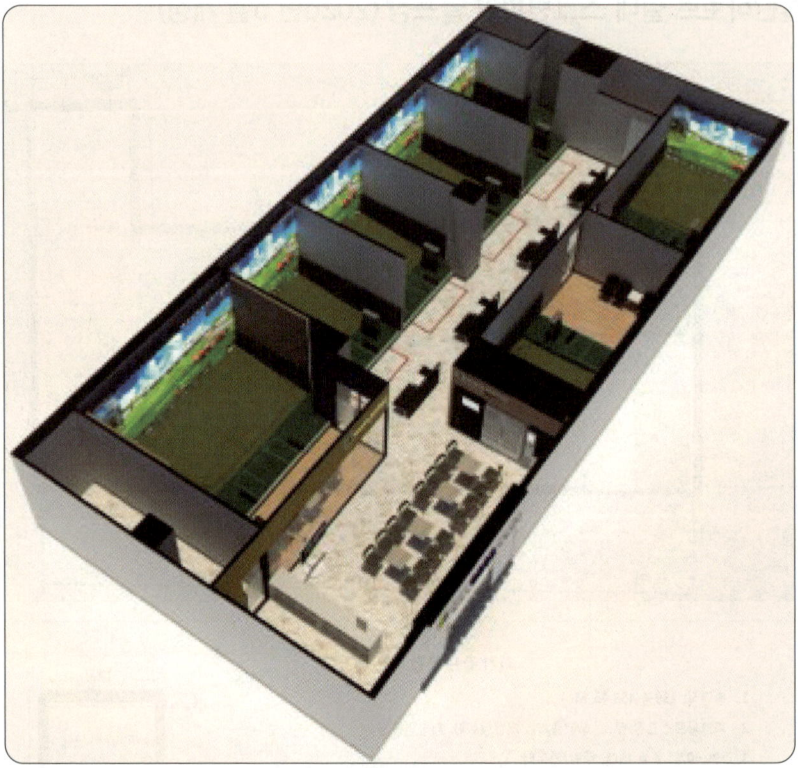

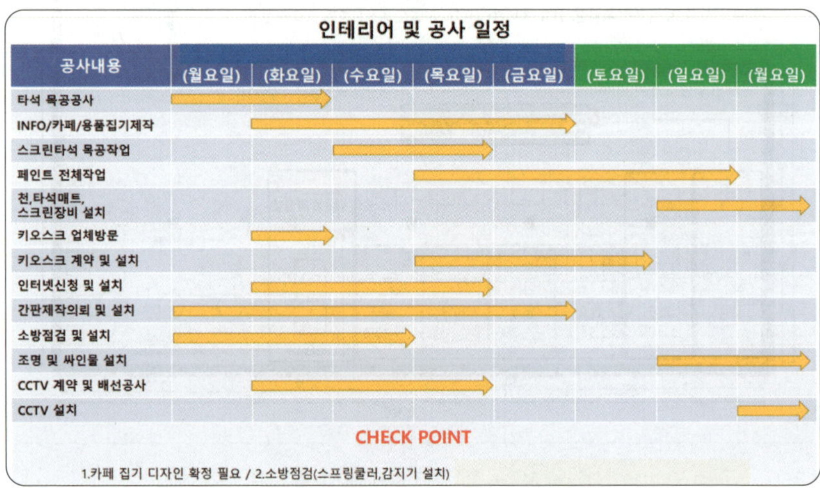

인테리어 및 공사 일정

공사내용	(월요일)	(화요일)	(수요일)	(목요일)	(금요일)	(토요일)	(일요일)	(월요일)
타석 목공공사								
INFO/카페/용품집기제작								
스크린타석 목공작업								
페인트 전체작업								
천,타석매트, 스크린장비 설치								
키오스크 업체방문								
키오스크 계약 및 설치								
인터넷신청 및 설치								
간판제작의뢰 및 설치								
소방점검 및 설치								
조명 및 싸인물 설치								
CCTV 계약 및 배선공사								
CCTV 설치								

CHECK POINT

1.카페 집기 디자인 확정 필요 / 2.소방점검(스프링쿨러,감지기 설치)

몽골 온월드 파크골프협회

Add: Apartment 9, Building 13B,

14th Khoroo, Bayangol District,

Ulaanbaatar, Mongolia

전화번호 +976 8031 2788

+976 9015 3636

협회장: kim jong gon / 사무총장: J.Bumdari

베트남 파크골프와 골프장 정보

베트남 자국민의 여행지 1순위, 천혜의 환경 '빈'

- 여행/휴양지로서의 요소를 모두 갖추고, 낮은 인건비와 물가로 동남아 여행의 최적지

120여 만평의 복합리조트 단지 內

한 가운데 위치한 15,000평 규모의

더온 므엉탄 파크골프클럽

베트남 중북부 도시 '빈(Vinh)'

연간 200만 명의 관광객이 찾는
무역, 관광, 금융의 중심지

해산물의 명소로
청정, 천혜의 자연환경을 갖춘 도시

빈 국제공항
2026년 12월 20일 확장공사 완료
한국-빈 직항 기대

빈 국제공항에서 차량 1시간

베트남 자국민이 1순위로 꼽는 대표 여행/휴양지
무역, 금융의 중심지로 한국에서도 많은 기업이 진출해 있는 도시
다낭, 나트랑 등 유명 관광지 요건을 갖춘 베트남 블루오션 여행지

120만평 초대형 복합 리조트와 결합 된 세계최대 파크골프클럽

- 객관적, 사실적 수치로 증명이 가능한 세계최대 파크골프클럽

9홀/4코스 총 36홀 대한파크골프협회 정규 규격 적용

국내외 파크골프장에서 경험할 수 없는 특별한 코스 설계 (최장 35M 워터해저드 홀 등)
- 총 길이 2,815M / 160M ParS 롱 홀 / 정규 Par132에서 이벤트 롱 홀(2홀) 추가 총 Par134

대한 파크골프협회 공인인증 용품 적용

400여명 동시 수용, 각종 행사 및 대회유치가 가능한 파크골프전용 클럽하우스

꽃나무, 과실나무 등 아름다운 파크골프장을 위한 조경

현지 직원 채용으로 1년 내내 최상의 컨디션을 유지

▲ 35M 워터해저드 홀

▲ 호수와 연못이 어우러진 코스

현지 관리자와 직원 운영으로 1년내내 최상의 컨디션을 유지

COURSE	A course		B course		C course		D course	
HOLE	거리(m)	PAR	거리(m)	PAR	거리(m)	PAR	거리(m)	PAR
1	100	4	50	3	160	5	75	4
2	55	3	60	3	70	4	60	3
3	95	4	60	3	70	4	60	3
4	55	3	75	4	55	3	45	3
5	70	4	85	4	60	3	55	3
6	60	3	110	5	55	3	65	4
7	150	5	125	5	80	4	80	4
8	60	3	80	4	70	4	140	5
9	75	4	50	3	100	4	100	4
TOTAL	720	33	695	34	720	34	680	33
HOLE 36 / DISTANCE 2,815m / PAR 134								

개장일	2025년 10월 25일	공사기간	2025년 6월 25일 ~ 2025년 10월
총 면적	57,800㎡ 약 17,500평	코스설계 및 공사진행 및 감독	더온투어 강호영 대표
규격	9홀*4코스 총 36홀 한국 정규 규격	투자 및 발주	더온투어
	시설 및 용품 한국 정규 규격용품 사용		
보유시설	400여 명 수용 가능한 클럽하우스		
	파크골프채, 볼 대여서비스		

리조트 총 면적 120만평
파크골프 17,500평

동물원 70,000평	람하사원	5성급 호텔	정규18홀 일반골프
놀이공원 12,000평	머드스파(실외노천/실내독채)	풀빌라 (총 27채)	
워터파크 10,000평	전통가옥 및 농장체험	제2호텔 26년 완공	

라오스 파크골프장

쉼터파크골프가 국내 파크골프 산업 사상 최초로 직접 투자·운영하는 해외 파크골프장인 '쉼터파크골프 라오 36홀'을 라오스 비엔티안에 공식 오픈하며 글로벌 행보에 본격 시동을 걸었다.

이번에 문을 연 쉼터파크골프 라오는 단순한 해외 진출을 넘어, 회원권 판매·투어 상품 운영·국제 파크골프 대회 개최까지 아우르는 복합 파크골프 플랫폼으로 설계됐다. 특히 국제 파크골프 지도자·심판 자격증 수료자들의 공식 실습 구장으로 활용되며, 교육과 실전을 연계한 글로벌 표준 모델을 제시한다는 점에서 업계의 주목을 받고 있다.

라오스 자연과 한국형 운영 시스템의 결합

'쉼터파크골프 라오'는 라오스의 청정 자연환경을 배경으로 한국의 선진적인 잔디 관리 기술과 운영 노하우를 접목했다. 파크골프는 간편한 장비와 쉬운 규칙으로 남녀노소 누구나 즐길 수 있는 생활 스포츠지만, 해외에서는 제대로 된 시설을 찾기 어려웠다. 쉼터파크골프 라오는 이러한 한계를 뛰어넘어 동남아 스포츠 관광의 새로운 대안으로 자리매김하고 있다.

"겨울에도 반팔 라운딩"… 전지훈련·휴양지로 각광

연중 18~28도의 온화한 기후를 유지하는 라오스의 특성을 살려, 쉼터파크골프 라오는 한국의 겨울철 비수기에도 파크골프를 즐길 수 있는 전지훈련지이자 휴양형 구장으로 각광받고 있다. 실제로 오픈과 동시에 한국 동호회 및 단체 관광객들의 예약 문의가 이어지고 있다.

국제대회·사회공헌까지… '문화 교류의 장'

쉼터파크골프는 라오스 현지에서 파크골프 대회를 정기적으로 운영하며 국제 교류의 폭을 넓힌다는 계획이다. 아울러 국내 기초 지방자치단체와의 협업을 통해 소외계층을 대상으로 한 해외 파크골프 투어 및 초청 프로그램도 추진해, 스포츠를 통한 사회적 가치 실현에도 나선다. 김선우 쉼터파크골프 회장은 "시니어들에게 보다 다양한 구장 경험을 제공하고, 국제대회 유치를 통해 K-파크골프 문화를 세계로 전파하는 교두보가 되겠다"며 "라오스를 시작으로 파크골프의 글로벌 확장 모델을 단계적으로 완성해 나가겠다"고 밝혔다.

한편 '쉼터파크골프 라오'는 오픈을 기념해 회원권 및 투어 상품과 연계한 다양한 프로모션을 진행 중이며, 향후 국제 자격 과정과 연계한 교육·대회 프로그램을 지속적으로 확대할 계획이다.

자료출처 : 스포츠경향 강석봉 기자 ksb@kyunghyang.com

월드레저
스포츠의
미래

제12장

파크골프 글로벌 연합
"K-월드국제파크골프연맹"
결성 전략과 절차

제12장
파크골프 글로벌 연합
"K-월드국제파크골프연맹" 결성 전략과 절차

전 세계 파크 골프인들을 하나로 묶을 글로벌 파크골프 연합체 "K-월드국제파크골프연맹"(K-World International Park Golf Federation)의 출범은 파크골프의 국제화에 핵심적인 과제이다. 현재까지 파크골프는 여러 나라에서 개별적으로 발전해 왔다.

국제 스포츠 연맹 수준의 통합 조직이 부재한 상태이다. 이에 따라 국가 간 규칙 차이나 용어 혼선 등이 존재하며, 아직 공식적인 **세계 선수권** 대회나 랭킹 시스템도 없다. 이번 장에서는 **세계 파크골프 연맹 결성**을 위해 고려해야 할 법적 절차, 조직 구성, 재정 모델 등을 살펴보고, 성공적인 출범을 위한 착안 사항을 제안한다.

창립 준비 단계

우선 연맹 창설을 위해 **주요국 협회의 합의**가 선행되어야 한다. 파크골프 선도국인 **일본, 한국**을 비롯해 대만, 몽골, 태국, 미국, 베트남 등 **파크골프 협회 또는 단체가 존재하는 국가**들이 참여 의지를 모아야 한다.

이를 위해 비공식 **국제 파크골프 서밋**이나 관계자 회의를 열어 "세계 연맹 창립 준비위원회"를 꾸릴 필요가 있다. 예컨대 한국과 일본 협회가 공동 주최하여 아시아 국가들과 미국 대표 등을 초청, **사전 협의회**를 개최하는 병법을 추진하고 있다.

여기서 연맹 설립의 목적, 기본 구조, 추진 일정 등에 대한 **공동 합의문**을 도출한다. 다음으로 법적 절차로는 연맹을 비영리 국제단체(NGO)로 등록하는 과정이 있다. 보통 국제 스포츠 연맹은 스위스 로잔이나 싱가포르 등 중립적이고 행정 친화적인 곳에 본부를 두고 법인화하는 경우가 많다.

이 점은 참여국들이 논의하여 결정해야 하는 부분이다. 설립을 위해 **창립 총회**를 열어 연맹의 정관(Charter)을 채택하고, 초대 임원진을 선출하는데, 이를 위해 최소 **5개국 이상**의 회원국 참여와 서명이 필요하다.

국제 관례상 IOC 인정을 받기 위해서는 **전 대륙에 걸친 일정 수 이상의 회원국**이 요구되므로, 장기적으로 회원국 수를 늘리는 전략도 함께 세워야 한다.

조직 구조와 거버넌스

전 세계를 대상으로 하는 K-월드국제파크골프 연맹의 조직은 투명하고 민주적으로 구성되어 있는데, 기본적으로 **총회(General Assembly), 집행위원회(Executive Committee), 사무국(Secretariat)** 체계를 갖추게 된다.

총회는 모든 회원국 대표가 모여 의결권을 행사하는 최고 기구로, 연 1회 또는 2년에 1회 정기총회를 열어 주요 사항을 결정한다.

집행위원회는 회장(President), 부회장들(Vice Presidents), 그리고 지역별 대표 위원 등으로 구성되며, 총회에서 위임받은 사항을 집행한다. 예컨대 회장은 **한국 측 인사**, 부회장은 **일본, 미국, 몽골, 유럽, 오세아니아, 대만, 베트남** 등 각 지역의 대표 한 명씩을 부회장으로 회장국이 아닌 국가는 부회장으로 선임하는 식으로 **권역 대표성**을 부여한다.

사무국은 사무총장과 약간의 직원들로 이루어져 **상시 행정 업무**를 담당한다. 사무국의 위치는 현실적으로 파크골프 강국인 한국에 둘 가능성이 높다 (예: 서울에 본부 설치). 그 외에 **전문 위원회**를 몇 개 둘 수 있는데, **기술·룰 위원회**(규정집 통일과 심판 양성), **대회 위원회**(국제대회 운영), **재정 위원회**(예산 조달과 집행), **홍보·미디어 위원회** 등이 필요하다.

각 회원국의 전문가들을 이 위원회에 배정하여 **다자 참여형 거버넌스**를 실현한다. 결정 과정에서는 한두 국가가 주도하기보다는 **합의제**로 운영하고, 투표 시에는 회원국 규모에 관계없이 1국 1표 원칙을 적용함으로써 **형평성**을 지킨다.

법적 승인과 규정 통합

연맹을 공식화하려면 **정관 및 제 규정**을 정비해야 한다. 정관에는 조직 목적, 회원 자격, 의결 구조, 재정, 해산 조건 등이 포함된다 또, 공식 경기 규칙(rulebook)을 통일하여 발간하는 것이 시급한데, 현재 국가마다 약간씩 다른 규칙이나 용어를 사용하고 있으므로 한국의 파크골프협회의 룰을 기반으로 K-월드국제파크골프연맹이 주관하여 국제 표준 룰북을 만들어 나가고 있다.

이에는 경기 방식, 코스 규격, 장비 기준, 핸디캡 유무 등 모든 사항이 망라될 것이다. 이러한 룰북은 영어, 일본어, 한국어, 중국어 등 **다국어**로 번역되어 배포되어야 한다. 또한 **심판 자격 제도**도 국제 연맹 산하로 일원화하여, 연맹이 공인하는 국제심판을 양성하고 각종 국제대회에 파견해야 한다.

법인 설립 후 IOC나 GAISF(국제경기연맹총연합회) 등에 인정을 신청할 수도 있지만, 이는 회원국 수와 활동 실적이 일정 수준 갖춰진 후의 과제로 볼 수 있다. 우선은 **TAFISA**(세계생활체육연맹) 같은 단체와 제휴하여 파크골프를 **세계 생활체육 종목**으로 UN의 단체로 공식화하는 것도 한 단계 방법이다.

예산 확보와 재정 모델

글로벌 연맹이 지속되려면 안정적인 **재정 기반**이 필수이다. 수입원으로는 우선 **회원국 연회비**가 있다. 각 회원국 협회로부터 규모에 따라 차등 회비를 받을 것인지, 아니면 동일액을 받을 것인지는 정해야 하나, 초기에는 재정 여력이 달린다는 점에서 선진국은 더, 개발도상국은 적게 내는 방안도 고려할 수 있다.

두 번째로 **스폰서십**과 **마케팅 수입**이 중요하다. 예를 들면 파크골프 용품 업체(클럽, 볼 제조사)들의 후원을 유치하여 연맹 공식 스폰서로 삼고, 그 대가로 **공식 인증 마크 사용**이나 대회 광고 권리를 부여한다.

연맹 주관의 **국제대회**를 개최할 경우, 개최지로부터의 개최권료나 방송 중계권 판매를 통해 수익을 창출할 수도 있다. 아직 종목 인지도가 낮아 거액을 기대하기는 어렵지만, 장기적 파트너십을 맺어 조금씩 규모를 키워갈 수 있다.

또한 국제기구나 정부의 **스포츠 진흥 기금**을 신청하여 초기 자금을 지원받는 방법도 있다. UNESCO나 각국 체육회에서 생활체육 교류 사업으로 일부 지원금을 받을 수 있으며, 특히 시니어 스포츠라는 특성을 내세워 **노인복지 관련 예산**을 활용할 수도 있다.

지출 면에서는 사무국 운영비(상근 인력 급여, 임대료 등), 연례 총회 개최비, 규정집 발간비, 웹사이트 운영비 등이 주요 항목이므로, 수입 규모에 맞춰 **검소하고 효율적인 운영**을 도모해야 한다. 투명한 재정 관리를 위해 매년 감사 보고를 하고, 수입·지출 내역을 회원들에게 공개함으로써 신뢰를 유지해야 한다.

단계적 추진 전략

연맹은 한 번에 완성되기보다는 **단계적으로 발전**해갈 것이다. 첫 단계는 앞서 말한 **아시아 지역 중심의 창립**이다. 이미 일본, 한국, 증국 등이 논의 중인 **동아시아 파크골프 협의체**가 그 모태가 될 수 있다.

두 번째 단계에서는 **회원국 확대**를 추진한다. 기존 파크골프 보급국 외에 잠재 회원국들을 발굴해야 하는데, 아직 파크골프가 없는 나라에는 장비와 코스 설립을 지원하며 **보급 사절단**을 파견하는 것도 한 방법이다. 예컨대 동남아나 유럽 소국 등에 **데모 코스**를 설치해주는 식으로 후원하면 그 나라 체육회가 관심을 갖고 가입할 수 있다.

세 번째 단계에서는 **국제대회 창설**이다. 월드컵 형식의 **세계 파크골프 챔피언십**이나 **대륙별 선수권**을 개최하여 종목의 국제 경쟁력을 높인다. 이미 한·일 등 교류전의 경험이 있으므로, 이를 격상시켜 **비공식 월드컵**부터 시작할 수 있을 것이다. 이렇게 대회를 열면 자연스레 미디어 노출과 스폰서 참여가 늘어나 연맹 활동에 활력이 생긴다.

마지막으로, 어느 정도 기반이 다져지면 IOC 등에 시범종목 신청을 검토할 수 있다. 파크골프는 올림픽 정식종목까지는 아니더라도, 세계 생활체육대회(TAFISA Games)나 **월드 마스터즈 게임** 등에 채택되어 국제 스포츠 무대에 등장할 잠재력이 있다. 이를 통해 얻는 인지도 상승은 다시 각국의 참여 확대를 부르는 선순환이 될 것이다.

K-월드국제파크골프연맹

착안 및 유의 사항

국제 연맹 결성을 추진하면서 유념할 몇 가지를 정리한다.

첫째, 문화적 차이와 교류 언어 문제이다. 일본과 한국은 지리적·문화적으로 가깝지만 언어가 다르고, 서구권과는 스포츠 문화가 다를 수 있다. 따라서 공식 언어로 **영어**를 사용하되, 주요 문서는 일본어, 한국어 등으로도 제공하여 소통 장벽을 낮춰야 한다.

둘째, 룰 표준화의 세부 사항에서 잡음이 있을 수 있다. 예를 들어 OB 처리나 코스 규격에 대한 나라마다 관행이 다를 수 있는데, 이것을 조율하는 과정에서 양보와 설득이 필요하다.

셋째, 정치적 중립성과 공정성이 중요하다. 어느 한 국가가 패권을 쥐는 모양새가 되면 다른 나라의 참여가 소극적일 수 있으므로, 의사결정에서 투명성과 객관성을 유지해야 한다. 이를 위해 외부 전문가나 스포츠 국제법 자문을 활용하는 것도 도움이 된다.

넷째, 연맹 명칭과 브랜드 관리이다. 이미 일부 그룹에서 "세계 파크골프 연맹"이란 이름을 쓰고 있을 수 있으므로(예: 비공식 페이스북 그룹) 이를 공식화할 때 "K-월드국제파크골프연맹"의 **상표권과 도메인** 확보도 신경써야 한다.

필요하면 명칭을 약간 조정하거나(예: K-world Park Golf Association, International Park Golf Federation, World Park Golf Federation 등) 사전에 조율한다.

다섯째, 회원국 내 균형 발전 지원이다. 국제연맹이 결성되면 선진 회원국은 앞서 나가고 후발 회원국은 뒤처질 수 있는데, 연맹 차원에서 **훈련 코치 파견, 장비 기증, 연수 프로그램** 등으로 후발국을 지원하면 글

로벌 파크골프의 풀뿌리를 튼튼히 할 수 있다.

이상과 같은 전략과 절차를 밟아간다면, 머지않아 전 세계 파크골프 인들의 염원이자 목표인 **글로벌 파크골프 연맹**이 현실화될 수 있을 것이다. 이는 단순히 조직 하나 만드는 것을 넘어, 파크골프가 **글로벌 생활스포츠 브랜드**로 성장하는 결정적 전기가 될 것이다.

일본의 사례 연구

1. 공인코스·데이터베이스 운영

일본 NPGA는 전국 공인코스 목록/지도·대회정보·영상 자료를 공식 사이트에서 제공하고, 지역연합 및 코스별 등록관리로 전국 네트워크를 촘촘히 운영. (코스 인증은 신뢰성과 대회개최의 전제 조건).

2. 정기 대회 캘린더와 지역연합 구조

일본은 광역·지방 연합회를 통한 지역대회→전국대회 연계 구조가 잘 잡혀 있음

(예: 홋카이도 오픈, 国際大会 등). 이를 통해 참가자·심판·지도자 풀(pool)을 안정적으로 확보.

3. 교육·홍보 콘텐츠(영상·매뉴얼)

NPGA는 '처음부터 쉽게'식의 동영상·체조·매뉴얼을 배포해 입문장벽을 낮춤.

4. 코스 설계 전문성(컨설턴트 활용)

설계·타당성·운영 플랜 전문회사(일본의 JPC 등)가 있어 공공 사업 제안에 전문적 패키지(설계+유지관리계획)를 제공. 이는 공신력과 지자체 설득력을 높임.

한국·일본 비교 — 차별화 포인트

항목	일본(벤치마크)	한국(현황)	기회(한국협회 설립 시 차별화 포인트)
조직망	전국 공인코스 DB + 지역 연합 촘촘	지역별 활동 활발하나 중앙표준화·DB 부족	중앙표준(공인코스·지도자) + 디지털 플랫폼 제공. Park Golf +1
대회운영	정기 전국·국제대회 체계화	지역대회 중심, 전국적 통합캘린더 약함	연간 통합캘린더·리그제 도입 → 참여유도
코스설계·품질	전문 설계사·인증 체계 존재	지자체·민간 혼재, 품질 편차	코스등급·설계·유지보수 인증 사업으로 컨설팅 수익 창출. jpac·pg.com
교육·콘텐츠	영상·매뉴얼 풍부	콘텐츠 다양화 필요	디지털 교육(온라인 자격, AR 설명서)로 확장
수익모델	대회·투어·설계·교육	공공지원·회원회비 중심	관광패키지·장비인증·설계수주·디지털서비스로 다변화

차별적 전략

1. 국가 공인 '코스 등급·인증제' + 디지털 지도·검색 플랫폼

사용자는 등급별(입문/중급/경쟁) 검색, 지자체는 인증 신청 → 플랫폼 수수료·광고 수익 가능.

2. '파크골프 관광 패키지' 상업화(지역 연계)

지자체와 협약해 숙박·음식·체험·대회를 묶은 상품 판매. (일본 관광 연계모델 참조).

3. 지도자·심판 온라인 하이브리드 인증 프로그램

이러닝 + 현장 실습/시험(지역 지부와 협업) — 교육비 수입 확보.

4. 코스 설계·유지관리 컨설팅(유료 서비스)

표준설계 패키지(기본설계+잔디선정+배수+유지관리프로그램).

5. 장비·안전 인증 라벨 도입

국내외 장비(클럽/공) 안전·규격 인증 → 브랜드 licensing·인증수수료.

6. 연구·데이터 기반 '보건연계 프로그램'

노년층·재활·정신건강 프로그램 개발 → 보건기관·지자체 예산 확보
가능.

예산·성과 KPI (초기 3년 플랜)

1. 초기설립 비용(1회):

사무실·IT플랫폼·초기인건비·법인등록·홍보

2. 연간 운영비(1년차):

인건비(6명) + 사무비 + 대회운영 + 교육비

3. 수익(목표): 1년차 회원회비·교육·콘설팅으로 3년차 흑자전환 목표.

구분	1년차 (창립기)	2년차 (성장기)	3년차 (확장기)
수입			
회원 회비	₩40,000,000	₩80,000,000	₩150,000,000
교육/자격증	₩30,000,000	₩70,000,000	₩120,000,000
컨설팅/코스인증	₩20,000,000	₩60,000,000	₩100,000,000
대회·이벤트 수익	₩10,000,000	₩50,000,000	₩100,000,000
관광연계(지자체)	₩0	₩30,000,000	₩80,000,000
후원/기부금	₩30,000,000	₩50,000,000	₩70,000,000
총수입	₩130,000,000	₩340,000,000	₩620,000,000
지출			
인건비(6~10인)	₩70,000,000	₩120,000,000	₩160,000,000
사무실 및 운영비	₩20,000,000	₩25,000,000	₩30,000,000
교육비/대회비	₩15,000,000	₩40,000,000	₩80,000,000
IT 플랫폼/웹 유지	₩10,000,000	₩20,000,000	₩30,000,000
홍보/마케팅비	₩5,000,000	₩15,000,000	₩25,000,000
기타 예비비	₩5,000,000	₩10,000,000	₩15,000,000
총지출	₩125,000,000	₩230,000,000	₩340,000,000
예상 잉여금	₩5,000,000	₩110,000,000	₩280,000,000

KPI 예시: 1년차: 회원 2,000명, 공인코스 50개, 지도자 500명.

3년차: 회원 10,000명, 공인코스 300개, 연간 대회 30회,

관광패키지 5개 상품 출시.

리스크와 완화전략

- **리스크**: 초기 회원·수익 확보 지연

- **완화**: 지자체 파트너십(시범사업), 대회·프로모션으로 초기 사용자 풀 확보.

- **리스크**: 코스 품질·관리 격차

- **완화**: 코스등급·기술매뉴얼·유지관리 교육 제공(컨설팅 수익화).

- **리스크**: 규정·법적 문제(지적 재산·표준)

- **완화**: 법률자문·명확한 이용약관·데이터관리체계 구축.

단계별 실행 로드맵

- **0단계(준비, 0-3개월)**: 발기인 모임, 창립 준비위원회 구성, 정관 초안 확정(위 문서 참조), 설립총회 일정 확정.

- **1단계(설립~12개월)**: 사무국 출범, 웹·플랫폼(코스DB) MVB 출시, 1년차 교육·대회 운영, 지자체 5곳 시범사업.

- **2단계(12~36개월)**: 공인코스 확대, 관광패키지 출시, 설계·컨설팅 사업 전개, 국제교류(일본 NPGA와 MOU 추진).

법적·행정적 체크리스트

- **법인 형태**(사단법인·재단·공익법인 등) 결정(공익적 목적이면 공익법인 논의)

- **세무·회계 기준 설정, 외부감사 여부**

- 개인정보·회원 DB 관리(개인정보보호법 준수)

- 지자체·체육단체(대한체육회 등) 협의(스포츠 종목 인정 여부 검토)

- 상표(협회명·로고) 등록

로고 & CI 디자인

✓ 디자인 방향성

- 자연·환경·건강·글로벌 연맹의 이미지를 동시에 표현

- 파크골프의 핵심 요소: 골프공 / 홀컵 / 스윙 라인 / 필드 곡선 / 잔 디 패턴

- 신뢰감 있는 공식 연맹 톤, 단순하면서도 국제 연맹 수준의 심볼

✓ CI 메인 컬러 제안

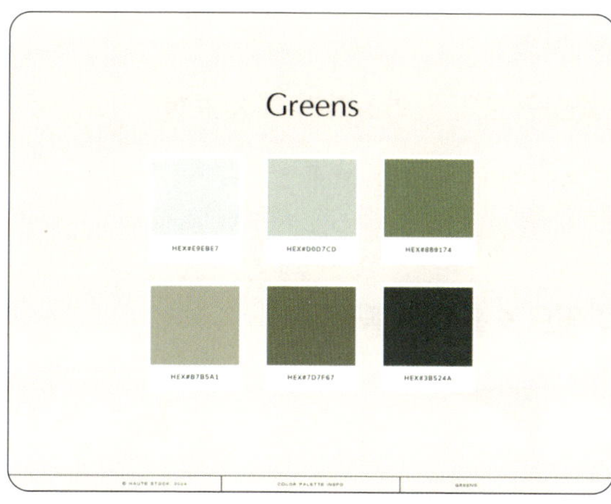

- **Primary Green**: HEX #1FAF5B

  자연·생명력·성장을 상징하는 밝고 선명한 그린

- **Deep Forest Green (Sub):** HEX #0D5A2C

  공신력·안정감·공식 스포츠 협회의 상징색

- **Accent Lime:** HEX #A8E763

  젊은 에너지·활동성 강조

✓ 로고 타입 ① — "월드 + 파크골프 심볼형"

- **특징**

  - 지구(ON WORLD)의 곡선 + 골프공 딤플 패턴 결합

  - 글로벌 연맹의 위상을 강조

  - 필드 곡선을 추가해 파크골프의 자연친화적 특징 표현

  - 간결하지만 국제스포츠연맹에 적합한 형태

✓ 로고 타입 ② — "잔디 필드 + 홀컵 심볼형"

- **특징**

  - 홀컵 + 깃발(Flagstick) 형태를 연맹 심볼로 단순화

  - 잔디 3선(Green stripes) → 3개 대륙·3개 협력축을 상징

  - 홈페이지, 유니폼, 협회기 제작에 적합

✔ 로고 타입 ③ — "O·W 조합 모노그램형"

- **특징**

  - O와 W를 겹쳐 만든 프리미엄 스포츠 연맹용 모노그램

  - 고급스럽고 국제 스포츠 브랜드 느낌

  - 정장, 기념패, 연맹 뱃지, 메달에 적합

✔ 로고 타입 ④ — "파크골프 스윙 라인형"

- **특징**

  - 스윙 곡선 1~2개로 'ON WORLD'의 에너지, 확장, 성장 표현

  - 심플하지만 세련된 공식 로고 이미지

  - 다양한 환경(배너, 인쇄물, 디지털)에 사용성이 매우 높음

CI 기본 규정 초안

1. 로고 구조

- Primary Logo: 심볼 + Wordmark

- Secondary Logo: 심볼 단독

- Monogram: OW 단독형

2. 컬러 규정

- Main Green #1FAF5B

- Forest Green #0D5A2C

- Lime Accent #A8E763

- Black #000000

- White #FFFFFF

3. 폰트 제안

- 영문: Montserrat / Gotham / Noto Sans

- 한글: 노토산스 / 프리텐다드

4. 활용 예시

- 협회기 / 유니폼 / 골프티 / 볼마커 / 사인보드 / 공식 문서 / PP

홈페이지 구성 시안

1. 메인 페이지 (HOME)

목적

공신력 + 국제성 + 제도화를 첫 화면에서 즉시 전달

• **메인 히어로 영역**

• **슬로건** "Standardizing Park Golf. Connecting the World."

파크골프의 표준을 만들고, 세계를 연결하다

• **배경:** 파크골프 코스 / 자연 / 국제대회 / 시니어·가족 이미지 믹스

• **CTA 버튼**

[연맹 소개] / [회원 가입] / [코스 인증 신청] / [국제 협력 문의]

- **핵심 지표(신뢰 강조)**

  - 공인 코스 수

  - 자격 보유 지도자·심판 수

  - 연간 대회 수

  - 국제 협력 국가 수

2. 연맹 소개 (ABOUT OPGF)

3. 조직도 & 거버넌스 (GOVERNANCE)

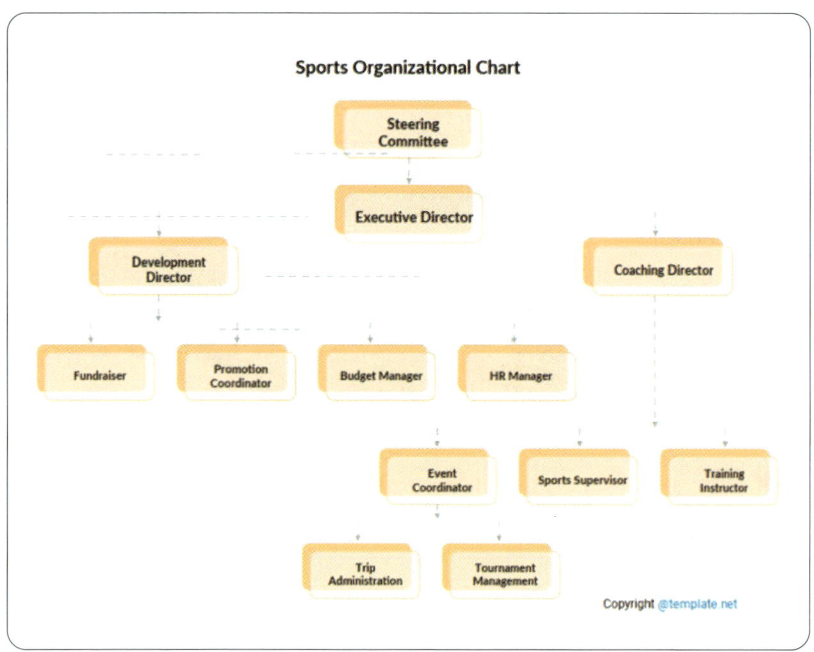

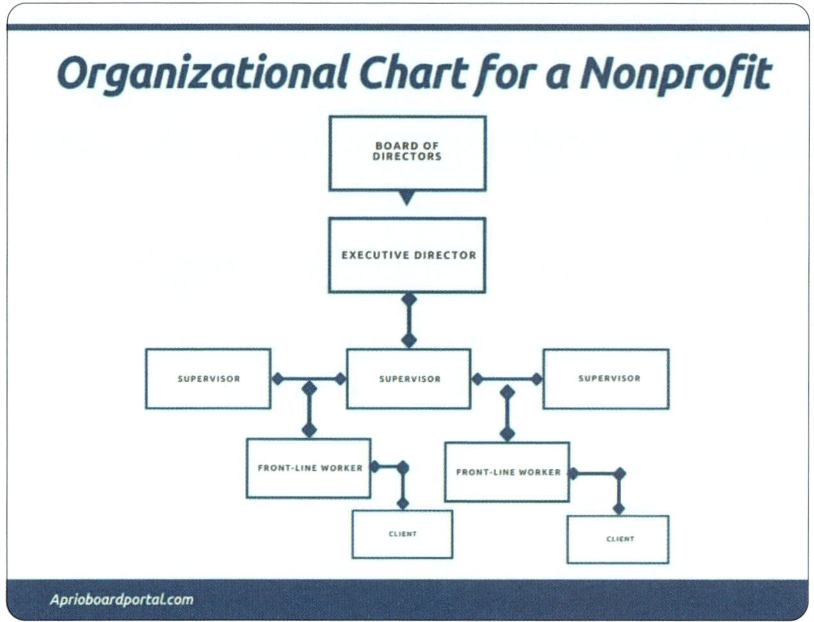

4. 사업 & 프로그램 (PROGRAMS)

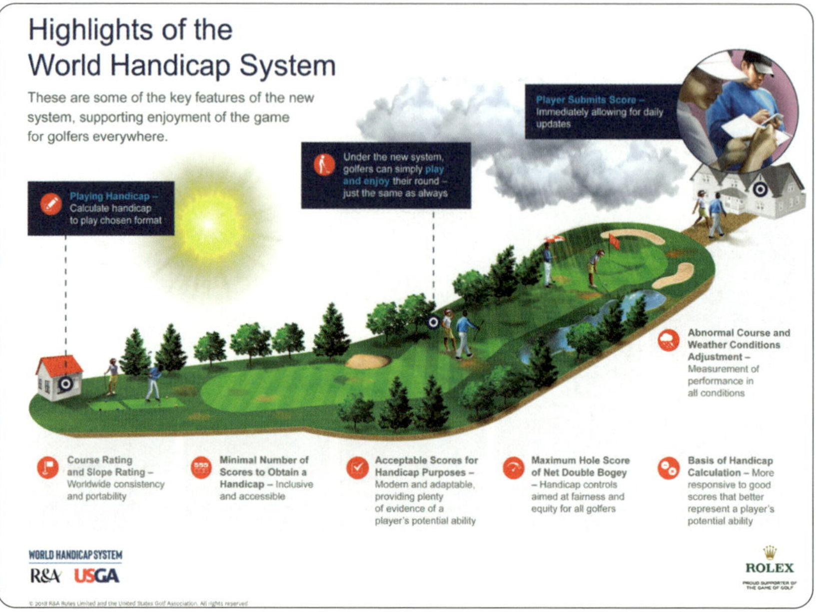

4-1. 코스 인증·등급제

- 1~3등급 설명

- 인증 절차

- 신청 → 심사 → 공인 흐름도

시범 사업용 공인코스 인증 심사표

항목	세부평가내용	배점	평가결과
1. 기본요건	부지면적(18홀 이상), 접근성, 안전구역 확보	10	
2. 코스설계	홀 간 거리, 경사, 난이도 균형, 페어웨이 폭	20	
3. 잔디 및 관리상태	잔디종류, 유지관리계획, 배수/관수 시스템	20	
4. 안전시설	펜스, 표지판, 비상대피시설, 공 안전거리	15	
5. 편의시설	휴게공간, 화장실, 음수대, 주차장	10	
6. 환경조화성	자연경관, 생태보존, 소음·경관조화	10	
7. 운영관리체계	운영자 자격, 관리인 배치, 점검 주기	10	
8. 접근성 및 포용성	장애인 접근, 노약자 안전성	5	
총점	100점 만점	인증기준: 80점 이상	

심사결과 :

- **80점 이상:** 공인코스 1등급 (National Certified)

- **60~79점:** 인증예비코스 (Provisional)

- **60점 미만:** 보완 후 재심사

(심사위원 3인 이상 평가, 평균 점수 적용)

연맹 인증 공인 코스_심사 매뉴얼

1. 표지

- 온월드파크골프연맹 공식 로고 적용

- 교육 목적 명확화

2. 매뉴얼 목적

- 심사위원·운영자 교육 자료

3. 인증 제도 소개

- Why 인증이 필요한지 / 적용 범위

4. 전체 심사 절차

- (신청 → 일정 조율 → 실사 → 평가 → 심의 → 인증)

5~8. 심사 항목별 기준

- 코스 규격

- 안전성

- 환경·지형

- 편의시설

- 운영·관리

9. 점수 체계

- 100점 기준 / 합격 & 재심사 기준

10~11. 현장 심사 체크리스트

- 부적합 사례

12. 인증 유지 관리

- 유효기간·재심사·개선 권고 절차

13. 보고서 작성법

- 사진·측정중심 근거 기반 평가

14. 전체 교육 요약

- 심사자 핵심 역량 강조

15. 문의처

- K-월드국제파크골프연맹 인증위원회 정보

공인 코스 인증 규정집 (초안)

K-World International Park Golf Federation

- OFFICIAL COURSE CERTIFICATION MANUAL

제1장 총칙

제1조(목적)

이 규정은 K-월드국제파크골프연맹(이하 "연맹")이 시행하는 공인 파크골프 코스 인증 제도의 기준, 절차, 평가 방법 및 사후 관리에 관한 사항을 명확히 규정함을 목적으로 한다.

제2조(정의)

공인 코스란 연맹이 정한 규격·안전·환경 기준을 충족하여 인증을 받은 코스를 말한다.

심사위원은 연맹이 위촉한 정식 자격 심사위원을 말한다.

심사표는 심사 항목별 평가 기록지를 의미한다.

운영기관이란 해당 코스의 관리·운영을 담당하는 법인 또는 기관을 말한다.

제3조(적용 범위)

이 규정은 국내 모든 파크골프 코스(18홀·27홀·36홀 포함)에 적용한다.

제2장 공인 코스 인증 기준

제4조(인증 분야)

인증은 다음 6개 분야의 종합평가로 이루어진다.

코스 규격

안전성

환경·지형

편의시설

운영·관리

종합 평가

제5조(코스 규격 기준)

각 홀은 규정된 거리 및 폭을 충족해야 한다.

티박스·페어웨이·그린의 규격은 연맹 규정에 따르며, 벙커·해저드는 적절히 배치되어야 한다.

코스 간 동선 및 홀 배치는 자연 지형을 고려해야 한다.

제6조(안전성 기준)

비비기 위험(사각지대)이 없어야 한다.

각 코스는 충분한 간격을 유지해야 한다.

낙상·침수·미끄럼 위험 구역은 보완장치가 있어야 한다.

안전표지판 및 보호 펜스는 필수 설치 항목이다.

제7조(환경·지형 기준)

조성 과정에서 자연 훼손을 최소화해야 한다.

배수 시스템은 강우 시에도 안전한 수준을 유지해야 한다.

경사도는 탄력적 경기 운영이 가능한 수준으로 설계한다.

식재·조경 상태는 양호해야 한다.

제8조(편의시설 기준)

주차시설은 이용자 수요에 대응 가능해야 한다.

화장실·정자·쉼터는 접근성이 좋아야 한다.

안내 사인·코스맵은 가시성과 일관성이 확보되어야 한다.

클럽하우스 및 관리동은 기본 기능을 갖추어야 한다.

제9조(운영·관리 기준)

잔디 상태는 안정적으로 유지되어야 한다.

정기 시설 점검이 이루어져야 한다.

응급 대응 매뉴얼이 구비되어야 한다.

관리 인력 배치가 적정해야 한다.

제3장 심사 절차 및 방법

제10조(심사 절차)

공인 코스 인증 절차는 다음과 같다.

신청 접수

서류 심사 (코스 배치도, 운영계획서 등)

현장 실측 심사

심사표 기록 및 점수 산정

심사위원 회의

최종 판정 및 통보

인증서·인증패 발급

제11조(심사 방법)

심사위원 2인 이상이 공동으로 평가한다.

심사는 체크리스트 방식(가/부 판정) 및 점수 방식(100점 만점)을 병행한다.

점수는 항목별 기본점수 + 가산점·감점 기준에 따라 부여한다.

제12조(합격 기준)

종합 점수 80점 이상이어야 한다.

안전성 분야에서 하나라도 치명적 결함이 발견되면 불합격 처리한다.

"보완 필요" 판정 시 운영기관은 보완 이행 후 재심사를 요청할 수 있다.

제4장 인증 후 관리

제13조(인증 유효기간)

인증 유효기간은 3년으로 한다.

제14조(정기 점검)

연맹은 매년 1회 이상 인증 코스에 대해 정기 관리 점검을 실시할 수 있다.

제15조(재인증)

유효기간 만료 3개월 전 운영기관은 재인증 신청을 해야 한다.

제16조(인증 취소)

다음 각 호에 해당하는 경우 인증을 취소할 수 있다.

안전성 심각 저하

기준 미준수 상태 방치

운영기관의 위법사항 발생

제5장 심사표(별표) : 공인 코스 인증 심사표

[별표 1] 기본 정보

코스명

위치

코스 규모(홀 수)

운영기관

심사일자 / 심사위원

[별표 2] 심사 항목(체크리스트)

1. 코스 규격

☐ 홀 길이 적정

☐ 티박스·그린 규격

☐ 페어웨이 폭·구성

☐ 해저드·벙커 배치

2. 안전성

☐ 사각지대 없음

☐ 코스 간 간격

☐ 낙상·침수 위험 없음

□ 안전시설 설치

3. 환경·지형

□ 경사·배수 적정

□ 자연훼손 최소화

□ 조경·식재 적정

4. 편의시설

□ 주차장

□ 휴식공간

□ 화장실

□ 안내 사인

5. 운영·관리

□ 잔디 관리

□ 정기 점검

□ 응급 매뉴얼

제6장 부칙

제17조(시행일)

이 규정은 연맹 내부 검토 후 공표한 날부터 시행한다.

4-2. 지도자·심판 자격제

- 레벨 1~3 설명

- 교육 일정

- 온라인 신청

4-3. 대회 운영

- 연간 캘린더

- 지역리그 / 전국 / 국제대회

4-4. 코스 설계·컨설팅

- 공공·민간 사업

- 제안서 다운로드

5. 국제 교류 (INTERNATIONAL)

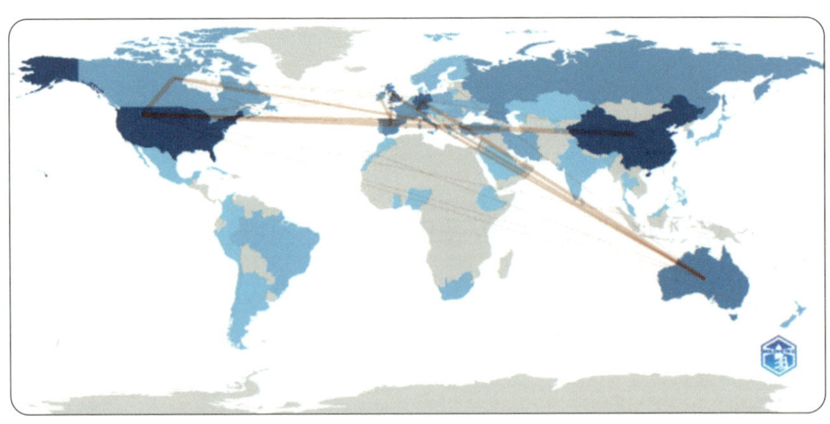

구성

- 일본·태국·중국·몽골·대만 등 협력 국가 지도

- MOU 현황

- 국제대회 갤러리

- 국제 협력 제안 페이지

6. 국가별 협회 & 네트워크 (NETWORK)

구성

- 국가별 / 광역 / 기초 지부 지도

- 지부 검색

- 동호회 등록

- 지역 행사 일정

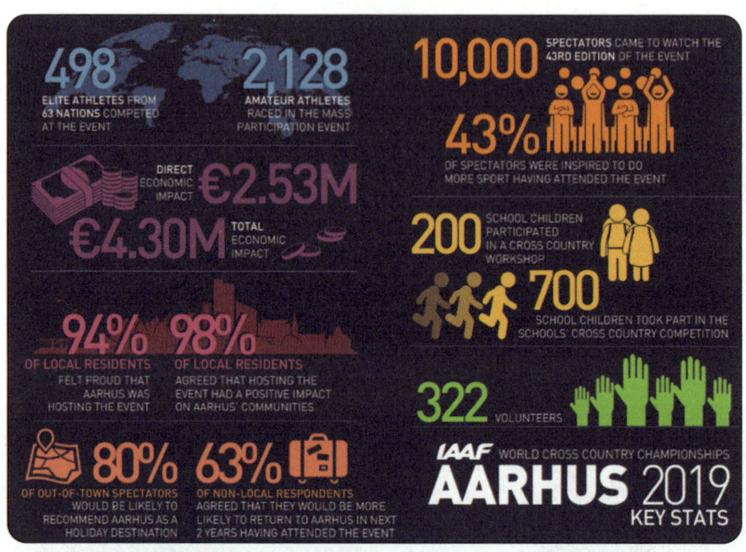
498
ELITE ATHLETES FROM
63 NATIONS COMPETED
AT THE EVENT
2,128
AMATEUR ATHLETES
RACED IN THE MASS
PARTICIPATION EVENT
DIRECT
ECONOMIC
IMPACT
€2.53M
€4.30M
TOTAL
ECONOMIC
IMPACT
94%
OF LOCAL RESIDENTS
FELT PROUD THAT
AARHUS WAS
HOSTING THE EVENT
98%
OF LOCAL RESIDENTS
AGREED THAT HOSTING THE
EVENT HAD A POSITIVE IMPACT
ON AARHUS' COMMUNITIES
80%
OF OUT-OF-TOWN SPECTATORS
WOULD BE LIKELY TO
RECOMMEND AARHUS AS A
HOLIDAY DESTINATION
63%
OF NON-LOCAL RESPONDENTS
AGREED THAT THEY WOULD BE MORE
LIKELY TO RETURN TO AARHUS IN NEXT
2 YEARS HAVING ATTENDED THE EVENT
10,000
SPECTATORS CAME TO WATCH THE
43RD EDITION OF THE EVENT
43%
OF SPECTATORS WERE INSPIRED TO DO
MORE SPORT HAVING ATTENDED THE EVENT
200
SCHOOL CHILDREN
PARTICIPATED
IN A CROSS COUNTRY
WORKSHOP
700
SCHOOL CHILDREN TOOK PART IN THE
SCHOOLS' CROSS COUNTRY COMPETITION
322 VOLUNTEERS
IAAF WORLD CROSS COUNTRY CHAMPIONSHIPS
AARHUS 2019
KEY STATS

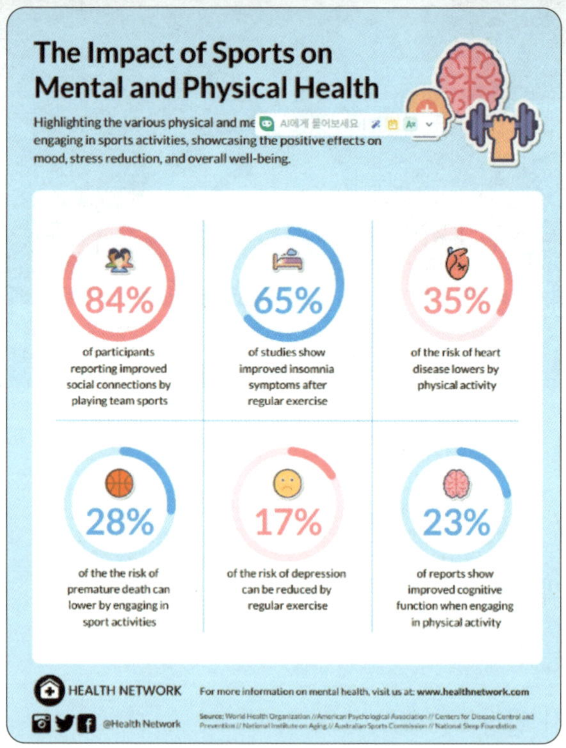
The Impact of Sports on
Mental and Physical Health
Highlighting the various physical and me
engaging in sports activities, showcasing the positive effects on
mood, stress reduction, and overall well-being.
84%
of participants
reporting improved
social connections by
playing team sports
65%
of studies show
improved insomnia
symptoms after
regular exercise
35%
of the risk of heart
disease lowers by
physical activity
28%
of the the risk of
premature death can
lower by engaging in
sport activities
17%
of the risk of depression
can be reduced by
regular exercise
23%
of reports show
improved cognitive
function when engaging
in physical activity
HEALTH NETWORK
For more information on mental health, visit us at: www.healthnetwork.com
@Health Network
Source: World Health Organization // American Psychological Association // Centers for Disease Control and
Prevention // National Institute on Aging // Australian Sports Commission // National Sleep Foundation

8. 뉴스 & 공지 (NEWS)

구성

- 공지사항
- 대회 결과
- 보도자료
- 연맹 공식 성명

9. 회원 & 참여 (MEMBERSHIP)

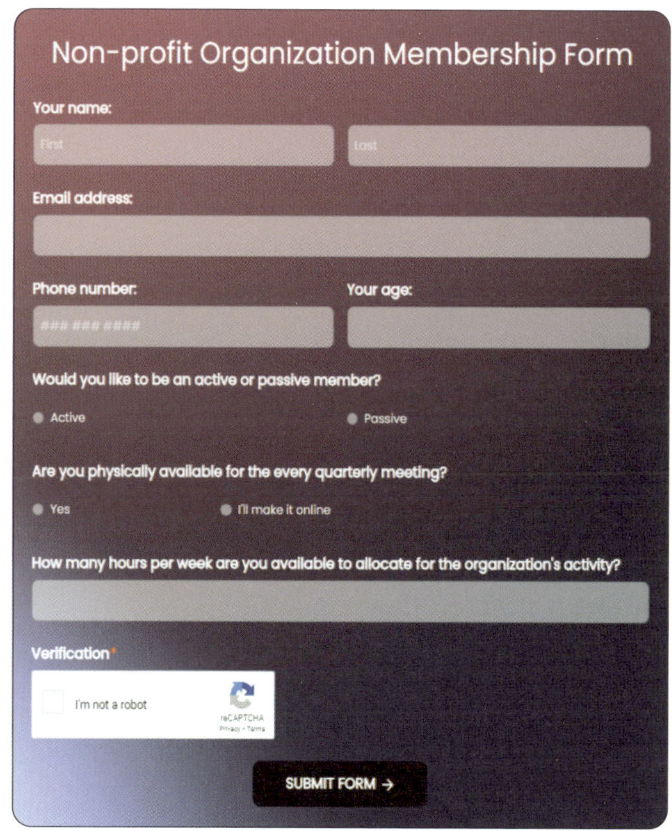

구성

- 회원 유형 안내

- 회원 혜택

- 온라인 가입

- 회비 안내

자료실 (RESOURCES)

- 구성

- 정관 전문

- 규정집

- 신청서 다운로드

- CI·로고 사용 가이드

푸터 (Footer)

- 연맹 정보

- 정관·개인정보처리방침

- SNS / 국제 연락처

- 다국어 선택 (KR / EN / JP / MN)

디자인·UX 가이드

- 컬러: Green / Forest Green / White
- 톤: 국제 스포츠 연맹·공공기관 친화
- 모바일 우선 반응형
- 다국어 구조 기본 탑재

K-월드국제파크골프연맹 창립선언문
창립선언문 (Charter of Foundation)

서문 (Preamble)

파크골프는 공원에서 시작된 스포츠이자 모든 세대가 함께 즐길 수 있는 **가장 포용적인 생활체육**이다.

우리는 파크골프가 건강 증진, 지역 공동체 활성화, 그리고 국제적 연대와 평화를 촉진하는 **공공 스포츠 문화**로 발전해야 한다는 신념 아래 K-월드국제파크골프연맹(K-World International Park Golf Federation)을 창립한다.

제1조 (설립 목적)

K-월드국제파크골프연맹은 다음의 목적을 가진다.

- 파크골프의 국제적 보급과 지속 가능한 발전

- 경기 규칙, 코스 기준, 장비, 지도·심판 제도의 국제 표준화

- 생활체육과 프로 스포츠가 공존하는 글로벌 생태계 구축

- 건강·의료·치유·관광과 연계된 융합 스포츠 모델 확산

- 국가와 지역을 초월한 스포츠 교류 및 협력 증진

제2조 (핵심 가치)

연맹은 다음의 핵심 가치를 따른다.

포용(Inclusion): 연령, 성별, 국적을 초월한 참여

공정(Fairness): 투명하고 공정한 경기·운영 시스템

지속가능성(Sustainability): 환경과 사회를 고려한 발전

협력(Cooperation): 국가·기관·민간 간 연대

건강(Well-being): 예방 중심의 평생 건강 증진

제3조 (주요 기능)

연맹은 다음의 기능을 수행한다.

- 국제 파크골프 경기 규정 및 룰북 제정

- 코스 인증 및 시설 기준 관리

- 지도자·심판·선수 국제 자격 제도 운영

- 국제 대회 및 글로벌 투어 기획·운영

- 회원국 협회 간 교류 및 공동 프로젝트 추진

- 의료·헬스케어·미디어 기관과의 전략적 협력

제4조 (조직과 거버넌스)

연맹은 총회, 집행위원회, 사무국으로 구성된다.

모든 회원국은 동등한 권리와 책임을 가진다.

연맹의 모든 의사결정은 투명성과 합의를 원칙으로 한다.

정치적·종교적 중립성을 유지한다.

제5조 (국제 협력)

연맹은 아시아를 시작으로 세계 각국의 파크골프 단체, 정부 기관, 국제 스포츠 조직과 협력하여 글로벌 파크골프 네트워크를 구축한다.

선언 (Declaration)

우리는 선언한다.

파크골프는 단순한 스포츠가 아니라

사람을 연결하고 세상을 건강하게 만드는 공공 자산이다.

K-월드국제파크골프연맹은 한국에서 시작된 이 비전을 아시아로, 그리고 세계로 확장해 나갈 것이다.

본 선언문은 K-월드국제파크골프연맹 창립의 정신과 방향을 담은 최고의 기본 문서로서 그 효력을 가진다.

2025년 12월 8일

K-월드국제파크골프연맹창립총회에서 채택

K-월드국제파크골프연맹 의장 **김 홍 민**

K-월드국제파크골프연맹 & 한국온월드파크골프협회

김홍민 의장
K-월드국제파크골프연맹 의장

현)사단법인 한국통신판매사업자협회 회장
현)서울벤처대학원대학교 교수
현)사단법인 사랑의손잡기실천본부 이사
현)주)저스트아이디어 대표이사

저.역서: 월드레저스포츠의 미래,경영과 골프철학, 취업 면접 우문현답, 가치경영, 스마트관광정보론, 미션 파셔블, 스토리텔링 한국 생태관광, 모바일 콘텐츠 기획 실무,해외 구매대행 도전과 성공

1. **17개 광역시도 파크골프 단체 통합 및 프로 파크골프 선수단구성**
2. **협력기관**
   대한종합병원협회, 전국 17개 대형종합병원 단체 온병원그룹, 한국승강기대학, 자치경찰위원회 한국아파트협회, 전국아파트연합, 한국건강대학
3. **주관방송**
   ONN닥터TV 중계방송

정근 온그룹원장
한국온월드파크골프협회 회장
온그룹프로파크골프선수단 구단주
현)대한결핵협회 회장
현)부산광역시 의사회 회장
현)ON그룹회장 의학박사

4. **준비위원회**
   정근 온그룹 회장
   임종수 ONN TV 대표
   김철준 자치경찰위원장
   제권진 좋은 EV 대표
   이승호 온라이프상조 전무
   권재현 온그룹 실장
   이현석 승강기대총장
   김점선 한국아파트사무총장
   정수남 부산시노인체육회 부회장
   이창진 온월드파크골프연맹 여성회장
   배진영 판테온 파크골프 대표

한국온월드파크골프협회

한국프로파크골프선수단

K-월드국제파크골프연맹

한국온월드파크골프협회/ 온그룹프로파크골프선수단
글로벌 전략 선언문

"공원에서 시작된 스포츠, 세계를 잇는 문명이 되다"

파크골프는 단순한 여가 활동이 아닙니다.

그것은 **사람의 삶을 회복시키고, 지역을 살리며, 국가와 국가를 연결하는 공공 스포츠**입니다. 파크골프가 가진 이 본질적 가치를 제도와 정책, 그리고 국제 협력의 언어로 완성시키고자 **온월드파크골프연맹의 설립과 온그룹프로파크골프선수단 창단을 선언합니다.**

한국은 세계 최초로 **프로 파크골프 제도**를 제도화한 국가입니다. 이는 생활체육과 전문 스포츠 사이의 경계를 허물고, 파크골프를 하나의 **지속 가능한 스포츠 산업이자 문화 자산**으로 끌어올린 결정적 전환점이었습니다.

이제 우리는 한 단계 더 나아가야 합니다.

제도는 전략으로, 전략은 국제 표준으로 확장되어야 합니다.

온월드파크골프연맹은 다음과 같은 정책적 방향성을 분명히 합니다.

첫째, 파크골프를 고령사회 대응형 국가 건강 스포츠로 정립합니다.

둘째, 경기 규정·코스 기준·지도자·심판 체계를 국제적으로 표준화합니다

셋째, 지역 기반 생활체육과 프로 시스템이 공존하는 구조를 설계합니다.

넷째, 아시아를 중심으로 한 글로벌 파크골프 연맹 네트워크를 구축합니다.

울주 온양 발리산을 중심으로 조성될 전용 파크골프 경기장과 테마형 건강 리조트 단지는 스포츠·관광·치유·교육이 융합된 새로운 공공 모델이 될 것입니다.

또한 ONN닥터TV와의 연계를 통해 의료·헬스케어 콘텐츠와 운동을 결합한 **예방 중심의 건강 플랫폼**을 실현하고자 합니다.

파크골프는 경쟁을 넘어 **공존의 스포츠**입니다.

연령, 성별, 국적을 초월해 누구나 같은 잔디 위에 설 수 있는 이 스포츠는 오늘날 분절된 세계에 필요한 새로운 연대의 언어가 될 수 있습니다.

온월드파크골프연맹과 온그룹파크골프 프로선수단은 다음과 같이 선언합니다.

우리는 파크골프를 통해 지역을 연결하고, 아시아를 하나로 묶으며, 세계가 함께 공유할 수 있는 공원형 스포츠 문명을 만들어갈 것입니다.

공원에서 시작된 이 작은 공 하나가 세계의 건강과 평화를 잇는 매개가 되기를 바라며, 그 길의 중심에 한국이 서겠습니다.

K-월드국제파크골프연맹　　　　　　한국온월드파크골프협회

의장 **김 홍 민**　　　　　　회장 **정　　근**

ON
WORLD
PARKGOLF
ON
WORLD
PARKGOLF
ON
WORLD
PARKGOLF
ON
WORLD
PARKGOLF

한국온월드파크골프협회 & 한국프로파크골프선수단 사업 전략안

핵심 비전

**"한국을 넘어 아시아를 대표하는
공원형 스포츠·건강·문화 생태계 구축"**

파크골프를 **전 세대의 생활스포츠**로 확장

의료·헬스케어 콘텐츠(ONN닥터TV)와 연계해 **건강·운동 융합 플랫폼**으로 발전

울주 온양 발리산 154-8을 **전용 파크골프 경기장 + 테마 건강 리조트 단지**로 개발

몽골·일본·중국, 태국 등 동남아와 연결되는 **글로벌 파크골프 교류 연맹 체계** 구축

조직 설립·출범 전략

1. K-월드국제파크골프연맹 설립 전략 (의장: 김홍민 교수)

핵심 역할

한국·아시아 등 글로벌 파크골프 정책 및 표준화 주도

국제 경기 규정, 코스 인증, 레슨·심판·지도자 양성 제도 구축

지역(울주/부산/경남/대구.경북) 중심의 **생활체육 기반 확대**

몽골·일본.태국 .중국 등 해외와 글로벌 연맹 네트워크 구축

초기 1년 계획

연맹 창립 총회 & 비전 발표

지도자 자격제도 / 심판제도 시행

온월드 파크골프 마스터즈(연 2회) 대회 개최

ONN닥터TV와 협력한 "파크골프 건강 콘텐츠" 송출

울주 온양 전용 구장 설계·착공

부산 온병원 하늘정원 실내스크린파크장 개설

중국, 태국, 몽골 국가별 협회 MOU 체결

2. 한국프로파크골프선수단 창립 전략 (단장: 정근 온그룹 회장)

핵심 역할

국내 최초 프로 파크골프팀 브랜드 가치 창출

선수 발굴 → 전문 코칭팀 운영 → 경기력 강화 시스템 구축

연맹 공식 대회에 프로 참여 → 스포츠 산업화 선도

지역·지자체 홍보대사 역할 (울주군/부울경 중심)

초기 1년 계획

프로선수 6~12명 선발

전용 파크골프장 (발리산 부지 내) 구축 추진

부산 온병원 하늘정원 실내스크린파크 연습장 개설

ONN닥터TV "프로선수단 다큐 & 트레이닝 프로그램" 제작

연맹 공식 대회 출전/홍보 모델 활동

3. 부지 개발(울주 온양 발리 154-8) 전략

마스터플랜

부지를 "파크골프·건강·휴식 복합 단지"로 개발하여 연맹과 프로팀의 전용 베이스캠프로 활용.

구성 요소

온월드 파크골프 전용 경기장 (18~36홀)

프로선수단 트레이닝 센터

헬스·재활센터 + ONN닥터TV 스튜디오

글램핑·캐빈형 숙박 시설

건강식 레스토랑 / 카페

숲속 산책길 + 힐링 포레스트

대회 운영센터 & 아카데미 강의실

4. ONN닥터TV 연계 전략

파크골프 + 건강 융합 콘텐츠

"파크골프 다이어트 챌린지"

50대·60대·70대 건강미션: 혈압·혈당 개선 프로젝트

프로선수단 트레이닝 리얼스토리

의사 출연 건강 강의 + 운동 처방

몽골·일본.증국 선수단과의 글로벌 교류 콘텐츠

ONN닥터TV 채널 활용 방향

파크골프 전문 카테고리 신설

연맹 공식 방송 파트너로 지정

매주 1회 정기 콘텐츠 (레슨, 건강, 재활, 대회 브이로그 등)

현장 대회 생중계·쇼츠 제작

5. 공동 프로젝트 로드맵(3년)

초기 1년차 (2026) - 기반 구축

연맹 창립·프로선수단 창립

울주 발리 부지 개발 착공

ONN닥터TV 협업 콘텐츠 50편 제작

지도자·심판·코치 양성

온그룹 동호인 기수별 월례 대회 개최

1차 지역 대회 개최

태국(3월). 중국(5월). 몽골(6월, 8월) 연맹과 국제 대회 개최

2년차 (2027) - 확장 & 수익화

전용 구장 1단계 오픈

연 4회 대회 / 원데이 클래스 / 아카데미 수강료 수익

선수단 스폰서십 유치

건강·운동 관련 IP 사업화

태국. 중국. 일본, 몽골 연맹과 국제 대회 개최

3년차 (2027) - 글로벌 연맹 도약

아시아 파크골프 챔피언십

해외 투어 개최

글로벌 콘텐츠 플랫폼 운영

발리 부지 리조트·숙박 사업 본격화

파크골프 인증시스템(코스·장비·지도자) 수출

6. 핵심 추진 전략

파크골프 산업화 아이디어

프로선수단 소속 브랜드 굿즈 출시

어린이·청소년 파크골프 아카데미

기업·단체 연수 프로그램

시니어 건강 운동 교실

파크골프용 스마트 거리측정기 개발

콘텐츠·미디어

프로선수단 미니 다큐 시리즈

"파크골프 의학 Talk" 전문 토크쇼

ONN닥터TV와 공동 라이브 커머스

월간 파크골프 매거진(전자책)

지역·관광 연계

울주 파크골프 페스티벌

글램핑+파크골프 체험 패키지

파크골프 관광 루트(온양~언양~울산) 구축

추진 전략 준비 자료

✔ 연맹 공식 창립 제안서(PDF)

✔ 조직도 / 사업계획서 / 재정계획서

✔ 발리 부지 개발 기본 계획(도면 포함)

✔ ONN닥터TV 공동 운영 협약서

✔ 프로선수단 출범식 기획안

✔ 파크골프장 마스터플랜 이미지·3D 시안

✔ 홍보 포스터 / 로고 / 브랜딩 키트

한국 온월드파크골프협회
전략적 조직 구성, 주요 활동 로드맵

1. 설립 목적·미션

- **목적:** 파크골프(Park Golf)의 보급·표준화·경쟁력 강화를 통해 건강·
  여가·국가 및 지역 활성화에 기여한다.

- **미션:** 안전하고 접근성 높은 생활 스포츠로서 파크골프의 규칙·시
  설·지도자·대회·관리를 표준화하여 전국적 네트워크를 구축하고 국
  제 교류를 촉진한다.

2. 권장 조직 구성

- **규모:** 초기 사업(설립 1~2년): 직원 6~12명,

  장기(국가협회): 20~40명 + 지방지부 자원봉사/유료 스태프)

- **상위조직:**

  총회(의장: 회원 의결기구)

  이사회(이사장) ― 전략·재정·정책 승인

  감사(감사위원회)

- **집행조직(사무국)**

  사무국장 ― 운영 총괄

  사무국(팀) ― 운영팀(대회·회원관리·지부지원)

  　　　　　기술·코스팀(코스인증·설계 자문·잔디관리 가이드)

  　　　　　교육·심판팀(지도자·심판·심사 기준)

  　　　　　홍보·마케팅팀(브랜딩·관광 연계·디지털플랫폼)

  　　　　　재무·행정팀(회계·행정·대외협력)

- **자문·위원회(상설)**

  경기·규칙위원회 (경기규정, 핸디캡 체계, 대회운영)

  코스·인증위원회 (코스 인증·등급·설계 가이드)

  교육·지도자위원회 (지도자 자격과정·교재)

  장애인·시니어·복지위원회 (접근성 가이드라인)

  국제교류위원회 (일본·태국. 몽골 등 아시아 연계)

  윤리·징계위원회

- **국가/지역망**

  국가별/ 광역(도/광역시) 지부 → 시·군·구 지부 → 동호회 네트워크

  (국가&지역 연합과 촘촘한 코스 네트워크로 각종 행사·대회 운영)

3. 주요 활동(연간 핵심 프로그램)

코스 인증·등급제 도입

- 1~3등급(입문·중급·챔피언)으로 공인 코스 등록·표준을 제정.

- KPI: 1년차 50개 공인코스 등록, 3년차 300개.

- 근거: 일본 NPGA의 '공인 코스' 체계 및 전국 등재 시스템.

지도자·심판 양성(자격증)

- 레벨 1(입문), 레벨2(현장지도), 레벨3(심판·전문) 과정 운영.

- KPI: 1년차 500명, 3년차 2,500명 자격 보유.

대회 운영·캘린더 구축

- 지역리그 → 전국대회(챔피언십) → 국제초청(일본 교류 포함).

- KPI: 연 10회 이상 전국공식대회, 지역리그 50개 이상.

- * 일본 사례: 연간 지역대회와 '北海道オープン', '国際大会' 등 정기
  대회 운영.

코스 설계·컨설팅 서비스

- 공공·민간 사업 수주: 부지 타당성, 설계, 유지관리 매뉴얼 제출.

- 연계: 일본의 파크골프 설계 컨설턴트 네트워크 참조. jpac-pg.
  com

홍보·관광 연계(지역활성화 패키지)

- '파크골프 투어' 패키지 개발(숙박·체험·대회 연계).

- KPI: 2년차부터 지자체와 5개 관광상품 론칭.

표준·장비 인증(품질)

- 안전·규격(클럽 길이, 공 재질 등) 가이드·인증.

(한국의 장비 다양성·OEM 문제에 대비)

연구·데이터(건강효과 및 경제성)

- 파크골프의 건강 효과(걷기, 근력 등)·지역경제 파급 연구 수행.

K-월드 국제 파크골프연맹 정관(안)
K-World International Park Golf Federation(KPGF)

제1장 총칙

제1조 (명칭)

본 연맹은 K-월드국제파크골프연맹이라 하며, 영문으로는 K-World International Park Golf Federation(KPGF)라 한다.

제2조 (목적)

본 연맹은 파크골프(Park Golf)의 보급·표준화·경쟁력 강화를 통해 각 국가별 국민의 건강 증진, 건전한 여가문화 확산, 국가 및 지역사회 활성화에 기여함을 목적으로 한다.

제3조 (미션)

본 연맹은 안전하고 접근성 높은 생활 스포츠로서 파크골프의 규칙·시설·지도자·대회·관리체계를 표준화하고, 전국적·국제적 네트워크 구축과 교류를 촉진한다.

제4조 (소재지)

본 연맹의 본부는 창립시에는 대한민국에 두며, 국가별 협회와 해당

국내 외에 지부 및 사무소를 둘 수 있다.

제2장 사업

제5조 (주요 사업)

본 연맹은 다음 각 호의 사업을 수행한다.

파크골프 코스 인증·등급제 운영(입문·중급·챔피언)

지도자·심판 자격제도 운영 및 교육

지역·전국·국제 대회 운영 및 캘린더 관리

파크골프 코스 설계·컨설팅 및 유지관리 가이드 제공

파크골프 장비·시설의 안전·규격 표준 및 인증

파크골프 관광 연계 사업 및 지역 활성화 프로그램

건강·복지·경제 효과에 관한 연구 및 데이터 구축

국제 교류 및 해외 단체와의 협력

기타 연맹의 목적 달성에 필요한 사업

제 3장 회원

제6조 (회원의 종류)

연맹의 회원은 다음과 같이 구분한다.

정회원: 국가·광역·지역 파크골프 협회 및 연맹이 승인한 단체

준회원: 동호회, 기관, 기업, 교육기관

개인회원: 지도자·심판·선수·일반 회원

명예회원: 연맹 발전에 공헌한 인사

제7조 (회원의 권리와 의무)

① 회원은 연맹이 주관하는 사업에 참여할 권리를 가진다. ② 회원은 회비 납부 및 정관·규정을 준수할 의무를 가진다.

제4장 조직

제8조 (조직 체계)

연맹은 다음의 조직을 둔다.

총회

이사회

감사(감사위원회)

사무국

상설 위원회

국가·지역 협회

제5장 총회

제9조 (총회의 구성)

총회는 정회원으로 구성하며, 연맹의 최고 의결기구로 한다.

제10조 (총회의 권한)

총회는 다음 사항을 의결한다.

정관 제·개정

의장 및 이사장 선출

사업계획·예산 승인

기타 중요 사항

제6장 이사회

제11조 (구성)

이사회는 이사장 1인과 이사로 구성한다.

제12조 (권한)

이사회는 연맹의 전략·정책·재정·중장기 사업을 심의·의결한다.

제7장 감사

제13조 (감사)

감사는 연맹의 회계 및 업무 전반을 감사하며, 총회에 보고한다.

제8장 사무국

제14조 (사무국)

연맹의 집행기구로 사무국을 두며, 사무국장은 운영 전반을 총괄한다.

제15조 (사무국 조직)

사무국에는 다음 팀을 둔다.

운영팀 (대회·회원·지부 지원)

기술·코스팀 (코스 인증·설계·관리 가이드)

교육·심판팀 (지도자·심판 양성)

홍보·마케팅팀 (브랜딩·관광·디지털 플랫폼)

재무·행정팀 (회계·행정·대외협력)

제9장 위원회

제16조 (상설 위원회)

연맹은 다음의 상설 위원회를 둔다.

경기·규칙위원회

코스·인증위원회

교육·지도자위원회

장애인·시니어·복지위원회

국제교류위원회

윤리·징계위원회

각 위원회는 세부 규정에 따라 운영한다.

제10장 국가 및 지역 조직

제17조 (협회)

연맹은 국가별·광역·기초 협회를 지정 설치할 수 있으며, 협회는 본 연맹의 정관과 규정을 따른다.

제11장 재정

제18조 (재원)

연맹의 재원은 다음으로 충당한다.

회원 회비

사업 수익

후원금 및 협찬

보조금 및 기부금

기타 수입

제12장 징계

제19조 (징계)

연맹의 명예를 훼손하거나 규정을 위반한 회원에 대해 윤리·징계위원회의 심의를 거쳐 제재할 수 있다.

제13장 보칙

제20조 (세칙)

본 정관에서 정하지 아니한 사항은 이사회 의결로 별도 규정한다.

부칙

본 정관은 창립 총회 의결일로부터 시행한다.

한국온월드파크골프 협회 (OGPGF) 표준 경기 규칙

제1장 총칙 및 기본 규정

제1조 (명칭 및 목적)

- **명칭:** 본 규칙은 한국온월드파크골프 협회(OGPGF)이 주관하는 공식 경기에 적용되는 표준 경기 규칙(Standard Competition Rules)이라 칭한다.

- **목적:** 국제적인 파크골프 경기의 공정성과 표준화를 확립하고, 참가국 간의 상호 이해와 스포츠 정신 함양을 목적으로 한다.

제2조 (경기의 기본)

- **스트로크 플레이:** 경기는 정해진 코스를 가장 적은 타수로 홀 아웃하는 스트로크 플레이(Stroke Play) 방식으로 진행하는 것을 기본으로 한다.
- **인원:** 경기는 3인 또는 4인 1조로 진행하는 것을 원칙으로 한다. (단, 대회 운영 상황에 따라 2인 플레이도 가능하다.)
- **용구:** 경기자는 OGPGF의 공인을 받은 클럽과 공을 사용하여야 하며, 지정된 티(Tee)를 사용해야 한다.

제3조 (안전 및 에티켓)

- **안전 확인:** 경기자는 스윙 전 주변 동반자의 안전을 반드시 확인해야 하며, 스윙 반경 내에 다른 경기자가 없음을 확인한 후 타구해야 한다.
- **경기 지연 금지:** 불필요하게 경기를 지연시켜서는 안 되며, 홀 아웃 후에는 즉시 그린을 벗어나 다음 홀로 이동한다.
- **장비 제한:** 경기 용구(클럽, 볼, 티, 마크) 외의 물품 휴대 및 사용은 경기 위원회의 승인 없이는 금지한다.

제2장 경기 방식 및 타구 규칙

제4조 (코스 구성 및 표준 타수)

- **구성:** 1라운드는 9홀 또는 18홀을 기본으로 하며, 공식 국제대회는 27홀 이상 공인 코스에서 진행하는 것을 권장한다.

- **표준 타수 (Par):** 9홀 합계 표준 타수는 33타, 18홀 합계는 66타를 기준으로 한다.

  1홀의 최대 거리는 100m 이내를 원칙으로 한다.

제5조 (티 샷 및 순서)

- **티 샷 (Tee Shot):** 1번 홀 티잉 그라운드에서는 순서 뽑기(제비뽑기, 가위바위보 등)로 순서를 정한다.

- **티 업 의무:** 각 홀의 첫 번째 타구(티 샷)는 반드시 티잉 그라운드 내의 티(Tee) 위에 공을 올려놓고 타구해야 한다.

- **다음 타구 순서:** 티 샷 후에는 깃대(홀컵)에서 가장 멀리 있는 공부터 스트로크하는 것을 원칙으로 한다.

제6조 (스트로크 및 벌타)

- **스트로크:** 클럽의 헤드면으로 공을 굴리듯이 쳐야 하며, 공이 뜨도록 퍼 올리거나 밀어내듯이 치는 행위는 부정 타구로 간주한다.

- **헛스윙:** 클럽이 공을 건드리지 않고 스윙을 완료한 헛스윙은 타수에 포함하지 않는다. (단, 클럽이 지면에 접촉하여 모래 등

을 친 경우에도 헛스윙은 타수로 계산하지 않는다.)

- **타격 오인:** 자신의 공이 아닌 다른 공을 잘못 친 경우 2벌타를 받으며, 타수를 정정하여 자신의 공이 있던 위치에서 다시 친다.

제7조 (벌타 기준 및 적용)

파크골프에서 벌타는 대부분 2벌타를 적용하는 것을 국제 표준으로 한다.

위반 행위	벌타	처치 방법
OB (Out of Bounds)	2벌타	공이 OB 구역에 들어간 지점 또는 OB 라인을 넘어간 지점에서 홀에 가깝지 않은 2클럽 이내에 놓고 플레이한다.
공을 띄워 치는 행위	2벌타	타구한 후, 원래 위치에 놓고 다시 플레이하거나, 공이 멈춘 위치에서 2벌타를 가산하고 플레이한다.
타인의 공에 맞춘 경우	무벌타	타인의 공을 맞춘 경우 자신의 공은 멈춘 위치에서, 맞은 타인의 공은 원래 위치(마크 위치)에 리플레이스(원위치)한다.
언플레이어블 선언	2벌타	긴 풀, 나무 등에 빠져 정상적인 스윙이 불가능할 경우, 홀에 가깝지 않은 2클럽 이내에 놓고 플레이한다.
인위적 코스 정비	2벌타	플레이에 유리하도록 클럽 등으로 코스를 정리하거나 밟는 행위.

제3장 코스 내 특별 상황 규칙

제8조 (장애물 및 루스 임페디먼트)

- **루스 임페디먼트 (Loose Impediments):** 볼 주변의 나뭇가지, 돌, 낙

엽, 종이 등 경기와 직접 관련 없는 자연물은 벌타 없이 제거할 수 있다.

- **움직일 수 없는 장애물:** 시설물, 코스 표지판 등 움직일 수 없는 인공 장애물로 인해 정상적인 플레이가 불가능할 경우, 구제 지역을 정하여 벌타 없이 구제받을 수 있다. (구제 지역은 홀에 가깝지 않은 가장 가까운 1클럽 이내 지점)

제9조 (그린 위에서의 처치)

- **마크 (Mark):** 퍼팅 라인에 동반자의 공이 놓여 방해가 될 경우, 동반자의 동의를 얻어 마크를 하고 공을 집어 올릴 수 있다.
- **홀 아웃 우선:** 공이 홀컵에서 2클럽 이내에 놓인 경우, 동반자에게 알리고 홀 아웃(컵인)을 먼저 시도할 수 있다. (단, 마크 요구는 가능하다.)
- **마크 이동:** 동반자의 마크가 퍼팅 라인에 방해가 될 경우, 클럽 헤드 길이로 최대 2회까지 이동을 요구할 수 있다.

제10조 (타수 조작 및 실격)

- **스코어 기록:** 경기자는 매 홀 타수를 정확히 확인하고 스코어카드에 기록해야 하며, 동반자 간 상호 확인을 거쳐야 한다.
- **실격 (Disqualification):** 타수를 고의로 적게 신고하거나, 벌타를 보고하지 않은 경우.

부정 타구를 의도적으로 반복하거나, 고의로 규칙 적용을 회피하기
로 합의한 경우.

【OGPGF 운영을 위한 추가 권고 사항】

- **다국어 지원:** 모든 공식 경기 규칙, 안내문, 스코어카드 등은 최소한
  영어, 한국어, 중국어, 일본어로 병행 표기하여 오해를 줄여야 한다.
- **복장 규정:** 국제대회 참가 선수는 연맹에서 지정한 단정한 파크골프
  복장(유니폼, 모자, 운동화 필수)을 착용하도록 의무화한다.
- **분쟁 조정:** 경기 위원회(Committee) 내에 각 회원국 대표가 포함된
  국제 분쟁 조정 패널을 구성하여 규칙 해석 및 판정 분쟁에 대한 최
  종 결정권을 부여한다.

이 초안은 K-월드국제파크골프연맹의 기본 골격을 잡는 데 활용될
수 있습니다. 각 회원국의 특성과 의견을 수렴하여 세부적인 규칙을 보
완하시기를 권고 한다.

에티켓 규정

한국 온월드 파크골프 협회(OGPGF)의 에티켓 규정은 모든 참가국 선수들이 상호 존중하며 안전하고 즐거운 경기 환경을 조성하는 것을 목표로 한다. 에티켓은 규칙만큼이나 중요하며, 성실한 이행은 모든 경기자의 의무이다.

제1장 기본 정신 및 존중

제1조 (기본 정신)

모든 경기자는 스포츠맨십과 페어 플레이를 최우선 가치로 삼아야 한다. 이는 규칙 준수뿐만 아니라, 동반자를 존중하고 경기장 관리자의 노고에 감사하는 태도를 포함한다.

제2조 (복장 및 행동)

- **복장:** 공식 경기 시 단정한 복장(유니폼 또는 이에 준하는 의류, 모자 착용 권장, 운동화 필수)을 갖춘다.
- **금지 행위:** 경기 중 지나친 소란, 욕설, 고의적인 기물 파손 등 타인에게 불쾌감을 주거나 품위를 손상시키는 행위를 엄격히 금지한다.

제2장 안전 확인 및 타 경기자 배려

제3조 (안전 확인 의무)

- **스윙 전 확인:** 타구를 하기 전에는 반드시 주변 동반자, 앞선 조, 뒤따라오는 조의 위치를 확인하여 스윙 반경 내에 사람이 없는지 확인해야 한다.

- **공이 날아갈 위험 시:** 공이 사람에게 맞을 위험이 있다고 판단될 경우, 큰 소리로 "포어(Fore!)"라고 외쳐 주변 사람들에게 경고해야 한다.

제4조 (타 경기자 배려)

- **타인의 플레이 방해 금지:** 동반자가 스트로크를 하는 동안에는 움직이거나 말을 걸거나 클럽 그림자가 타구선에 드리워지지 않도록 정숙을 유지하고 일정한 거리를 두어야 한다.

- **대기 위치:** 동반자가 타구할 때는 정면이나 지나치게 가까운 위치가 아닌, 안전하고 방해되지 않는 위치(대개 타구자의 뒤쪽 옆)에 대기한다.

- **마크 및 공 정리:** 홀 아웃 후에는 깃대(핀)를 제자리에 꽂고, 자신의 공을 즉시 집어 들거나 마크하여 그린을 정리해야 한다.

제5조 (경기자 간의 관계)

- **판정의 존중:** 경기 규칙에 대한 이견이 있을 경우, 상호 존중하는 태도로 대화하며, 최종적으로 경기 위원회(Committee)의 판정을 존

중하고 따라야 한다.

- **칭찬 및 격려:** 동반자의 좋은 플레이에 대해서는 칭찬과 격려를 아끼지 않는다.

제3장 경기 속도 및 경기장 사용 규칙

제6조 (경기 속도 유지)

- **준비된 플레이:** 자신의 차례가 되었을 때 즉시 타구할 수 있도록 미리 클럽을 준비하는 등 준비된 자세를 취하여 경기 속도를 유지해야 한다.

- **홀 아웃 후 이동:** 홀 아웃이 완료되면 즉시 그린을 벗어나 다음 홀로 이동하여 뒤따르는 조의 플레이에 방해가 되지 않도록 한다.

- **스코어 기록:** 스코어는 다음 티잉 그라운드나 이동하는 도중에 기록하며, 그린 위에서 스코어 기록으로 인해 경기를 지연시켜서는 안 된다.

제7조 (경기장 사용)

- **티잉 그라운드 사용:** 다음 조의 티 샷을 위해 티잉 그라운드 주변에서 대기하는 행위를 금지하며, 티잉 그라운드를 가로질러 다니지 않는다.

- **공 찾기:** 분실된 공을 찾는 시간은 최대 3분을 초과할 수 없으며, 이로 인해 경기가 지연될 경우 다음 조의 통과를 허용해야 한다.

제4장 코스 보호 및 관리

제8조 (코스 보호)

- **디봇 및 피치 마크 처리:** 타구로 인해 발생한 잔디의 디봇(Divot) 자국이나, 그린에 떨어진 공으로 생긴 피치 마크(Pitch Mark)는 반드시 복구 도구(Repairs Tools)로 수리해야 한다.
- **벙커 정리:** 벙커에 들어갔을 경우, 플레이 후 자신이 남긴 발자국과 타구 흔적을 레이크(갈퀴)로 깨끗하게 정리해야 한다.
- **그린 보호:** 그린 위를 뛰거나 클럽을 끌고 다니는 행위, 혹은 클럽이나 가방 등을 그린에 던지는 행위를 금지한다.

제5장 위반 시 조치 사항

제9조 (위반 시 조치)

- **경고:** 경기 위원회 또는 동반자가 명백한 에티켓 위반 행위를 목격할 경우, 구두 경고를 1회 줄 수 있다.
- **벌타 부과:** 경고 후에도 동일하거나 심각한 에티켓 위반 행위(예: 고의적인 경기 지연, 폭력적 언행 등)가 지속될 경우, 경기 위원회의 판단에 따라 2벌타를 부과할 수 있다.
- **실격:** 반복적인 에티켓 위반이나 스포츠맨십에 현저히 어긋나는 중대한 행위(예: 고의적인 경기 방해, 신체 접촉 등)를 할 경우, 경기 위원회의 결정에 따라 해당 경기 또는 대회 전체에 대한 실격 처분을 받을 수 있다.

이 에티켓 규정은 국제 경기의 원활한 진행과 참가국 선수들 간의 우

호 증진을 위해 모든 OGPGF 회원이 반드시 준수해야 한다.

경기 및 경기장 상황별 규칙

본 규칙은 코스 내에서 발생하는 다양한 상황에 대한 공정한 처치 방법을 규정하여, 모든 경기자가 예측 가능한 환경에서 플레이할 수 있도록 함을 목적으로 한다.

제1장 티잉 그라운드 및 페어웨이 상황

제1조 (티 샷의 규칙)

- **티 업 의무:** 각 홀의 첫 번째 타구(티 샷)는 반드시 티잉 그라운드(Teeing Ground) 내의 티(Tee) 위에 공을 올려놓고 타구해야 한다.
- **구역 이탈 금지:** 티 샷 시 티잉 그라운드 밖에서 타구하거나, 티잉 그라운드를 벗어나 공이 떨어진 상태로 타구할 경우 2벌타를 받고 해당 타구는 무효로 하며, 티잉 그라운드 내에서 다시 타구해야 한다.
- **순서 위반:** 플레이 순서를 지키지 않고 타구했을 경우 2벌타를 받고, 올바른 순서로 다시 타구해야 한다. (단, 동반자 간 합의가 있거나 혼란을 피하기 위해 즉시 타구한 경우는 벌타를 면제할 수 있다.)

제2조 (OB 구역 (Out of Bounds))

- **OB 선언:** 공이 코스 경계를 표시하는 말뚝이나 선(OB 라인)을 완전히 넘어 정지한 경우 OB로 선언된다.

- **처치:** OB된 공은 2벌타를 받으며, 공이 OB 구역에 들어간 지점 또는 OB 라인을 넘어간 지점에서 홀에 가깝지 않은 2클럽 이내에 놓고 드롭(Drop) 또는 플레이스(Place) 후 다음 타구를 한다.

제3조 (루스 임페디먼트 및 장애물)

- **루스 임페디먼트 (Loose Impediments):** 볼 주변의 낙엽, 돌, 나뭇가지 등 움직일 수 있는 자연물은 벌타 없이 제거할 수 있다. 제거 도중 공이 움직였다면 공은 원위치 시키며, 벌타는 없다.
- **움직일 수 없는 장애물:** 코스 표지판, 스프링클러 헤드, 시설물 등 움직일 수 없는 인공 장애물로 인해 스탠스(Stance)나 스윙에 방해가 되는 경우, 벌타 없이 구제 지역을 정하여 플레이할 수 있다. (구제 지역은 홀에 가깝지 않은 가장 가까운 1클럽 이내 지점)

제2장 특별 구역 및 언플레이어블 상황

제4조 (해저드 구역 (벙커 및 워터 해저드))

- **벙커:** 벙커 안에서 타구할 경우, 타구하기 전에 클럽으로 모래를 건드리거나 스탠스에 유리하도록 모래를 다지는 행위는 2벌타이다. (단, 클럽을 지면에 대지 않고 스윙하는 것은 무벌타이다.)
- **워터 해저드 (Water Hazard):** 공이 워터 해저드(연못, 수로 등) 안에 들어가 칠 수 없는 경우, 2벌타를 받고 다음 중 하나를 선택하여 처치한다.

공이 해저드 경계를 넘어간 지점에서 홀에 가깝지 않은 2클럽 이내에 놓고 플레이한다.

직전 스트로크를 했던 위치(티 샷이었다면 티잉 그라운드)에서 다시 플레이한다.

제5조 (언플레이어블 (Unplayable))

• **선언:** 공이 나무뿌리, 긴 풀, 혹은 깊은 러프 등에 빠져 정상적인 스윙이 불가능하다고 판단될 경우, 경기자는 언플레이어블을 선언할 수 있다.

• **처치:** 언플레이어블 선언 시 2벌타를 받으며, 공이 있던 위치에서 홀에 가깝지 않은 2클럽 이내에 놓고 플레이한다.

제6조 (파손된 구역 및 수리지)

• **정의:** 코스 관리자가 수리지(Ground Under Repair, GUR)로 표시한 구역이나, 폭우 등으로 인해 임시 물웅덩이(Casual Water)가 생긴 구역은 구제 지역으로 간주한다.

• **처치:** 해당 구역에 공이 들어가거나 스탠스가 방해받는 경우, 벌타 없이 홀에 가깝지 않은 가장 가까운 구제 지역(1클럽 이내)에 공을 옮겨 놓고 플레이한다.

제3장 그린 위 (퍼팅 구역) 상황

제7조 (그린 위 타구)

- **타구 선 침범 금지:** 그린 위에서는 타구 선(Line of Putt)을 밟거나 인위적으로 고르는 행위는 엄격히 금지된다.

- **깃대 제거:** 홀 아웃을 위해 타구할 때 깃대(핀)를 제거하거나, 깃대가 컵에 꽂힌 상태로 타구하는 것은 자유이다. (단, 깃대가 꽂혀 있는 경우 공이 깃대에 맞아 홀인되지 않았다면 깃대가 꽂힌 채로 멈춘 위치에서 다음 타구를 한다.)

제8조 (공의 이동 및 마크)

- **공 마크 의무:** 동반자의 퍼팅 라인에 방해가 되거나 홀에 매우 가까워 타인에게 이익을 줄 수 있다고 판단될 경우, 마크(Mark)를 하고 공을 집어 올려야 한다.

- **바람 또는 중력에 의한 이동:** 공이 정지된 후 바람이나 경사에 의해 움직였을 경우, 벌타 없이 공은 멈춘 위치에서 플레이한다. (단, 타구자가 인위적으로 공을 움직인 경우 2벌타를 받고 원위치 시킨다.)

제9조 (타인의 공에 맞힌 경우)

- **그린 위:** 그린 위에서 타인의 공을 맞힌 경우, 자신의 공은 멈춘 위치에서 플레이한다. 맞은 타인의 공은 원래 위치(마크 위치)에 리플레이스(원위치)한다. 양쪽 모두 벌타는 없다.

- **그린 밖:** 그린 밖에서 타인의 공을 맞힌 경우, 양쪽 모두 멈춘 위치에서 플레이하며 벌타는 없다.

제4장 기록 및 경기 종료

제10조 (최대 타수 제한)

- **최대 타수:** 한 홀에서 타수가 12타에 도달했음에도 홀 아웃을 하지 못한 경우, 해당 홀은 12타로 기록하고 다음 홀로 이동한다.

제11조 (스코어 기록 및 확인)

- **스코어카드 작성:** 각 경기자는 동반자의 타수를 정확히 확인하고 스코어카드에 기록해야 한다.
- **확인 및 제출:** 경기가 종료되면, 모든 경기자는 스코어카드에 기록된 타수를 상호 확인하고 서명한 후, 지체 없이 경기 위원회에 제출한다.

이 규칙은 파크골프 경기의 공정성을 확보하기 위한 핵심 기준이며, OGPGF 주관의 모든 경기에서 우선적으로 적용되어야 합니다.

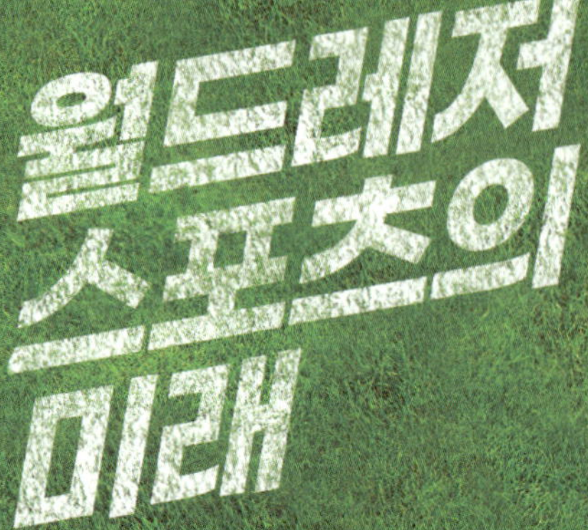
월드레저
스포츠의
미래

제13장

파크골프의 미래 전망과 성공을 위한 제언

제13장
파크골프의 미래 전망과 성공을 위한 제언

마지막으로, 파크골프가 향후 나아갈 방향과 각 분야별 제언을 정리하면서 본 책을 마무리하고자 한다.

생활체육으로서의 지속 성장

파크골프는 이미 **국민 생활체육**으로 자리잡았으며, 향후 인구 고령화와 건강 중시 문화 속에서 그 인기는 계속될 것이다. **전국의 파크골프장 수**는 매년 증가 추세이며, 중장년뿐 아니라 **젊은 층, 여성층**의 참여도 늘어날 것으로 기대된다.

이를 위해 각 지역에서는 파크골프장을 **지속적으로 확충**하되, 앞서 언급한 환경과 공원 이용 이슈를 균형 있게 고려하여 **지속가능한 방식**으로 추진해야 한다. 학교 체육에도 파크골프를 도입하여 **미래 세대에게 어릴 때부터 친숙한 스포츠로** 인식시키면 세대전환에도 유리할 것이다.

또한 **장애인 파크골프** 프로그램 개발 등 포용적 스포츠로 발전시켜, 모든 사람들이 함께 즐길 수 있는 진정한 **생활체육 모델**로 굳혀가길 바란다.

경쟁 스포츠로서의 발전

프로 파크골프의 출범은 시작에 불과하다. 앞으로 국내 프로 리그가 성공적으로 안착하고 흥행을 이루어, 스타 플레이어도 탄생시키는 선순환이 필요하다. 이를 통해 젊은 선수들이 파크골프를 매력적인 종목으로 받아들이고 유망주들이 계속 유입되어야 한다.

동시에 아마추어 경쟁도 더욱 활성화되어, 전국 규모 아마추어 대회의 권위가 올라가고, 국제 대회에서도 한국 선수들이 두각을 나타내길 기대한다. 프로와 아마추어 모두 스포츠맨십과 매너를 최우선 가치로 삼아, 파크골프 특유의 화합하고 즐기는 문화를 잃지 않도록 해야 한다.

경기력 향상을 위해 과학적 훈련 기법 도입, 데이터 분석 등이 접목될 수도 있으며, 용품 기술의 발달로 새로운 기록들이 나올 수도 있다. 그러나 무엇보다 안전과 공정함을 잊지 않아야 이 스포츠의 명성이 유지될 것이다.

산업과 일자리 창출

파크골프의 성장은 곧 관련 산업의 성장을 의미한다. 이미 클럽, 공 등의 장비 시장이 커지고 있고, 국내서도 다양한 브랜드가 출시되고 있다. 향후 첨단 소재 클럽, AI 퍼팅연습기 등의 신제품 개발 여지가 있으며, 용품의 수출 산업화도 가능할 것이다.

또한 파크골프 전문 지도자, 코스 관리사, 대회 기획자 등 새로운 일자리 수요가 늘어날 전망이다. 이는 스포츠 산업 및 서비스업의 한 분야로 자리매김하면서 **지역 경제 활성화와 청년 고용**에도 기여할 수 있다. 정부와 지자체는 이러한 산업적 파급효과를 고려하여 파크골프에 대한 **정책 지원**(예: 창업 지원금, 연구 개발비 지원 등)을 검토하면 좋겠다.

국제화와 외교적 활용

파크골프는 그 특성상 **스포츠 외교**의 도구가 될 잠재력이 있다. 규칙이 간단하고 상대적으로 위험 부담이 적어 **문화 교류 이벤트**로 활용하기 좋다. 예를 들어 **도시 간 자매결연 행사**에서 파크골프 친선경기를 연다든지, **국제 시니어 스포츠 축제**에 파크골프를 포함시키는 등의 구상이 가능하다.

이미 한일간의 파크골프 교류가 활발한데, 이것을 아시아 전역, 나아가 세계 여러 나라로 확대하면 스포츠를 통한 **우정과 이해 증진**에 도움이 될 것이다. 또한 **스포츠 관광** 측면에서, 파크골프 투어 패키지나 해외 전지훈련 프로그램을 개발하여 국가 간 관광 교류를 늘릴 수도 있다.

무엇보다, 앞 장에서 논의한 **국제 연맹 설립**이 실현된다면 파크골프는 공식적인 국제 스포츠로 발돋움하게 되고, 언젠가는 IOC 인정 비올림픽 종목으로 이름을 올릴 수도 있을 것이다.

그러한 날이 온다면 파크골프를 통해 한국이 세계 스포츠계에서 **선도적 위치**를 차지할 수 있는 영광도 누릴 수 있으리라 본다.

결론

파크골프는 작은 공 하나와 채 하나로 시작되었지만, 그 안에는 **건강, 행복, 교류, 경쟁, 성장**의 모든 요소가 담긴 훌륭한 스포츠이다. 이 책에서 다룬 입문 지식, 지도 방법, 운영 노하우, 프로 전략, 국제 구상까지의 내용들은 파크골프의 방대한 세계를 조망한 것이다.

독자 여러분이 이러한 지침서와 아이디어들을 바탕으로 **현장에서 실천**하고 발전시킨다면, 한국의 파크골프는 물론 세계의 파크골프가 한 단계 더 도약하는 데 큰 힘이 될 것이다. **파크골프인 모두의 열정과 협력**이 이어진다면, 가까운 미래에 우리는 공원과 도시, 나라와 대륙을 넘어 함께 어우러진 파크골프의 광경을 보게 될 것이다.

"모두가 즐길 수 있는 인생 레저"라는 파크골프의 모토처럼, 이 스포츠가 주는 즐거움과 가치를 전 인류가 공유하는 그날까지, 우리 모두 한마음으로 나아가길 기원한다.

25년 12월 한국온월드파크골프협회 창립식

1. 파크골프 용어집 (기본 편)

1) 기본 경기 용어

- **파(Par)** 그 홀을 기준으로 정한 표준 타수.

- **버디(Birdie)** 파보다 1타 적게 홀 아웃했을 때(-1).

- **이글(Eagle)** 파보다 2타 적게 홀 아웃(-2).

- **보기(Bogey)** 파보다 1타 많게 홀 아웃(+1).

- **더블·트리플 보기** 파보다 2타(+2), 3타(+3) 많은 스코어.

- **홀인원(Hole in One)** 티샷 한 번에 홀 컵에 공이 들어가는 것.

- **스코어(Score)** 각 홀에서 사용한 타수, 또는 18홀 전체 합계.

- **라운드(Round)** 18홀(또는 코스에서 정한 전 홀)을 모두 플레이하는 것.

- **스트로크 플레이(Stroke Play)** 모든 홀 타수의 합으로 승부를 가리는 방식. 파크골프의 기본 경기 방식. 파크골프

- **매치 플레이(Match Play)** 홀마다 이긴 횟수(홀 수)로 승부를 가리는 방식.

- **오너(Honor)** 다음 홀 티샷을 먼저 할 권리. 직전 홀에서 가장 좋은 스코어를 기록한 선수에게 주어짐. 파크골프

2) 코스 관련 용어

- **티잉 그라운드(Teeing Ground, 티 박스)** 각 홀의 시작 지점. 티를 놓고 첫 샷을 하는 구역.

- **페어웨이(Fairway)** 티잉 그라운드와 그린 사이에서 잔디가 잘 정돈

된 주 플레이 구역.

- **러프(Rough)** 페어웨이 바깥, 잔디가 길고 거친 구역.

- **벙커(Bunker)** 모래로 채운 장애 구역.

- **그린(Green)** 홀컵 주변으로 잔디를 낮게 깎아 둔 구역. 파크골프에서는 같은 클럽으로 퍼팅까지 수행. 파크골프

- **홀컵(Hole Cup)** 공을 넣는 구멍. 파크골프는 일반 골프보다 직경이 크고 얕은 편.

- **핀(Flagstick, 깃대)** 홀컵 위치를 표시하는 깃대.

- **OB(Out of Bounds)** 코스 외부, 경계 밖. 공이 나가면 벌타를 받고 다시 플레이. 파크골프+1

- **해저드(Hazard)** 물, 벙커 등 장애 구역을 통칭.

- **도그레그 홀(Dogleg Hole)** 페어웨이가 중간에서 왼쪽 또는 오른쪽으로 꺾여 있는 홀.

- **레귤러 티 / 레이디 티 / 주니어 티** 남성·여성·주니어 등을 위해 서로 다른 위치에 설치된 티잉 구역.

3) 스윙·샷 관련 용어

- **어드레스(Address)** 공을 치기 위한 준비자세를 취하고 클럽을 공 뒤에 댄 상태. 파크골프

- **백스윙(Backswing)** 클럽을 뒤로 올리는 동작.

- **다운스윙(Downswing)** 백스윙에서 임팩트로 내려오는 동작.

- **임팩트(Impact)** 클럽과 공이 맞닿는 순간.

- **팔로우스루(Follow-through)** 임팩트 이후 클럽이 자연스럽게 목표 방향으로 나가는 동작.

- **어프로치 샷(Approach Shot)** 홀 근처에 공을 가깝게 붙이기 위한 비교적 짧은 샷.

- **퍼팅(Putting)** 그린 위에서 공을 굴려 홀에 넣는 동작. 파크골프에서는 같은 클럽으로 퍼팅. 파크골프

- **런(러닝)** 공이 튀기보다 굴러가는 거리. 파크골프에서는 런 비중이 매우 큼.

- **톱볼(Top Ball)** 공의 윗부분을 맞혀 낮게 튀어나가는 미스샷.

- **슬라이스 / 훅** 기준보다 오른쪽으로 휘는 샷 / 왼쪽으로 휘는 샷(오른손 기준).

4) 규칙·벌타 관련 용어

- **볼 인 플레이(Ball in Play)** 티샷이 이루어진 순간부터 홀 아웃 또는 그 공을 교체하기 전까지의 공 상태. 파크골프

- **언플레이어블(Unplayable)** 공이 나무 뿌리, 구조물 등으로 인해 칠 수 없는 상태라고 선언하는 것. 1벌타 후 구제 규정에 따라 드롭. 파크골프+1

- **드롭(Drop)** 규정된 방식으로 공을 손에서 떨어뜨려 새 위치에 두는 절차.

- **로컬 룰(Local Rule)** 각 코스 상황에 맞게 추가로 정한 특별 규정.

- **멀리건(Mulligan)** 공식 룰이 아닌 친선 경기에서 1타를 실수로 간주하고 다시 치게 해주는 '서비스 샷'.

- **핸디캡(Handicap)** 실력 차이를 보정하기 위해 부여하는 가산/감산 타수. 파크골프 공식 경기에서는 보통 동일 조건(핸디 미적용)으로 진행하는 것이 원칙. 파크골프

- **플레이어 어시스트(마커)** 동반자 스코어를 기록해주는 역할. 스코어 카드에 함께 서명.

5) 장비·복장 관련 용어

- **파크골프 클럽(Club)** 하나의 클럽으로 드라이브·어프로치·퍼팅까지 모두 수행. 목재 헤드와 카본 샤프트가 일반적. 파크골프

- **파크골프 볼(Ball)** 직경 약 6cm의 플라스틱 소재 공. 색상이 선명하고 일반 골프 공보다 크다. 파크골프

- **티(TEE)** 티샷 시 공을 살짝 올려놓는 받침.

- **스코어카드(Score Card)** 각 홀 타수와 합계를 기록하는 카드.

- **볼 파우치 / 볼 케이스** 예비 공, 티, 연필 등을 휴대하는 주머니.

- **골프화 / 운동화** 잔디 손상을 줄이는 밑창이 부드러운 신발.

- **글러브(장갑)** 그립 미끄러짐 방지와 손 보호용.

6) 운영 조직 관리

- **클럽(동호회)** 파크골프를 함께 즐기는 동호인 모임. 정기 라운드와 자체 행사 운영.

- **협회(Association)** 한 나라 또는 지역을 대표하는 파크골프 공식 단체. (예: 대한파크골프협회, 대한파크골프연맹 등) KPGA7330+1

- **연맹(Federation)** 여러 협회·클럽을 상위에서 통합 관리하는 조직.

- **대회(Championship / Tournament)** 정해진 규칙과 조건에서 열리는 공식 경기 행사.

- **프로테스트(Pro Test)** 프로 자격을 부여하기 위해 실시하는 기량 시험. 다음+1

- **랭킹(Ranking)** 선수들의 성적을 포인트로 환산해 순위를 매긴 목록. 한국프로파크골프협회 등이 도입 준비 중.

파크골프 전문 교육기관 안내

1) 영진전문대 파크골프경영과

- **실무 중심 커리큘럼**

- **지도자 자격증 취득과정 운영**

- **대회 실습, 경기운영 교육**

- **취업·창업 연계 가능한 체계적 진로 설계**

- **주말 수업 가능 / 만학도·재직자 특별전형**

영진전문대 파크골프경영과는 전국 최초의 파크골프 독립학과로 재학생 전용 18홀 실습장과 자격증·대회 운영까지 갖춘 실무 중심 교육으로 전문가를 양성한다.

학과 개요

전국 대학 최초로 개설된 파크골프학과로 18홀 재학생 전용 실습장과 실내 스크린 장비를 보유하고 있다.

이론·실습·자격증·대회 운영까지 통합 교육을 제공한다.

파크골프 지도자·경기운영 전문가·스포츠경영인을 양성한다.

교육·자격

평일반 주1일 실습+주2일 이론, 주말반 주1일 실습+온라인 이론으로 운영한다.

파크골프경기기록사·교육지도사, 생활·노인·유소년·장애인 스포츠지도사, 파크골프 지도자·심판·강사 등 자격 취득을 지원한다.

실습·대회 성과

재학생 전용 18홀 실습장과 스크린 9타석을 갖춘 대한민국 유일의 파크골프 전문 교육 학과이다.

제1회 합천군수배 전국 파크골프대회 일반부 우승과 대구광역시장기 남자 일반부 우승 등 성과를 냈다.

입학·문의

2025년 9월 신입생 모집 중이며 중장년층·경력단절여성·체육·스포츠 분야 진출 희망자를 환영한다.

입학 문의: 053-940-5709, **입학상담교수**: 조진석 053-940-5366.

장학혜택·기숙사 지원

국가장학금 + 교내장학금 다수

1인실·2인실 생활관 운영

만학도장학금(35세 이상), 장애/다문화 장학금 등 파크골프경영과 졸업 후 진로는 어떻게 되나요?

파크골프학과 졸업 후에는 지도자·운영·마케팅·창업 등 다양한 분야로 진출할 수 있다.

주요 진로

- **지도자·트레이너**: 파크골프 지도사, 스포츠지도사, 트레이너로 활동한다.
- **마케팅·행정**: 스포츠 마케팅 기획 및 행정, 용품 유통·브랜드 창업이 가능하다.
- **심판·대회 운영**: 파크골프 심판, 대회 진행요원, 사회복지기관·문화센터 근무가 가능하다.
- **창업·경영**: 파크골프장 창업, 골프장·용품점 경영, 스포츠 창업 및 현

장 지도사로 활동한다.

- **시니어·복지:** 시니어 케어 분야 전문가, 복지관·시니어센터 지도자 등 시니어 웰빙 직무로 진출한다.

자격증·준비

- **국가자격:** 생활스포츠지도사 2급, 노인 생활스포츠지도사 2급, 스포츠경영관리사 등이 있다.
- **민간자격:** 파크골프지도사 1·2급, 파크골프심판, 골프안전관리사, 골프영상분석트레이너, ESG 컨설턴트 등이 있다.
- **실무:** 파크골프 이론·실습, 시설 운영·장비·서비스 이해, 코스 설계·잔디 관리·안전 운영 실습 등을 통해 현장 역량을 쌓는다.

참고

파크골프는 고령화 사회에서 시니어 맞춤형 스포츠로 주목받고 있어 관련 수요와 진로가 확대되고 있다.

파크골프 관련 자격증

민간자격정보서비스에 따르면, 파크골프 지도자 자격은 사단법인 한국프로파크골프협회가 발급하며 등록번호는 2011-0484이고, 문화체육관광부가 주무부처이며 공동 발급기관으로 지정되어 있다.

이 자격은 1급, 2급, 3급으로 구분되며 각 등급은 1차 필기와 2차 실기로 구성된다. 1차 필기에서는 파크골프 이론, 에티켓, 룰, 기술 등 총 3과목을 평가하고, 2차 실기에서는 티잉 그라운드, 티샷, 어프로치 샷, 트러블샷, 2m 퍼팅 등 총 4과목을 평가한다.

- **민간자격(파크골프 지도자)** 사단법인 한국프로파크골프협회 발급, 등록번호 2011-0484, 주무부처 문화체육관광부이다.

  1·2·3급과 마스터(경영·시설·경기지도) 등급이 있으며, 필기(에티켓·룰·기술)와 실기(티샷·어프로치·트러블샷·2m 퍼팅)로 구성된다.

  경상남도파크골프총연합회 발급 '파크골프지도자'도 있으며, 용구·시설·경기 규정 교육 및 스윙·샷·퍼팅 지도를 직무로 한다.

- **국가공인(생활스포츠지도사)** 국민체육진흥공단 주관, 만 18세 이상 응시 가능하며 필기·실기·구술·연수·현장실습 순으로 진행된다.

  필기 7과목 중 5과목 선택, 과목당 40점 이상·평균 60점 이상, 실기·구술 70점 이상, 연수 90시간·출석 90% 이상·과제 제출 등 기준을 충족해야 한다.

  파크골프 실기 합격률은 매우 낮아 20% 미만이라는 보도가 있다.

취득 방법·활용

민간자격은 협회 가입 후 일정 활동 경력 등 요건을 충족해 응시하며, 일부 과정은 2급 지도자 교육이 개설된다.

자격증 취득 후 파크골프클럽·노인·실버대학·주민자치센터·평생교육원 등에서 강사로 활동할 수 있다.

2) 국립 부경대학교 미래교육원

파크골프 2급 지도자 과정

강의목적	파크골프를 통하여 국민 건강증진 및 활기찬 여가 생활을 할 수 있도록 교육을 통하여 지도자를 양성하여 파크골프의 대중화 및 저변 확대를 위하여 국민생활 스포츠로 보급함을 목적으로 한다. · 19세 이상 남,여 파크골프 지도자가 되고 싶은 분~ · 2급 지도자를 취득하고 싶은 분~ · 교원으로 학생들에게 보급하고 싶은 분~ · 유사자격증으로 본회 2급 자격증을 취득하고 싶은 분~
강사소개	전연수 ⓒ 성함을 클릭하시면 강사프로필을 확인하실 수 있습니다
강의실	항파관(A15) 403호
강의일자	2025-09-13 ~ 2025-10-18
시간	09:30~12:30(토)
수강료	300,000원
교재	- 교재: 파크골프 원론(개정판), 25000원, 온북스 - 자격증 수검 및 발급료 10만원 별도 - 교육 및 실습에 필요한 장비는 개인별 별도 구매 - 스크린파크골프장, 파크골프장 실습 시 입장료 별도
비고	초보자 가능, 연령 제한 없음! 교육을 이수한 인원들이 강사로 활동하며(직종단체, 학교청소년, 노인대학), 동호회 운영(클럽 및 동호회)를 활성화 하며, 경기운영 심판 등 참여하여 사회적 일자리 창출 및 노인들의 여가 생활의 활력을 보장할 수 있다. □ 자격정보 - 자격명: 파크골프지도자 - 자격종류: 등록민간자격증 - 등록번호: 2018-004844 - 자격발급기관: 사단법인대한파크골프연맹 - 검정(응시료): 100,000원 - 환불규정: □ 자격관리기관 정보 - 기관명: (사)대한파크골프연맹 - 대표자: 천성희 - 연락처: 053-763-7330 - 소재지: 대구광역시 수성구 수성로 32길 16 - 홈페이지: https://www.kpgf.kr/

3) 서울 호서 전문학교 미래교육원

파크골프지도자 1급 자격증 과정

서울 호서 전문학교 미래교육원의 **파크골프지도자 1급 자격증 과정**은 8주간의 이론과 실습을 통해 파크골프 지도자로서의 역량을 키우는 프로그램입니다. 이 과정을 수료하면 **문화체육관광부에 등록된 1급 파크골프지도자 자격증**을 취득할 수 있으며, 자격증 등록번호는 2025-002972입니다.

과정 개요 및 특징

- **교육 기간:** 8주 과정

- **교육 내용:** 파크골프의 기본 이론, 매너, 기초 기술, 실전 실습(스크린 및 필드) 등

- **수강 대상:** 100세 시대 건강과 취미를 원하는 누구나, 중장년층, 퇴

직 후 제2의 인생을 준비하는 분 등

- **실기시험:** 기본 스윙, 코스 공략 등 실전 능력 평가
- **자격증 활용:** 파크골프 강사, 개인 지도, 취미·재능기부, 노인 일자리 등 다양한 활동 가능

과정의 장점 및 활동 방향

- **실내외 실습 병행:** 스크린 실습과 필드 실습을 통해 날씨와 상관없이 꾸준히 연습 가능
- **사회적 네트워킹:** 동기와 교수진, 수강생 간의 활발한 소통과 친목 도모
- **건강 증진:** 관절 부담이 적고, 전신 운동 효과가 높아 신체적·정신적 건강에 도움
- **자격증 취득 후:** 파크골프 지도자, 강사, 동호회 활동, 재능기부 등 다양한 진로 선택 가능

참고 및 유의사항

- **실기시험:** 실전 중심의 평가로, 꾸준한 연습이 중요

파크골프지도자 1급 자격증은 건강한 노후, 새로운 인생 2막, 사회적 활동을 원하는 분들에게 적합한 과정입니다.

4) 송곡대학교 스포츠경기지도학과

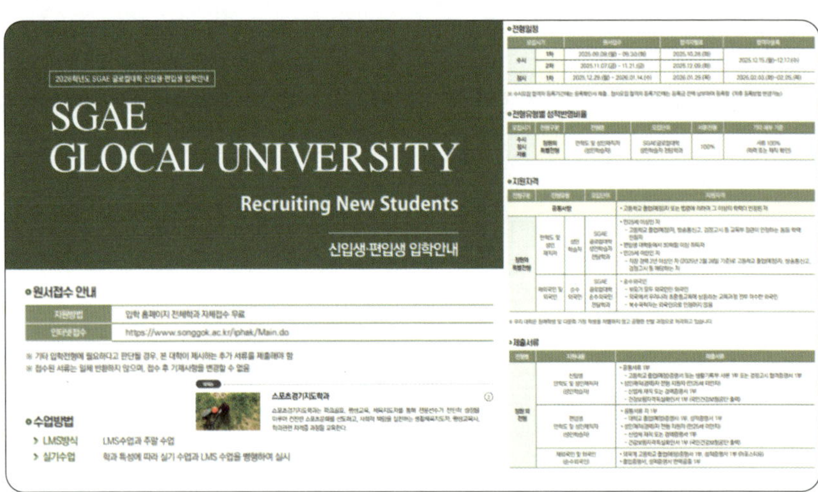

◉ 전형일정

모집시기		원서접수	합격자발표	합격자등록
수시	1차	2025.09.08.(월) ~ 09.30.(화)	2025.10.28.(화)	2025.12.15.(월)~12.17.(수)
	2차	2025.11.07.(금) ~ 11.21.(금)	2025.12.09.(화)	
정시	1차	2025.12.29.(월) ~ 2026.01.14.(수)	2026.01.29.(목)	2026.02.03.(화)~02.05.(목)

※ 수시모집 합격자 등록기간에는 등록확인서 제출 , 정시모집 합격자 등록기간에는 등록금 전액 납부하여 등록함 (차후 등록방법 변경가능)

◉ 전형유형별 성적반영비율

모집시기	전형구분	전형명	모집단위	서류전형	기타 세부 기준
수시 정시 자율	정원외 특별전형	만학도 및 성인재직자 (성인학습자)	SGAE글로컬대학 성인학습자 전담학과	100%	서류 100% (학력 또는 재직 확인)

◉ 지원자격

전형구분	전형유형	모집단위	지원자격
공통사항			• 고등학교 졸업(예정)자 또는 법령에 의하여 그 이상의 학력이 인정된 자

정원외
특별전형
	만학도 및
	성인
	재직자
		성인
		학습자
			SGAE
			글로컬대학
			성인학습자
			전담학과
				• 만25세 이상인 자
				 － 고등학교 졸업(예정)자, 방송통신고, 검정고시 등 교육부 장관이 인정하는 동등 학력
				   인정자
				• 편입생 대학등에서 30학점 이상 취득자
				• 만25세 미만인 자
				 － 직장 경력 2년 이상인 자 (2025년 2월 28일 기준)로 고등학교 졸업(예정)자, 방송통신고,
				   검정고시 등 해당하는 자

	재외국민 및 외국인	순수 외국인	SGAE 글로컬대학 순수외국인 전담학과	• 순수외국인 － 부모가 모두 외국인인 외국인 － 외국에서 우리나라 초중등교육에 상응하는 교육과정 전부 이수한 외국인 － 복수국적자는 외국인으로 인정하지 않음

※ 우리 대학은 장애학생 및 다문화 가정 학생을 차별하지 않고 공평한 선발 과정으로 처리하고 있습니다.

◉ 제출서류

전형별	지원내용	제출서류
정원 외 전형	신입생 만학도 및 성인재직자 (성인학습자)	• 공통서류 1부 － 고등학교 졸업(예정)증명서 또는 생활기록부 사본 1부 또는 검정고시 합격증명서 1부 • 성인재직(경력)자 전형 지원자 (만25세 미만자) － 산업체 재직 또는 경력증명서 1부 － 건강보험자격득실확인서 1부 (국민건강보험공단 출력)
	편입생 만학도 및 성인재직자 (성인학습자)	• 공통서류 각 1부 － 대학교 졸업(예정)증명서 1부, 성적증명서 1부 • 성인재직(경력)자 전형 지원자 (만25세 미만자) － 산업체 재직 또는 경력증명서 1부 － 건강보험자격득실확인서 1부 (국민건강보험공단 출력)
	재외국민 및 외국인 (순수외국인)	• 외국계 고등학교 졸업(예정)증명서 1부, 성적증명서 1부 (아포스티유) • 졸업증명서, 성적증명서 번역공증 1부

파크골프 관련 자격증

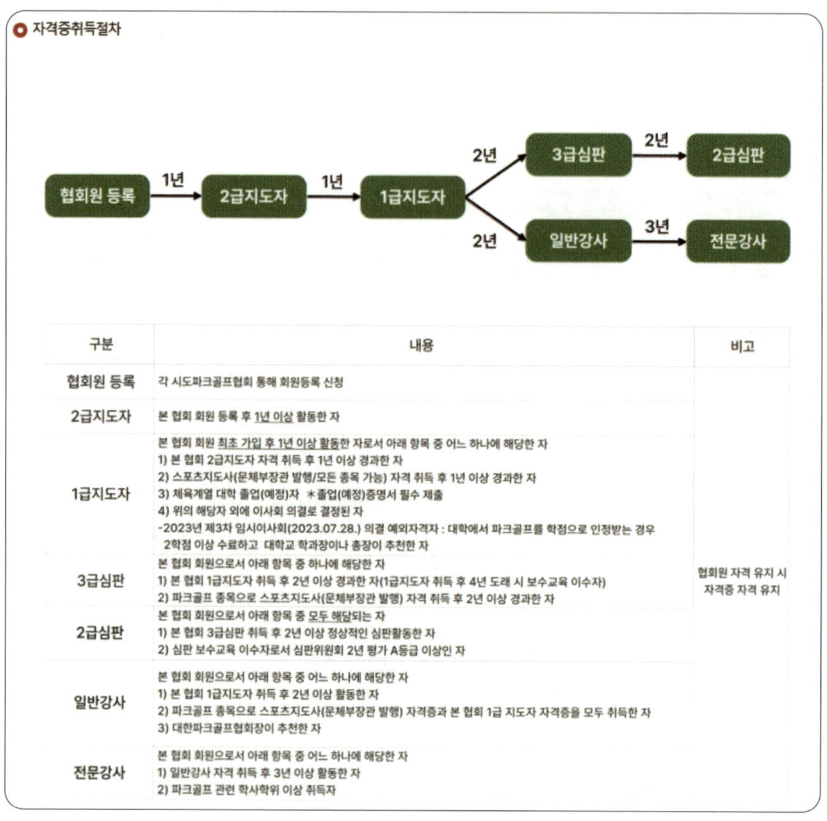

구분	내용	비고
협회원 등록	각 시도파크골프협회 통해 회원등록 신청	
2급지도자	본 협회 회원 등록 후 <u>1년 이상</u> 활동한 자	
1급지도자	본 협회 회원 <u>최초 가입 후 1년 이상 활동</u>한 자로서 아래 항목 중 어느 하나에 해당한 자 1) 본 협회 2급지도자 자격 취득 후 1년 이상 경과한 자 2) 스포츠지도사(문체부장관 발행/모든 종목 가능) 자격 취득 후 1년 이상 경과한 자 3) 체육계열 대학 졸업(예정)자 ＊졸업(예정)증명서 필수 제출 4) 위의 해당자 외에 이사회 의결로 결정된 자 -2023년 제3차 임시이사회(2023.07.28.) 의결 예외자격자 : 대학에서 파크골프를 학점으로 인정받는 경우 2학점 이상 수료하고 대학교 학과장이나 총장이 추천한 자	협회원 자격 유지 시 자격증 자격 유지
3급심판	본 협회 회원으로서 아래 항목 중 하나에 해당한 자 1) 본 협회 1급지도자 취득 후 2년 이상 경과한 자(1급지도자 취득 후 4년 도래 시 보수교육 이수자) 2) 파크골프 종목으로 스포츠지도사(문체부장관 발행) 자격 취득 후 2년 이상 경과한 자	
2급심판	본 협회 회원으로서 아래 항목 중 <u>모두 해당되는</u> 자 1) 본 협회 3급심판 취득 후 2년 이상 정상적인 심판활동한 자 2) 심판 보수교육 이수자로서 심판위원회 2년 평가 A등급 이상인 자	
일반강사	본 협회 회원으로서 아래 항목 중 어느 하나에 해당한 자 1) 본 협회 1급지도자 취득 후 2년 이상 활동한 자 2) 파크골프 종목으로 스포츠지도사(문체부장관 발행) 자격증과 본 협회 1급 지도자 자격증을 모두 취득한 자 3) 대한파크골프협회장이 추천한 자	
전문강사	본 협회 회원으로서 아래 항목 중 어느 하나에 해당한 자 1) 일반강사 자격 취득 후 3년 이상 활동한 자 2) 파크골프 관련 학사학위 이상 취득자	

대한파크골프협회에서 제공하는 공식 자료에 따르면, 파크골프 자격증은 발행처에 따라 두 가지로 구분된다. 하나는 대한파크골프협회가 인정하는 민간자격증(예: 2급·1급 지도자, 강사, 심판)이며, 다른 하나는 문화체육관광부 장관이 부여하는 국가자격증(예: 생활스포츠지도사 1급·2급, 노인스포츠지도사, 유소년스포츠지도사)이다.

1) 민간자격

- **2급 지도자:** 필기 후 18홀 66타 이내·4개 종목(60M 비거리, 25M 어프로치, 5M 벙커, 2M 퍼팅) 통과이다.
- **1급 지도자:** 2급 취득 후 6개월 경과 시 응시, 18홀 60타 이내·4개 종목 통과이다.

강사·심판 자격증도 운영된다.

한국온월드파크골프협회, 대한파크골프연맹 '파크골프지도자'는 등록민간자격으로 이론·실기·구술 평가를 진행한다.

2) 국가자격

생활스포츠지도사 1·2급, 노인스포츠지도사, 유소년스포츠지도사가 있다.

필기는 7과목 중 5과목 선택, 평균 60점·과목별 40점 이상이다.

실기는 공인구장에서 18홀 라운딩과 4개 종목 평가로 진행된다.

구술시험과 90시간 연수·실습이 요구되며, 60점 이상 시 자격증이 발급된다.

참고

민간자격은 '지도자', 국가자격은 '지도사'로 구분해 부르기도 한다.

파크골프 실기 합격률은 20% 미만으로 알려져 있다.

한국파크골프전문강사협회 창립

한국파크골프전문강사협회는 12월 20일, 동서울대학교 평생교육원에서 창립총회를 열고 협회 설립을 공식 선언했다. 이날 행사에는 파크골프 전문강사 과정 교수진과 수료생, 관련 분야 전문가들이 참석해 협회의 출범을 축하하고 향후 비전을 공유했다.

이번 협회 창립은 파크골프의 급속한 확산과 함께 증가하는 교육 수요에 대응하기 위한 행보다. 전문강사의 역할·책임·윤리·지도 기준을 명확히 하고 파크골프 교육의 질적 수준을 높이는 데 목적이 있다. 특히 동서울대학교 평생교육원 파크골프 전문강사과정의 교수진과 수료생들이 주축이 되어 창립됐다는 점에서, 검증된 전문성과 현장성을 기반으로 출범했다는 평가를 받고 있다.

초대 회장에 대한파크골프협회에서 표준교재 저술을 비롯해 심판, 교육, 대회위원장 등을 역임하며 파크골프 제도 정립에 기여해 온 최동표 씨가 선임됐다. 최 회장은 "이번 협회 창립은 파크골프 교육이 하나의 전문 영역으로 자리 잡는 출발점"이라며 "전문강사가 현장을 책임지는 주체로 성장할 수 있도록 명확한 기준과 체계를 구축하겠다"라고 밝혔다.

이번 창립에는 파크골프의 사회적 가치와 산업적 가능성을 꾸준히 조명해 온 마케팅 전문가이자 『파크골프 예찬론』의 저자인 전동균 교수도 참여했다. 전 교수는 "전문강사 체계가 확립될 때 파크골프는 단순한 생활체육을 넘어 지속 가능한 산업과 콘텐츠로 성장할 수 있다"고 강조했다.

한국에 파크골프를 도입하고 지도자 교육 체계를 정립했으며, 동서울대학교 평생교육원에 파크골프 전문강사과정을 도입하는 데 기여한 (주)케이파크골프 전영창 대표도 창립 멤버로 함께했다. 전 대표는 "이번 협회 창립은 파크골프가 생활체육을 넘어 프로·교육·직업 영역으로 확장되는 중요한 전환점"이라고 의미를 부여했다.

협회의 주요 과제는 ▲전문강사 기준 정립 ▲교육 과정 표준화 ▲지도 윤리 강화 ▲전문강사 네트워크 구축 등이다. 대학 및 교육기관과의 협력을 통해 전문강사 양성 체계도 단계적으로 고도화해 나갈 계획이다.

3) 파크골프 지도사 안내

파크골프 스포츠지도사란?

> 본 자격은 자격기본법 제17조2항 대통령령으로 정하는바에 따라 문화체육관광부장관이 승인하고, 한국직업능력연구원에 제2024-001862호로 민간자격 등록된 자격증 임.

파크골프 지도사는 자격기본법 제17조2항 대통령령으로 정하는 바에 따라 문화체육관광부장관이 승인하고, 한국직업능력연구원에 제2024-001862호로 연맹이 주관하는 민간공인자격증으로, 연맹 지정 교육기관에서 소정의 교육 과정을 이수하고 검증 시험에 합격한 지격증 소지 지도사가 교육을 통하여 파크골프를 안전하고 효과적으로 지도할 수 있는 전문 지도자를 양성하는 자격증이다.

Korea On The World Park Golf Association
Park Golf Instructor Grade 1

파크골프지도사 1급
NAME: Kim Hong Min
BIRTH: 1957.11.17
자격내용: 문화체육관광부등록
민간자격증
자격번호: 2025-B-12호

위 사람은 본 기관에서 주관한 교육 과정을
수료하고 자격 검증을 통과하였기에 자격
운영 규정에 의거 해당 자격을 증명함.

The above person has completed the curriculum
organized by this institution and passed the
qualification verification, so he/she proves the
qualification in accordance with the qualification
operation regulations.

2025년 10월 30 일

교육
기관 사단법인 나라사랑문화재단 이사장 

소속
기관 한국온월드파크골프협회 회장
KOREA ON THE WORLD PARK GOLF ASSOCIATION

본 자격은 자격기본법 제17조2항 대통령령으로 정하는바에 따라 문화체육관광부장관이
승인하고, 한국직업능력연구원에 제2024-001862호로 민간자격 등록된 자격증 임.

응시 자격과 절차

✔ **응시자격:** 만 18세 이상이면 누구나 가능

✔ **시험절차:**

1. 필기시험

2. 실기 및 구술시험

3. 연수 및 현장 실습

✔ **합격기준 :** 과목당 40점 이상, 평균 60점 이상

실기 & 구술시험

실기는 실제 라운드 기술과 경기 감각을 평가합니다.

티샷, 어프로치, 벙커샷, 퍼팅

구술: 지도자의 역할, 경기규칙, 안전지도 등 질문

■ 필기 및 실기 검정기준

구분	검정 과목(분야 또는 영역)			
필기	◦**파크골프 일반** : 파크골프 역사, 파크골프 효과 ◦**용 구** : 용구 및 공인기준 ◦**코스시설** : 코스설계기준, 코스 내 설치물, 이동 및 고정 장애물, 편의시설물 ◦**파크골프표준교재(경기규칙)** - 벌타 규칙, 용어해설, 샷의 종류 및 기본 숙달, 스코어 기재요령, 라운드 및 경기진행법, 안전관리 및 에티켓과 매너				

구분	◦**분야별 평가**			
	구 분	티 샷	어프로치 샷	벙커(트러블)샷	퍼팅
실기	기 준	남자는 60m, 여자는 40m이상 비거리 및 페어웨이에 안착여부	깃대로부터 25m 거리에서 샷하여 핀 4m원안에 안착여부	깃대로부터 5m 거리의 벙커에서 탈출하면서 핀 2m원안에 안착여부	깃대로 부터 1.5m 거리에서 컵인 여부
	횟 수	5회(3회 이상)	5회(3회 이상)	5회(3회 이상)	5회(3회 이상)

4) 파크골프 지도사 필기시험 예상 문제 연습

파크골프 지도사 시험 출제 예상 문제

파크골프 지도사 시험에서 자주 출제되는 유형의 문제들을 예시로 정리한 것이다.

1. 파크골프의 기본 용어 및 규칙

* **파크골프의 정의:** 공원 등에서 즐기는 골프와 비슷한 스포츠로, 한 개의 클럽과 공을 사용하여 정해진 규칙에 따라 경기를 진행하는 운동입니다.

* **용어 해설:**

* **티샷(Tee Shot):** 각 홀의 첫 번째 샷.

* **페어웨이(Fairway):** 잔디가 잘 정돈되어 있는 코스의 중앙 부분.

* **러프(Rough):** 페어웨이 바깥쪽의 잔디가 길게 자란 지역.

* **벙커(Bunker):** 모래가 있는 장애물.

* **그린(Green):** 홀컵이 있는, 잔디가 짧게 깎인 구역.

* **OB(Out of Bounds):** 코스 밖으로 공이 나간 지역.

* **파(Par):** 각 홀을 기준으로 정해진 기준 타수.

* **홀인원(Hole-in-one):** 티샷 한 번에 공이 홀컵에 들어가는 것.

* **스트로크 플레이(Stroke Play):** 모든 홀의 타수를 합산하여 가장 적은 타수를 기록한 사람이 이기는 경기 방식.

* **벌타(Penalty):** 규칙 위반 시 부과되는 벌점.

* **OB 지역으로 공이 나간 경우:** 2벌타.

* **그린 위에서 공을 마크 없이 집어 올린 경우:** 2벌타.

* **벙커에서 클럽으로 모래를 건드리는 등 규칙을 위반한 경우:** 2벌타.

* **워터 해저드(Water Hazard)에서 경기 시 물을 건드리는 행위:** 2벌타.

* **장비:**

* **클럽:** 무게와 길이, 헤드의 모양 등에 대한 규정이 있습니다.

* **공:** 무게와 직경에 대한 규정이 있습니다.

* **티(Tee):** 티샷 시 공을 올려 놓는 받침대.

2. 경기 진행 및 에티켓

* **경기 순서:** 일반적으로 첫 홀에서는 추첨, 가위바위보, 연장자 순 등으로 순서를 정하고, 이후 홀부터는 이전 홀에서 가장 적은 타수를 기록한 사람이 먼저 샷을 합니다.

* **샷건 방식(Shotgun Start):** 여러 홀에서 동시에 경기를 시작하는 방식.

* **경기 에티켓:**

  - 경기 중에는 조용히 하고, 다른 사람이 샷을 할 때 방해가 되지 않도록 합니다.

  - 코스를 깨끗하게 사용하고, 발자국이나 손상된 부분을 정리합니다.

  - 공이 예상치 못하게 날아가 다른 사람에게 맞을 위험이 있을 경우, "포어(Fore)!"라고 외쳐 경고합니다.

*** 파크골프장 설치물 5가지를 말하시오**

종합안내판, 홀 표지판, 순서뽑기, 공거치대, OB말뚝

※ 추가로 깃대, 홀컵, 안전망 등도 있음.

팁: 경기운영 및 안전과 직접 연관된 필수 설치물 위주로 언급하세요.

*** 볼 마커 시 벌칙 3가지를 말하시오**

1. 볼을 마크하지 않고 집어 올리는 행위

2. 볼을 내려놓을 때 마커 없이 놓는 행위

3. 주변 이물질을 제거하거나 위치를 변경하는 행위

팁: 공의 위치 조작과 관련된 규정 위반은 엄격히 제재됩니다.

*** 가장 가까운 구제 지역이란 무엇인가요?**

장애요소(나무, 말뚝 등)로 인해 정타가 불가능할 경우, 해당 장애로부터 완전히 벗어나고, 홀컵에 더 가까워지지 않으며, 스탠스와 스윙이 가능한 지점 중 공과 가장 가까운 곳을 말합니다.

이 구제 지점에서 2클럽 이내에서 공을 드롭하여 경기 재개가 가능합니다.

주의: 구제 지점은 공을 놓는 최종 위치가 아니라 기준점이에요.

*** PRICE 응급처치법에 대해 설명하시오**

PRICE는 운동 중 부상 시 사용하는 응급처치법의 약자로,

P (Protection): 부상 부위를 보호하고

R (Rest): 움직임을 최소화하며

I (Ice): 얼음찜질로 통증 및 부기 완화하고

C (Compression): 붕대 등으로 압박하며

E (Elevation): 부상 부위를 심장보다 높게 들어올림

이 방법은 초기 회복을 빠르게 하고 2차 손상을 방지합니다.

응급처치 중 필수 암기 항목입니다,

* OB 판정 기준은?

OB 말뚝 또는 선을 기준으로, 공이 완전히 넘어가면 OB로 판정하며 2벌타가 주어집니다.

공은 나간 지점에서 2클럽 이내 드롭 후 플레이를 재개합니다.

흰 말뚝이 기준이며, 공이 말뚝 너머라도 다시 안쪽으로 들어왔다면 OB 아님.

* 공을 분실한 경우 찾을 수 있는 시간은?

3분 이내입니다.

해당 시간 내에 공을 찾지 못하면 분실구로 처리되며, 2벌타를 받고 원래의 위치 또는 예상 지점에서 플레이를 재개합니다.

*** 심폐소생술(CPR)에 대해 설명하시오**

CPR은 심장이 멈춘 사람에게 인공적인 혈액순환과 산소 공급을 하는 응급처치법입니다.

- 주변 안전 확보
- 119 신고 및 AED 요청
- 의식·호흡 확인
- 가슴 정중앙 압박 30회 반복
- AED 도착 시 설명에 따라 사용

골든타임은 4분, 빠른 대응이 생명을 살립니다!

*** 백카운트 방식이란?**

동타 발생 시, 후반홀부터 점수를 거꾸로 비교해 승부를 가리는 방식입니다.

예) 18홀 경기에서 동점이면 B코스 점수를 비교 → 그래도 같으면 9,8,7... 순으로 비교

*** 하임리히법(기도폐쇄 응급처치)**

기도에 이물질이 걸렸을 때, 복부를 빠르게 밀어올리는 압박을 통해 이물질을 제거하는 방법입니다.

환자 뒤에서 팔을 둘러 명치 위, 배꼽 위에 주먹을 대고 다른 손으로 감싸 위쪽으로 빠르게 압박

효과가 없을 시 반복 후 CPR 고려

〈par 3 상황〉

* 티샷을 치고 두 번째 샷에서 OB)가 나서 처치 후 3번째 샷에 컵 인을 했다. 몇 타인가?

- 티샷
- 2번째 샷 (OB)
- 3번째 샷 (컵인)
= 몇 타인지 쓰시오 / 5타

* 위와 같은 ob 발생 시 부여되는 벌타는 몇 타인가? / 2타

〈par 4 상황〉

* 첫 번째 티샷을 친 공이 나무 밑동 앞에서 멈추어 도저히 공을 칠 수 없는 상황이 발생했다. 처치를 하고 두 번째 샷 그리고 세 번째 네 번째 샷에 컵 인을 하였다. 몇 타인가?

- 티샷
- 공이 나무 밑 등 앞에서 멈췄다.
- 도저히 공을 칠 수 없는 상황이라 언 플레이의 볼을 선언
- 처치 후 2번째 샷
- 3번째 샷

- 4번째 샷에 컵인

= 몇 타인지 쓰시오 / 6타

* 위와 같이 도저히 공을 칠 수 없는 상황을 무엇이라 하는가?

/ 언 플레이의 볼

〈par 3 상황〉

* 첫 번째 티샷을 한 공이 나무를 맞고 플레이어의 몸에 맞았다. 이후 두 번째 세 번째 샷에 컵 인을 했다. 몇 타인가?

- 티샷

- 티샷 한 공이 나무를 맞고 플레이어의 몸에 맞았다.

- 2번째 샷

- 3번째 샷에 컵인

= 몇 타인지 쓰시오 / 계산 요망

* 위 와 같이 본인이 친 공이 몸에 맞았을 때는 벌타가 있다? 없다? 있다면 몇 벌타인가? / OX 방식 / O 2타 (다시 확인 필요)

〈par 3 상황〉

* 첫 번째 티샷을 진행할 때 헛스윙을 하여 공이 맞지 않았다. 이후 두 번 만에 컵인 하였다. 몇 타인가?

- 티샷 (헛스윙)

- 샷

- 샷 (컵인)

= 몇 타인지 쓰시오 / 계산 요망

〈par 4 상황〉

* 첫 번째 티샷을 치고, 두 번째 샷에서 공이 어린 나무들이 자라는 곳에
안착했다. 처치 후 다음 샷에서 우측으로 OB가 났다. 처치 후 샷을
하고, 다음 샷에 컵인 하였다. 몇 타인가?

- 티샷

- 샷 (수리지 안착)

- 샷 (OB)

- 샷

- 샷 (컵인)

3. 예시 문제 (객관식 형태)

* 파크골프에서 그린 위에 있는 공을 마크 없이 집어 올렸을 때의
벌타는?

가. 1벌타   나. 2벌타

다. 무벌타   라. 3벌타

(정답: 나. 2벌타)

* **다음 중 파크골프 코스에 해당하지 않는 것은?**

가. 페어웨이   나. 그린

다. <u>오프로드</u>   라. 벙커

(정답: 다. <u>오프로드</u>)

* **파크골프 경기 중 안전을 위해 다른 사람에게 공이 날아갈 위험이 있을 때 외치는 구호는?**

가. 파이브!   나. 포어!

다. 헤드업!   라. 굿샷!

(정답: 나. 포어!)

* 합격 테스트 예상 문제 (30문항)

1. 다음 중 파크골프 경기에서 '볼 인 플레이'가 되는 순간은?

① 티샷을 준비하는 순간   ② 스코어를 적는 순간

③ 티 샷을 한 순간   ④ 동반자가 스윙 준비하는 순간

2. 다음 중 볼을 교체할 수 있는 경우는?

① 심판 없이 본인이 판단하여 자유 교체 가능

② 색이 마음에 들지 않을 때

③ 흠집이 조금 났을 때

④ 심하게 파손된 경우 또는 심판의 허락이 있을 때

3. 볼마크를 할 때 올바른 위치는?

① 공 바로 앞　　　　　　② 공 오른쪽 10cm

③ 공 뒤 약 1~2cm 직선 라인　　④ 어디든 상관 없다.

4. 티샷 순서를 잘 나타낸 것은?

① 전 홀 스코어 높은 사람 우선

② 전 홀 스코어 낮은 사람 우선(언더파 순)

③ 나이 많은 사람 우선

④ 임의로 정함

5. O.B(Out of Bounds) 지역에 대한 설명으로 옳은 것은?

① 노란 말뚝으로 표시

② 백색 말뚝으로 표시되는 코스 밖 지역

③ 코스 내 러프 지역

④ 페널티구역과 동일

6. 볼이 바람에 의해 움직였을 때의 조치로 옳은 것은?

① 1벌타

② 2벌타

③ 벌타 없이 새 위치에서 플레이

④ 처음 위치로 복귀

7. 언플레이어블 선언 시 선택 할 수 없는 것은?

① 원위치로 돌아가기

② 홀과 라인을 기준으로 뒤로 가서 드롭

③ 두 클럽 이내 드롭

④ 벌타 없이 원하는 위치로 드롭

8. 페널티구역(해저드) 말뚝 색상은?

① 흰색

② 빨강 또는 노랑

③ 파랑

④ 초록

9. 페널티구역에서의 구제 옵션이 아닌 것은?

① 원위치로 돌아가기(2벌타)

② 라인 뒤로 후방 드롭(2벌타)

③ 래터럴 드롭(2벌타)

④ 무벌타 구제

10. 경기 중 공이 파손되었다. 옳은 조치는?

① 그대로 플레이

② 무벌타로 볼 교체 후 리플레이스

③ 2 벌타 후 교체

④ 홀 아웃까지 유지

11. 동반자의 스윙에 방해된다는 이유로 임의로 볼마크를 옆으로 이동시킨 경우 벌타는?

① 없음

② 2벌타

③ 1벌타

④ 실격

12. 스코어카드 관리는 누가 최종적으로 책임지는가?

① 동반자

② 경기 위원장

③ 플레이어(선수) 본인

④ 캐디

13. 파크골프 경기에서 가장 중요한 안전수칙은?

① 공이 오른쪽으로 갈 때만 외치기

② 타구 시 "볼!" 외치기

③ 뒤 팀이 오더라도 계속 플레이

④ 뛰면서 플레이

14. 다음 중 심판의 역할이 아닌 것은?

① 규칙 판정

② 안전관리

③ 경기 진행 속도 조절

④ 선수에게 클럽 선택 조언

15. 경기 중 동반자가 실수로 공을 움직였을 때?

① 2벌타   ② 벌타 없이 원위치 리플레이스

③ 1벌타

OX 문제

16. (O/X) 파크골프 공은 선수 마음대로 언제든 교체할 수 있다.

→ X

17. (O/X) 볼마크는 공 뒤쪽에 직선으로 표시하는 것이 원칙이다.

→ O

18. (O/X) 페널티구역에 공이 들어가면 반드시 원위치에서 다시 쳐야
    한다.

→ X (여러 구제 옵션 있음)

19. (O/X) O.B가 나면 2벌타 후 원구가 나간 지점으로 돌아간다.

→ O

20. (O/X) 언플레이어블 선언은 본인만 할 수 있다.

→ O

21. (O/X) 공이 움직인 원인이 본인 일 경우에는 벌타가 적용된다.

→ O

22. (O/X) 심판은 경기 도중 선수에게 스윙 조언을 할 수 있다.

→ X

23. 선수 A가 퍼팅 시 라인을 보기 위해 동전 대신 티를 사용해
    마크했다. 올바른 조치는?

→ 마크 도구 제한 없음, 문제없음

24. 선수 B의 공이 빨간 말뚝 구역으로 들어갔다. 선택할 수 있는
    옵션은?

→ 2 벌타 후

① 원위치 재타   ② 말뚝 라인 기준 후방 드롭
③ 래터럴 드롭

25. 선수 C가 스윙 중 뒤 팀이 너무 가까이 와 있어 위험하다 판단했다.
    심판의 올바른 조치는?

→ 즉시 경기 중단 후 안전거리 확보 지시

26. 선수 D의 공이 바람 때문에 굴러서 더 좋은 위치에 멈췄다. 조치는?

→ 벌타 없이 새 위치에서 플레이

27. 팀원이 공 근처에서 실수로 공을 밟아 움직였다. 판정은?

→ 선수에게 벌타 없음 / 공을 원위치로 리플레이스

28. 선수 E가 마크를 앞쪽에 살짝 놓고 유리하게 위치를 변경했다. 판정은?

→ 2벌타 + 원위치 리플레이스

29. 퍼팅 중 선수 F의 공이 홀 가장자리에 멈췄다. 규칙은?

→ 정지된 상태로 간주하며 타수 다음 타 수행

30. 다음 중 즉시 경기 중단 사유는?

→ 낙뢰 또는 위험 요소 발생 시 (안전이 최우선)

【 스포츠 사회학 】

1. 스포츠 사회학에 대한 설명으로 바르지 않은 것은?

① 스포츠와 사회관계에 관심을 둔다.

② 스포츠과학의 분과 학문이다.

③ 스포츠에서 불안과 학습제어를 연구 대상으로 한다.

④ 스포츠의 맥락에서 인간의 사회 행동 법칙을 규명 한다.

2. 사회구성원의 긴장과 공격성을 해소해 주는 기능에 해당하는 것은?

① 사회 정서적 기능   ② 사회통제 기능

③ 사회화 기능   ④ 사회통합 기능

3. 스포츠와 정치의 결합방법에 대한 설명으로 바른 것은?

① 상징은 자신과 타인이 일치된 상태를 의미한다.

② 동일화는 운동선수가 국가를 대표하는 것을 의미한다.

③ 통제는 국가가 스포츠참여를 제한하는 것을 의미한다.

④ 조작은 정치권력이 인위적 개입을 통해 상징 등의 효과를 극대화

하는 것을 의미한다.

4. 국가가 스포츠에 개입하는 원인에 해당되지 않는 것은?

① 국민 여가기회 제공　② 경기규칙의 선진화

③ 국민 건강증진　④ 정부에 대한 지지 확보

5. 국제정치에서 스포츠의 역할과 거리가 먼 것은?

① 외교적 친선　② 남성지배 이데올로기 강화

③ 국제 이해와 평화　④ 국위 선양

6. 상업주의로 인한 스포츠의 변화 중 성격이 다른 하나는?

① 아마추어리즘의 퇴조　② 득점체계 다양화

③ 극적인 요소의 극대화　④ 광고를 위한 경기시간 조정

7. 국제스포츠이벤트의 사회적 기능에 해당되지 않는 것은?

① 지역주민의 자긍심 제고　② 개최지역의 이미지 제고

③ 순기능적 효과만 발생　④ 기반시설의 확충

8. 스포츠의 교육적 기능 중 성격이 다른 하나는?

① 사회화 촉진　② 학교 내 통합에 기여

③ 정서함양 및 순화에 기여　④ 일반학생의 참가기회 제한

9. 학원스포츠의 문제점에 해당되지 않는 것은?

① 학생선수의 학습권 제한　　② 학생선수의 폭력 문제

③ 학생선수의 인권 침해　　④ 최저학력제 도입 및 운영

10. 스포츠미디어의 유형이 다른 하나는?

① 신문　　② 인터넷

③ 모바일 기기　　④ 비디오 게임

11. 스포츠가 미디어에 미치는 영향으로 바르지 않은 것은?

① 미디어콘텐츠 제공　　② 스포츠경기 일정 조정

③ 미디어 기술의 발전　　④ 스포츠보도 위상 제고

12. 적재적소에 인재 배치를 주요 목적으로 하는 것은?

① 지위의 분화　　② 지위의 평가

③ 지위의 서열화　　④ 보수부여

13. 사회계층에 따른 스포츠참가에 대한 설명으로 바른 것은?

① 학력이 높을수록 스포츠참가 경향이 높다.

② 사회계층은 스포츠참가와 관계가 없다.

③ 소득수준에 따라 스포츠참가에 차이가 없다.

④ 직업은 스포츠참가에 영향을 미치지 않는다.

14. 2군 감독에서 1군 감독으로 소속이 변경된 사회 이동 유형은?

① 수평이동

② 하향이동

③ 수직이동

④ 세대 간 이동

15. 스포츠참가 자체를 의미하는 스포츠사회화 과정 모형은?

① 스포츠로의 사회화

② 스포츠를 통한 사회화

③ 스포츠로부터의 탈사회화

④ 스포츠로의 재사회화

16. 청소년기에 가장 영향력이 큰 사회화 주관자는?

① 가족

② 지역사회

③ 대중매체

④ 또래집단

17. 스포츠재사회화에 대한 설명으로 바른 것은?

① 친구들과 처음 스키캠프에 참가

② 선수생활 중단 5년 후 스포츠클럽 지도자로 활동

③ 경기 중 부상으로 운동선수생활 은퇴

④ 건강을 위해 처음 수영강습에 참가

18. 관중 폭력 발생의 주요 결정 요인은?

① 관중의 규모가 적음

② 관중의 밀도의 낮음

③ 앉아 있는 관중이 많음

④ 경기의 중요도가 매우 높음

19. 미래의 통신 및 전자매체가 스포츠변화에 미친 영향으로 바르지 않은 것은?

① 미디어에 의한 스포츠 정보 제공

② 스포츠 직접참가 인구의 급격한 감소로 국제스포츠 이벤트 소멸

③ 미래스포츠에 대해 상상할 수 있는 다양한 정보 제공

④ 미디어 제작자들의 미래 스포츠 모습에 대한 영향력 증가

20. 테크놀로지 발전에 따른 미래 스포츠의 변화로 거리가 먼 것은?

① 스포츠 장비 개선　　　　　② 뉴 스포츠의 지속적 등장

③ 스포츠 활동의 위험성 증가　　④ 최상의 운동수행 능력 발현

※ 맞는 답에 ○ 하시오 (20문제)

【스포츠 윤리】

1. 괄호 안에 들어갈 말을 순서대로 바르게 짝지어 놓은 것은?

> 체육교사가 배우자 명의로 배우자와 함께 술집을 운영하는 것은 (　　　)로는 문제가 되지 않을 수 있지만, 교직 (　　　)으로는 문제가 될 수 있다.

① 상식적 - 도덕적　　　　　② 도덕적 - 윤리적

③ 윤리적 - 도덕적　　　　　④ 도덕적 - 상식적

2. 스포츠윤리에 관한 설명으로 바르지 않은 것은?

① 스포츠행위 중 가장 기본적이고 상식적인 것

② 스포츠를 어떻게 해야 할 것인가에 대한 올바른 목적과 행위

③ 승리를 위한 의도적 파울(foul) 전략

④ 스포츠 현장에서 요구하는 규칙과 기본적 원리 준수

3. 현대스포츠에서 발생하는 문제의 윤리적 원인에 대한 해결방안으로 바른 것은?

① 승리를 최우선 목적으로 설정

② 권위주의 기반의 상하 교육체계

③ 스포츠 경기를 위한 전술 훈련

④ 인간성 회복과 감성의 스포츠 교육

4. 스포츠 또는 스포츠윤리와 가장 거리가 먼 것은?

① 아곤(agon) ② 아레테(arete)

③ 알레아(alea) ④ 에토스(ethos)

5. 스포츠에서 형식적 공정 유지를 위해 가장 필요한 것은?

① 승리 ② 기술

③ 행운 ④ 규칙

6. 선수의 내적통제를 통한 승부조작을 최소화 할 수 있는 방안은?

① 윤리교육 강화 　　　　② 법적처벌 강화

③ 비디오 판독 시스템 구축 　　　　④ 심판의 수 증가

7. 스포츠 성폭력 방지책으로 적당하지 않은 것은?

① 체육지도자와 청소년들의 성별융합 학습교육 실시

② 주변사람의 묵인과 사회적 무관심

③ 체육단체들의 의무적 예방교육의 필요성

④ 스포츠성폭력 전문상담원 배치

8. 스포츠에서 인종차별 극복 방안이 아닌 것은?

① 인종을 초월한 실력으로 경쟁 　　② 인종에 대한 편견 해소

③ 차별철폐의 이념과 방법론 　　④ 국수주의적 이념으로 전환

9. 다음과 같은 원칙과 이를 주장한 사람을 바르게 짝지은 것은?

> 쾌락을 극대화 하고 고통을 최소화 하는 것은 감각을 가진 모든 생명체의 이익에 동등하게 고려되어야 한다. 따라서 인간뿐 아니라 감각을 가진 동물도 도덕적 배려의 대상이 되어야 한다.

① 동물학대 금지의 원칙 - 플라톤

② 이익평등 고려의 원칙 - 피터 싱어

③ 인간종족 배려의 원칙 - 베이컨

④ 쾌락과 고통의 평등원칙 - 제레미 벤담

10. 학교체육에서 반사회적인 행위를 순화 및 구체화시켜주는 체육의 심리학적 가치는?

① 근원적 경향의 제어　　　　② 개인주의의 억제

③ 인본주의의 가치　　　　　④ 욕구불만의 해소

11. 이종격투기에서 나타나는 사회 윤리적 측면의 문제는?

① 폭력에 대한 무감각 및 중독 초래

② 자기신체방어 기술의 증가

③ 경기 패배로 인한 자신감 감소

④ 신체수련을 통한 정신력 강화

12. 2013년에 발표한 '스포츠 폭력 근절대책'에서 '폭력 예방활동 강화'를 위한 방안에 해당하지 않는 것은?

① 폭력지도자 체육현장에서 배제

② 선수지도 우수모델 확산

③ 폭력가해선수 보호 및 지원 강화

④ 인성이 중시되는 학교운동부 정착

13. 괄호 안에 들어갈 말로 올바른 것은?

> 관중 폭력은 경기에서 스포츠 참여의 관여를 향한 사람들의 (   )와(과) 스포츠에 대한 지역사회 지지에 중요한 영향을 미친다. 그래서 특별히 젊은이들이 비윤리적 행위를 거부하기 위한 적절한 (   )을 고취시키는 것이 매우 중요하다.

① 태도 - 윤리적 가치관　　　　② 규범 - 법리적 공공성

③ 윤리 - 사회적 합리성　　　　④ 시선 - 합리적 타당성

14. 다음은 무엇에 대한 설명인가?

> 선수가 운동경기에서 성적을 향상시킬 목적으로 약물을 사용하거나 특수한 이학적 처치를 하는 일

① 심폐소생술　　　　　　　② 운동처방 및 재활

③ 도핑　　　　　　　　　　④ 웨이트 트레이닝

15. 미국 학생선수들의 최저학력제를 관리 감독하는 조직은?

① NCAA   ② PTA

③ PGA   ④ ESPN

16. 체육지도자가 지녀야 할 덕목이 아닌 것은?

① 책임감   ② 창의적 사고

③ 스포츠맨십   ④ 맹목적 승리추구

17. 학교체육의 역할로 적절하지 않은 것은?

① 창의적 이탈행위의 개발과 교육

② 사회적 이탈행위에 대한 정화적 역할

③ 사회적 존재로서의 공동체의식 고취

④ 학교 환경적응과 갈등 해소기회 제공

18. 스포츠윤리의 실천과제로 적당하지 않은 것은?

① 스포츠윤리 의식의 패러다임 전환

② 우수선수의 연금수혜에 대한 과제

③ 스포츠행위자에 대한 법적 과제

④ 스포츠윤리강령 제정 및 조정시스템 구축

19. 심판의 오심을 바로잡기 위한 방안으로 적절하지 않은 것은?

① 심판의 판정능력 향상을 위한 반복훈련

② 심판의 권위의식 강화 및 명예심 고취

③ 상임심판 제도의 확립과 적절한 보수를 통한 전문성 제고

④ 심판의 질적 향상을 위한 교육기회 확대

20. 스포츠 조직의 윤리적 문화 조성에 필요한 효과적인 행동 수칙 내용으로 바르지 않은 것은?

① 수칙은 애매모호하지 않아야 한다.

② 수칙은 그 수칙이 적용될 사람들에게 확실히 명시되어야 한다.

③ 수칙은 위반의 결과를 명확히 해야 한다.

④ 수칙은 반드시 예외 조항을 다루어야 한다.

【 파크골프 이해 】

※ 맞는 답에 ○ 하시오 (25문제)

1. 파크골프가 시작한지역은 어디입니까?

① 일본-동경　　　　② 일본-홋가이도

③ 일본-교토　　　　④ 일본-후쿠오카

2. 파크골프의 목적은?

① 노인들의 소 일거리를 해소 하기 위해서

② 남은 유휴지 활용으로 돈을 벌기 위해서

③ 남녀.노소 장애인 들과 함께 건강증진을 위하고 함께 즐기기 위하여

④ 일반골프보다 싸게 골프를 즐기기 위하여.

3. 파크골프 코스 조성시 지켜야 할 사항은?

① 특별한 규칙이 없으므로 골프장 여건에 따라 임의대로 만든다.

② 재미를 다하기위하여 1홀의 길이를 140m 까지 늘릴 수 있다.

③ 코스의 여건에 따라 벙커나 워터 헤저드(웅덩이)를 조성할 수 있다.

④ 18홀의 코스 총 길이는 1.000m 이다

4. 다음에 맞는 것은?

① 18홀에 최장거리 5 코스가 3곳에 있다.

② 최장거리 코스가 180m 이다.

③ 18홀의 전체 거리가 900m 라야 한다.

④ 최장거리는150m 이내이며 9홀에 1코스로 한다.

5. 경기할 때 꼭 지켜야 할 사항은?

① 특별히 지킬 에티켓은 없다.

② 경기 중에는 큰소리를 내지 않아야 하며 게임에 방해가 되지않도
록 한다.

③ 운동화나 골프화가 없을때는 구두를 신어도 무방하다.

④ 흡연장소가 따로 없으므로 아무곳에서나 담배를 피워도 좋다.

6. 경기중에 지켜야 할 사항중 틀린 것은?

① 6인 이상 조를 짜서 해도 무방하다.

② 코스사정에 따라 빈 홀에서 경기를 시작해도 무방하다.

③ 플레이 하는사람 과 공이 나란히 있을 때 동의를 얻어 앞에 있는
공을 먼저 플레이 할 수 있다.

④ 같은조의 플레이어가 어드레스 할때는 친목 도모를 위하여 큰소리
로 격려 해준다.

7. 클럽 잡는 방법이 아닌 것은?

① 인터로킹 그립　　　　　　② 베스볼 그립

③ 오버레핑그립　　　　　　④ 파워그립

8. 코스를 돌 때 규칙 중 맞는 것은?

① 조를 편성할 때 모르는 사람은 불편하므로 1-2인 만이 플레이 한다.

② 2 타째 부터는 홀컵에서 먼 사람부터 플레이 한다.

③ 경기중이라도 동반자가 잘못 하드라도 어드바이스를 할 수 있다.

④ 클럽은 경기중에 마음대로 바꿀 수 있다.

9. 티샷(1번타)할 때 규칙 중 틀린 것은 ?

가. 어드레스 도중에 볼이 티에서 떨어졌을 때 패널티 없이 다시 티엎 한다.

나. 티샷할 때 티가 없을 때 잔디 고른곳을 찾아서 두고 티 엎 해도 된다.

다. 헛스윙 했을 경우 볼이 티에서 떨어지지 않아도 벌타로 계산한다.

라. 티그라운드에서 벗어난 곳에서 티 샷을 했을 경우 패널티를 계산 하고 볼이 멈춘 곳에서 플레이를 계속한다.

10. 플레이어가 친볼이 멈춘 곳에 작은 잡목과 잡초가 있다. 플레이어가 어떻게 해야 할까요? 맞는 것은?

① 플레이에 방해가 되므로 잡목과 잡초를 뽑는다.

② 잡목은 고정물 이므로 그대로 놔두고 잡초만 뽑는다.

③ 잡목은 고정이므로 그대로 두고 잡초는 눌러 서치기 편하게해서 친다.

④ 그 상태에서 플레이 한다.

11. 제2타 이후에도 어드래스 한뒤 볼이 움직 였을 때의 규칙은?

① 벌타없이 다시 제자리에 놓고 친다.

② 벌타없이 움직인 자리에서 그대로 친다.

③ 1벌타 가산후 원래의 자리에서 플레이 한다.

④ 벌타 없이 1타로 간주하고 움직인 자리에서 친다.

12. 자신이 친 볼에 자신이 맞았을 때 규칙은?

① 1벌타 후 자신이 친 자리에서 다시 친다.

② 2벌타 가산 후 볼이 멈춘 자리 에서 친다.

③ 벌타 없이 자신이 친 자리 에서 다시 친다.

④ 벌타 없이 볼이 멈춘 곳에서 다시 친다.

13. 자신이 친볼이 움직이지 않는 바위밑에 멈추어 볼을 옆으로 나오게 하여 쳤다. 맞는 것은?

① 1벌타 후 멈춘 위치에서 플레이 한다.

② 1벌타 후 치기 좋게 움직인 자리에서 플레이 한다.

③ 2벌타 후 멈춘 위치 에서 플레이 한다.

④ 2벌타 후 치기좋게 움직인 자리에서 플레이 한다.

14. 자신의 볼이 아닌 동반자의 볼을 친 경우 맞는 것은?

① 1벌타 가산후 동반자의 볼을 제자리에 갖다 놓고 자신의 볼을 다시 친다.

② 2벌타 가산후 동반자의 볼을 제자리에 놓고 자신의 볼로 다시 친다.

③ 1벌타 가산 한뒤 홀 아웃 때까지 바뀐 볼로 친다.

④ 2벌 타 후 가산후 홀 아웃 때까지 바뀐 볼로 친다.

15. 페어웨이나 그린에서 두사람의 볼이 홀의 방향으로 나란히 서 있을 경우 취 할수 있는 행동은?

① 홀에서 가까운 볼의 동반자에게 먼저 플레이 한다.

② 홀에서 먼 볼의 플레이는 가까운 볼의 동반자에게 마크를 요구할 수 있다.

③ 홀에서 가까운 볼의 동반자는 자신의 볼이 상대 동반자가 불편하지 않게 임시로 볼을 옆으로 치워 놓는다.

④ 홀에서 가까운 볼의 동반자는 마크가 퍼팅에 방해가 된다며 마크를 옆으로 이동시켜 줄 것을 요구했을 때 한뼘정도 옆으로 이동 시켜 줄 수 있다.

16. 볼이 모래가 있는 벙커에 빠져서 발로 주변 모래를 고르게 한뒤 플레이를 했다. 맞는 것은?

① 클럽으로 고르는 것은 상관없어나 신체의 일부인 발을 사용했으므로 1벌타로 가산한다.

② 볼이 움직이지 않으면 무 벌타 이다.

③ 클럽이나 발등을 이용하여 볼의 주변을 고를 경우는 2벌타를 가산한다.

④ 클럽이나 발등을 이용하여 볼의 주변을 고를 경우 1벌타를 가산한다.

17. 워터 해저드 의 물속에 볼이 들어갔을 경우?

① 1벌타 가산후 볼이 빠진곳에서 홀에 가까운 곳으로 2클럽 이내에 볼을 놓고 플레이 한다.

② 2벌타 가산후 볼이 빠진 곳에서 가까운 곳으로 2클럽 이내에 볼을 놓고 플레이 한다.

③ 물이 앝아서 놓인 상태에서 그대로 플래 하였으므로 무벌타로 플레이 한다.

④ 2벌타 가산후 물이 빠진 곳에서 홀이 먼 곳으로 2클럽 이내에 볼을 놓고 플레이 한다.

18. 경기도중 볼에 이물질이 묻어서 볼을 닦았다. 맞는 규칙은?

① 페어웨이에서는 언제든지 볼을 닦을수 있다.

② 그린또는 페어웨이에서 마크를 한뒤 볼을 닦을 수 있다.

③ 홀아웃 하기전에 볼을 닦으면 1벌타 가산한다.

④ 벙커의 모래가 묻었을 때 만 닦을 수 있다.

19. 2벌타 가산하게 되는 경우 중 맞지 않는 것은?

① 볼 주변의 고정 장해물을 제거 하였을 경우

② 볼을 먼저 집어 들고 난 후에 마크를 할 경우

③ 홀에 가까운 곳에 마커를 놓았을 경우

④ 자신이 스트로크 한 볼이 동반자의 볼을 맞췄을 경우

20. 옮길 수 있는 장해물에 대한 규칙으로서 맞는 것은?

① 작은 돌이나 나뭇가지 등을 치우려다 볼이 움직였을 경우에는 벌
타 없이 원위치로

② 2벌타후 볼을 옮긴 후 플레이 한다.

③ OB를 표시하기 위한 말뚝을 잠시 뺀 뒤 플레이 한 뒤 다시 말뚝을
원위치 하였을 경우는 무벌타이다.

④ 볼 주위의 옮길 수 있는 장해물은 옮겨 놓고 플레이 할 수 있다.

21. OB된 볼을 처리할 때의 올바른 방법은?

① OB된 볼은 2벌타 가산 후 그 볼이 마지막으로 OB라인을 지나친 지점에서 2클럽이내의 홀컵에 가깝지 않은 위치에서 플레이 한다.

② OB라인의 정의는 정사각형 말뚝의 중간으로 한다.

③ 볼이 OB라인에 애매하게 걸쳐있는 경우는 벌타 없이 그대로 플레이한다.

④ OB라인을 벗어난 볼을 분실한 경우는 OB 페널티인 2벌타와 분실할 때의 페널티와 합산된 페널티를 적용한다.

22. 스코어 카드 기재할 때 맞는 것은?

① 각 홀마다 동반자와 확인한 후 스코어를 기재 한다.

② 스코어를 실수로 적게 신고하였을 경우 이를 정정 할 수 있다.

③ 실제 스코어보다 많게 신고한 경우도 동반자의 확인 후 정정 할수 있다.

④ 스코어 카드는 경기 진행자만이 작성할 수 있다.

23. 파크골프의 18홀의 표준 타 수는?

① 66타

② 68타

③ 70타

④ 72타

24. 파와 타수를 설명한 것 중 틀린 것은?

① 파 - 코스에 설정된 타수로 홀 아웃 한다.

② 버디 - 코스에 설정된 타수보다 1타 적게 홀 아웃 한다.

③ 보기 - 코스에 설정된 타수보다 2타 많게 홀 아웃 한다.

④ 알바트로스 - 코스에 설정된 타수보다 3타 적게 홀 아웃 한다.

25. 플레이어의 순서를 정하는 방법 중 맞는 은?

① 연장자 순으로 한다.

② 특별한 규칙이 없으므로 동반자끼리 임의로 정 한다.

③ 첫 번째 1홀의 스코어가 최소인 플레이어가 다음홀 에서 제일 먼
저 티 샷을 한다.

④ 경기 운영위원회에서 순서를 정한 것에 따른다.

시험장에서 꼭 기억해야 할 3가지!

크게, 또박또박, 자신감 있게 말해야 합니다.

모르는 문제도 끝까지 설명하는 자세를 보여 줍니다.

짧고 정확한 키워드 중심 대답 준비를 합니다.

온월드파크골프연맹
ON WORLD
PARK GOLF ASSOCIATION

초대합니다

온월드파크골프연맹 & 한국프로파크골프선수단 창단,
실내외 전용 골프장 개장이 온그룹 후원과 여러분의 적극적인
성원에 힘입어 성공적인 진행이 추진되고 있습니다.

파크골프 지도사 자격증 강의

*대상 : 지점장,지부장
-설계이사는 파크골프 결합상품 가입시킨 분
-설계이사 중에 꼭 자격증을 따고 싶은 분
-결합상품 계약한 회원
*일시: 2025년11월 8일 14시
*장소: 온병원 15층 on홀
*자격증 등록금
->임윤정 과장에게 납부 하세요.
*강의 : 파크골프 강사
*강의내용 : 지도사 이론
->실습 : 실습은 별도로 진행(일정 별도통보)

주최 : 온월드파크골프연맹
후원 : ON 온그룹 한국프로파크골프선수단

고려대학교 교내 파크골프 교육·연구·체험 복합시설(500평) 설치·운영(기부채납형) 제안서

- **발신:** 고려대학교 고령사회연구원 (미래전략센타)
- **수신:** 고려대학교(총장실/대외협력처/시설과/산학협력단)

0. Executive Summary

1. 제안 개요

2. 연구원 미션 정합성(요지)

3. 시설 구성(개정 확정안)

    A. 실내 교육·실습존— 전용500평(스크린40타석)

    B. 측정·분석실— 학내 공동사용

    C. 세미나·국제교류— 학내 공동사용

    D. 커뮤니티— 학내 공동사용

    E. 운영·안전— 학내 공동사용
     핵심: 전용 면적은 **A존500평**에 집중(수용력·회전율·안전·품질 확보).

    B~E기능은 공동사용으로 초기 고정비와 유지비 최소화.

4. 500평 필요성 및 배치·동선

5. 대상·프로그램(요약)

6. 운영·정산 체계(핵심 조항 제안)

7. 기부채납 및 소유권

8. 안전·준법·보험

9. 추진 일정(안)

10. KPI(평가·연장 기준)

11. 리스크 및 대응

12. 요청 사항

부속서A. A존500평 세부 면적표(예시)

타석 구역	320	스크린40타석(간격·완충 포함)
공용 통로·안전	90	관람/대기·이동 동선, 완충·비상로
숏게임 구역	60	퍼팅·치핑 트레이닝 존
관제·정비·수납	30	관제석, 장비정비, 수납·응급
합계	500	

부속서B. 손익계산서(연간) — 총공사비20억 기준(변경 없이 재확인)

회계 가정: 감가상각10년 정액(연2억, 비현금비용) / 단위: 억 원

수강·프로그램 매출	100	200	300
부대수입(약10%)	10	20	30
총매출	110	220	330
대학 배분(30%)	33	66	99
인건비(강사·운영)	25	40	55
시설유지·관리(O&M)	10	10	12
마케팅·홍보	5	10	15
교육자재·장비	8	12	18
일반관리비(G&A)	10	15	20
감가상각(20/10년)	2	2	2
보험·준법	1	2	3
총비용	94	157	224
영업이익	16	63	106
영업이익률	14.5%	28.6%	32.1%

정산 예시(기준B): 월 평균 총매출18.3억 → **대학 정산5.5억(30%)**/ 운영사12.8억(70%)

장애인 파크골프

장애인파크골프는, 2007년 전국장애인체육대회에 전시 종목으로 채택되어 장애인스포츠와 접목되면서 차세대 장애인스포츠로 자리매김하고 있으며, 세부종목으로 휠체어와 스탠딩으로 구성되어 있다.

2003년 국내에 처음 소개되었으나 많은 관심을 받지 못하다가, 2004년 경기용구, 경기 운영 및 진행 등을 장애인의 정서와 특성에 맞추고, 파크골프의 단점인 단순함을 보완하여 스포츠로서의 요소를 추가하면서 사람들로부터 조금씩 관심을 받기 시작해 지금은 장애인들이 가족단위로 즐길 수 있는 경기로 각광받고 있다.

1) 장애인 파크골프 무엇이 다른가

기본적으로 파크골프의 경기 방식·룰을 그대로 적용하되, 장애 유형

(휠체어·지체·시각·청각·지적/발달 등)에 맞춰 접근성(이동/정보/안전)
+ 보조장비 + 운영규정(보조인, 이동기기, 배려 규정)**을 함께 설계하
는 종목이다.

국제적으로는 골프 쪽에서 장애인 규정(예: Rule 25 등)을 별도로 두
고, 휠체어/보행보조기/시각장애 등 상황별로일부 규칙을 "수정 적용"
하는 체계를 갖고 있다.

2) 국내 "현황"

1) 조직·대회

국내에서는 대한장애인골프협회(http://kdpga.koreanpc.kr/org)가
장애인 골프/파크골프 종목 소개 및 대회·규정 자료를 공지하고 있다.

협회 공지로 전국 단위 장애인 파크골프 대회 개최 안내도 확인된. 또
한 전국 장애인체전(또는 관련 대회) 참가 요강 형태로 등급/포인트 등
운영 요소가 문서로 안내되는 경우가 있다.

2) 시설(전용구장 vs 공용구장)

현장에서 시설은 보통 3가지 모델로 구상된다.

가. 완전 전용구장(장애인 전용)

나. 우선 이용/전용시간제 구장(일반 구장이되 특정 시간·요일은 장애
인 우선)

다. 공용구장에 UD(유니버설디자인) 강화(사실상 "함께 쓰는 전용 수준")

국내 파크골프장 자료 목록에는 "장애인 파크골프 구장"으로 표기되어 운영한다.

3) "차별/가입 제한" 이슈도 함께 관리해야 함

국가인권위원회는 장애인 단체 소속을 이유로 비장애인 협회 가입을 제한한 사안을 차별로 판단·권고한 바 있다. 즉, 시설·대회 운영에서 "분리"만이 답이 아니라, 통합(동일 시설/동일 커뮤니티 접근권) 원칙을 함께 고려해야 한다.

4) 전용(또는 우선 이용) 파크골프장 설계·운영 시 핵심 주의 사항

A. "이동 접근성"이 코스보다 먼저 설계해야 한다

파크골프는 "그린/티/페어웨이" 이전에, 주차→진입→클럽하우스/화장실→대기→티박스→홀 간 이동의 연속 동선이 필요하다.

- **법/제도:** 한국은 「장애인·노인·임산부 등의 편의 증진 보장에 관한 법률」 체계에서 운동시설 등 대상시설의 편의시설 설치가 논의·적용된다.

(공원형 파크골프장이라면) 한국장애인개발원의 BF(Barrier Free) 인증 '공원 편' 매뉴얼이 동선·안내·위생시설·보행 연속성 관점에서 운영되어야 한다.

실무 체크 포인트

단차(턱) 제거, 경사로/우회로 확보(휠체어·보행 보조기 기준)

홀 간 이동 동선 폭/회전반경(2대 교행·회차 가능)

휴식 포켓(그늘·벤치)과 응급 접근(구급차 동선)

비·눈·결빙 대응(미끄럼 저감 포장, 배수, 겨울 운영 계획)

B. "코스(티박스·그린·길)"은 휠체어 기준으로 재점검 한다.

골프(및 유사 시설) 접근성 가이드는 카트패스/순환로/핵심 요소 접근을 고려한다. United States Access Board의 골프 코스 접근성 가이드는 설계 초기에 레이아웃과 카트패스/순환로를 먼저 잡으라고 명확히 밝히고 있다.

파크골프에 적용하면:

- **티박스:** 휠체어가 "정렬→스윙"할 수 있는 평탄 구역(측면 여유 포함)

- **그린:** 지나치게 빠른 경사(휠체어 제동/회전 위험), 가장자리 낙차/ 배수구 위험 제거

- **OB/해저드:** '볼 찾기' 동작이 어려운 이용자를 고려해 안전한 접근 포인트/대체 드롭 구역 마련

- **브리지/수로 횡단:** 폭·난간·미끄럼·시야(시각장애)까지 동시 고려

C. "정보 접근성(시각·청각)"을 빠뜨리면 이용률이 떨어진다

- **시각장애/저시력:** 고대비 홀 안내, 촉지도(간이), 위험구간 촉각 경고 (바닥 패턴), 안내 인력 배치

- **청각장애:** 시각 신호(호각 대신 깃발/전광), 안내문 키오스크에 자

막/그림 안내

- **발달/인지**: "규칙/동선"을 그림으로 단순화, 진행요원(코치/보조) 표준 멘트 제공

D. "운영규정(보조인·이동기기·안전)"을 문서로 고정해야 분쟁이 줄어준다

대회든 상시 운영이든, 현장 분쟁 포인트는 거의 정해져 있다.

- **보조인(aide)·캐디 동시 허용 범위**

  국제 골프 규정/가이드는 장애 유형별로 보조인의 역할과 '조언(advice)' 제한 같은 디테일을 다룬다.

  → 파크골프도 "보조 가능 범위(이동 보조/볼 찾기/스코어 기록/클럽 선택 조언 금지 등)"를 명문화하는 게 안전하다.

- **이동기기(휠체어·전동카트) 허용 구간**

접근성 논의에서는 이동기기를 어디까지 허용할지(보행로 vs 코스 내부)가 핵심 쟁점이 된다.

→ 파크골프장은 특히 "잔디 보호" 이슈가 있어, 허용 동선 + 보호 매트/우회로 + 우천 시 운영 기준을 함께 세트로 둬야 한다.

- **등급/핸디/동반 라운드 구성**

장애인 대회는 등급/포인트 운영이 함께 붙는 경우가 많다.

→ 연습라운드·친선전도 "공정성 체감"이 중요하니, 동반자 구성/티 위치/특별 로컬룰을 최소한으로 정리해두는 게 좋다.

E. "전용구장"을 만들 때 생기는 역효과도 설계로 막아야 한다

전용구장은 장점이 크지만, 운영을 잘못하면 이용 시간대가 제한돼 "활성화가 안 되거나" 비장애인과의 교류가 끊겨 "고립형 시설"이 되거나 예산·인력 부담으로 유지가 어려워질 수 있다.

그래서 실무적으로는 UD 강화 공용 + 우선시간제(대회/훈련)"가 가장 지속 가능한 모델인 경우가 많다.

(그리고 앞서 언급한 '가입 제한/차별' 이슈 관점에서도, 통합 운영 원칙을 함께 가져가는 편이 안전하다.)

4) 장애인 전용 파크골프장 현장 적용 " 체크리스트"

아래 12개만 먼저 점검해도 시행착오가 크게 줄어든다.

가. 주차→입구→화장실→대기→1번홀까지 무단차/연속 동선인가?

나. 홀 간 이동로에 교행/회차 포인트가 있는가?

다. 비·눈·결빙 시 미끄럼/배수/통제 기준이 있는가?

라. 티박스에 휠체어 스윙 평탄면이 확보되는가?

마. 그린 주변에 낙차/배수구/턱 위험이 없는가?

바. OB/해저드에 **안전 접근 포인트/대체 드롭(로컬룰)**이 있는가?

사. 코스 안내가 고대비+그림+쉬운 문장으로 제공되는가?

아. 시각·청각 장애를 위한 대체 신호(시각 신호/촉각 경고)가 있는가?

자. 보조인/캐디 역할을 정의한 운영규정 1장이 있는가?

차. 이동기기(전동휠체어/카트) 허용 구간과 잔디 보호 대책이 있는가?

카. 응급 대응(폭염·저체온·낙상·심정지) 동선/장비/AED/연락체계가 있는가?

하. "전용"이든 "우선"이든, 지역 커뮤니티와 통합 프로그램(체험·리그·교육)이 설계돼 있는가?

남양주 장애인 파크골프장 (별내파크골프장)

남양주 별내동에 위치한 9홀 규모의 장애인 파크골프장입니다. 일반 파크골프장과 다르게 장애물을 최소화하여 더욱 편리하게 라운딩 할 수 있도록 만들어져 있다. 장애인분들 이용이 우선이지만 일반인들도 라운딩 동반 가능하다.

남양주장애인파크골프장 (별내동파크골프장) 출처:파크골프커뮤니티

- **위치** : 남양주시 별내3로 244

- **이용시간** : 오전8시~오후 5시

- **9홀 규모**

- **정기휴무** : 매주 월요일

- **연락처** : 031-590-4941 (전화, 방문 예약)

양평 장애인 파크골프장

양평장애인파크골프장

경기도 양평군에 위치해 있으며 18홀 규모로 휠체어 이동이 편리하

고 이동 동선이 단순하게 조성되어 있습니다.

- **위치** : 양평군 강상면 교평리 436-2

- **이용시간** : 오전9시~오후 6시

- **18홀 규모**

- **이용요금** : 평일 2,000원, 주말 4,000

- **연락처** : 031-773-3052

유소년을 위한 공원형·저비용·저위험 생활스포츠
"파크골프" 방과후 학교 프로그램화
"두뇌 발달 + 신체 기능 향상 + 사회성 교육"

---

1. 교육 당국(교육청·학교) 입장에서의 당위성

정책적 당위성

파크골프는 학교 체육의 한계를 보완하는 생활형 스포츠

고비용 시설(체육관·수영장) 없이

☞ 학교 인근 공원·운동장 활용 가능

「학교체육진흥법」, 「늘봄학교」, 「방과후학교 활성화 정책」에 부합

안전성, 접근성, 보편성

교육적 효과

- 두뇌 발달

- 거리 계산 → 공간지각 능력

- 타격 조절 → 전두엽(판단력·계획력) 활성화

– 운동 기능 향상

- 손·눈 협응 능력

- 균형 감각

- 기초 체력(보행·코어·하체)

– 인성·사회성 교육

- 규칙 준수

- 순서 기다리기

- 승패 수용

제도적 장점

체육 전공 교사 부족 문제 해결: → 민간 지도자 연계 가능

스포츠클럽, 늘봄학교, 자유학기제와 연계 가능

2. 지역사회(지자체·공원관리청·노인회·체육회) 입장에서의 당위성

공간 활용 측면

- 기존 공원·녹지공간의 **교육적 재활용**

- 유휴 파크골프장 → 유소년 교육 프로그램화

세대 통합 효과

- 시니어 + 유소년 세대공존 스포츠
- 조부모-손주 공동 참여 가능

지역 브랜드 가치 상승

- "아이 키우기 좋은 도시"
- "스포츠 교육 친화 도시"
- 저출산 대응 정책 모델로 활용 가능

비용 대비 효과

- 축구장·수영장 대비: 설치비 ↓ 유지비 ↓ 안전사고 위험 ↓

3. 학부모 입장에서의 당위성

안전성

- 축구·야구·농구 대비: 충돌 사고 거의 없음
- 보호 장비 최소화
- 골프공이 아닌 전용 공 사용
- → 위험도 낮음

학습 보조 효과

- 거리 계산 = 수학 감각

- 방향 설정 = 공간 인지
- 집중력·자기조절력 향상

비용 부담 감소

- 고가 레슨·시설 필요 없음
- 공원 기반 무료 또는 저비용 운영 가능

정서 안정

- 자연 속 활동 → 스트레스 감소

공격성 완화

- 스마트폰 의존 감소

4. 아동(유소년) 입장에서의 당위성

재미 요소

- 공 굴리기 → 성취감 즉각 체험
- 점수제 → 게임화 가능

신체 발달

- 손목·팔·어깨 조절
- 보행 + 타격 복합운동

- 좌우 균형 감각 발달

두뇌 발달

- "어디로 칠까?"

- "힘을 얼마나 줄까?"

- → 사고력 + 판단력 훈련

사회성 형성

- 차례 지키기

- 친구 응원하기

- 룰 지키기

- 심판 역할 체험 가능

5. 방과후 필수 프로그램으로서의 종합 논리

- 파크골프는

  - ✓ 두뇌 발달

  - ✓ 운동 기능 향상

  - ✓ 사회성 형성을 동시에 충족하는

  가장 안전하고 저렴한 공공형 스포츠 교육 모델이다.

기존 스포츠 대비 장점

구분	축구·농구	수영	파크골프
부상 위험	높음	중간	매우 낮음
시설비	높음	매우 높음	낮음
연령 제한	있음	있음	없음
공원 활용	어려움	불가	가능
세대 통합	불가	불가	가능

6. 추진 전략

① 제도화 전략

- "유소년 파크골프 방과후 학교 프로그램" 시범사업

- 교육청-지자체-협회 MOU

② 운영 전략

- 학교 인근 공원 활용

- 주 1~2회 정규 편성
- 지도자 인증제 도입

③ 사회 홍보 전략

- "아이 두뇌를 키우는 공원 스포츠"
- "스마트폰 대신 파크골프"

④ 학부모 설득 전략

- 사고율 통계 제시
- 학습 효과 연계 자료 제공
- ▶ **교육 당국** : 파크골프는 안전·저비용·공공성을 갖춘 유소년 두뇌·신체·인성 통합형 교육 스포츠이다.
- ▶ **지역사회**

  공원을 활용한 파크골프는 세대 통합과 교육·복지를 동시에 실현하는 지역 스포츠 모델이다.
- ▶ **학부모** : 파크골프는 아이의 집중력·체력·사회성을 동시에 키우는 가장 안전한 운동이다.
- ▶ **아동** : 파크골프는 자연 속에서 친구들과 놀며 머리와 몸을 함께 쓰는 재미있는 게임이다.

유소년 전용 실내 파크골프장

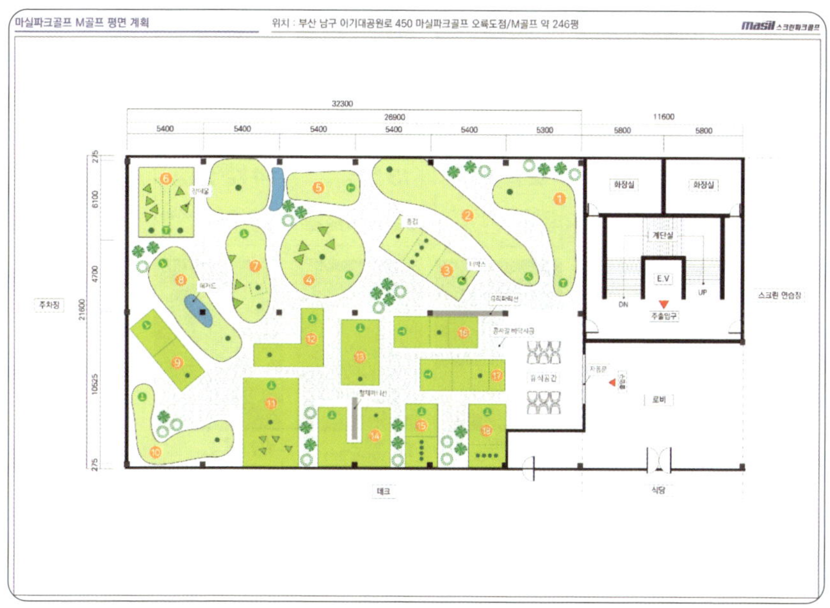

11 핀볼 코스 (Pin Ball Hole)
핀볼의 형태로 공을 경사면으로 굴려서 떨어뜨리는 코스
12 M 코스 ('ㄱ'자 코스)
'ㄱ'자 모양으로 생긴 언덕이 있는 코스
13 M 코스 (외나무다리 코스)
외나무 다리를 통과해야 홀컵에 도달할 수 있는 코스
14 M코스 ('ㄷ'자 코스)
'ㄷ'자 모양으로 이어지는 코스
15 M 코스 (점프 코스)
점프하여 여러점수의 홀컵에 넣는 코스
16 M 코스 (구름다리코스)
구름다리 모양의 언덕을 지나는 코스
17 M코스 (웨이브 코스)
위 아래로 굴곡이 있는 코스
18 M코스 (하프코스)
좌우로 굴곡이 있는 코스

유소년파크골프 방과후 교실

유소년 파크골프 방과후 프로그램 운영안
(표준 커리큘럼)

1. 프로그램 개요

- **프로그램명 :** 유소년 파크골프 방과후 스포츠 교실

- **대상 :** 초등학교 1~6학년(학년별 분반 가능)

- **운영 기간 :** 학기별 운영(12주 과정 / 주 1~2회)

- **운영 장소 :** 학교 운동장 또는 인근 공원 파크골프장

- **지도 인력 :** 파크골프 지도자 자격 보유자 또는 학교 지정 강사

2. 교육 목표

① 신체 발달

- 손·눈 협응 능력 향상

- 균형감각 및 기초 체력 증진

- 안전한 전신 운동 습관 형성

② 두뇌 발달

- 거리·방향 판단 능력 향상

- 집중력 및 문제 해결력 강화

- 자기조절력 및 계획 능력 증진

③ 사회성 및 인성 교육

- 규칙 준수와 질서 의식 함양

- 협동심과 배려심 형성

- 승패를 올바르게 받아들이는 태도 교육

3. 운영 원칙

- 안전 최우선 원칙

- 놀이 중심 학습 원칙

- 개인 수준별 지도

- 협동·배려 중심 활동

- 과도한 경쟁 지양

4. 수업 구성(1회 수업 기준)

구분	내용	시간
준비운동	스트레칭, 몸풀기	10분
이론·안전교육	규칙, 매너, 안전교육	5분
기능훈련	퍼팅·어드레스·스윙	15분
게임활동	미니코스 경기	15분
정리운동	스트레칭, 소감 나누기	5분
합계		50분

5. 단계별 표준 커리큘럼(12주 과정)

1단계 : 기초 적응기 (1~3주)

목표

- 파크골프에 대한 흥미 유도

- 안전수칙 숙지

- 기본 자세 습득

주차	교육 내용
1주	오리엔테이션, 안전교육, 장비 소개, 공 굴리기 놀이
2주	기본 자세(어드레스), 퍼팅 연습
3주	거리 조절 연습, 목표물 맞추기 게임

2단계 : 기능 발달기 (4~7주)

목표

- 정확성 향상

- 거리 판단 능력 향상

- 집중력 훈련

주차	교육 내용
4주	방향 조절 연습, 직선 퍼팅
5주	거리별 타격 연습
6주	장애물 넘기기 연습
7주	미니코스 경기 체험

3단계 : 응용·사회성 발달기 (8~10주)

목표

- 규칙 이해

- 협동 활동

- 스포츠맨십 학습

주차	교육 내용
8주	공식 규칙 이해
9주	2~3인 1조 팀 경기
10주	심판 역할 체험

4단계 : 성취·평가기 (11~12주)

목표

- 성취감 부여

- 자기평가

- 발표 경험

주차	교육 내용
11주	학급 파크골프 대회
12주	활동 평가, 소감 나누기, 수료식

6. 안전 관리 계획

- 전용 파크골프 공 사용

- 수업 전 안전 구역 설정

- 강사 시야 내 활동 원칙

- 보호자 동의서 확보

- 우천 시 실내 이론 수업 전환

7. 평가 방법

✔ 신체 영역

- 정확도

- 균형감각

- 기본 자세

✔ 인지 영역

- 거리 판단

- 집중도

✔ 사회성 영역

- 규칙 준수

- 협력 태도

- 배려 행동

(관찰 기록표 활용)

8. 기대 효과

- 유소년 기초 체력 증진
- 두뇌 발달 및 집중력 향상
- 공동체 의식 함양
- 학교 체육활동 다양화
- 공공 스포츠 교육 모델 정착

9. 확장 운영 모델

- 늘봄학교 연계
- 스포츠클럽 연계
- 가족 파크골프 교실 운영
- 지역 파크골프 대회 참가

지도자 교사용 교육 지도안 (주차별)

유소년 파크골프 방과후 프로그램
지도자용 주차별 상세 지도안 (12주)

1주차 : 오리엔테이션 및 안전교육

목표

- 파크골프에 대한 흥미 유발

- 안전수칙 숙지

내용

- 프로그램 소개

- 장비 설명

- 안전 수칙 교육

- 공 굴리기 놀이

2주차 : 기본 자세 익히기

목표

- 올바른 어드레스 자세 습득

내용

- 스틱 잡는 법

- 서는 자세 연습

- 짧은 거리 퍼팅 연습

3주차 : 거리 감각 익히기

목표

- 힘 조절 능력 향상

내용

- 2m, 3m, 5m 거리별 타격 연습

- 목표 지점 맞히기 게임

4주차 : 방향 조절 훈련

목표

- 방향 감각 향상

내용

- 직선 퍼팅 연습
- 좌·우 방향 조절 게임

5주차 : 장애물 넘기기

목표

- 공간 인지 능력 향상

내용

- 간단한 장애물 통과 연습
- 미션형 코스 체험

6주차 : 미니코스 체험

목표

- 경기 흐름 이해

내용

- 3홀 미니 경기
- 점수 기록 연습

7주차 : 공식 규칙 이해

목표

- 경기 규칙 숙지

내용

- 순서 지키기
- 점수 계산법 배우기
- 매너 교육

8주차 : 팀 경기

목표

- 협동심 함양

내용

- 2~3인 1조 경기
- 팀별 전략 세우기

9주차 : 심판 체험

목표

- 공정성 인식

내용

- 심판 역할 체험
- 규칙 판정 연습

10주차 : 실전 경기 준비

목표

- 자기 조절 능력 향상

내용

- 실전 코스 연습
- 경기 예절 지도

11주차 : 학급 파크골프 대회

목표

- 성취감 부여

내용

- 반별 미니 대회 개최
- 점수 기록

12주차 : 평가 및 수료식

목표

- 자기 성찰 및 동기 부여

내용

- 활동 소감 나누기
- 우수 참여자 시상
- 수료증 수여

지도자 지도 원칙

- 경쟁보다 과정 중심 지도

- 부상 예방 우선

- 칭찬 중심 피드백

- 참여 중심 수업 운영

유소년 파크골프 방과후 프로그램 안내

존경하는 학부모님께,

본교에서는 자녀들의 건강한 신체 발달과 두뇌 발달, 그리고 올바른 사회성 형성을 위하여 「유소년 파크골프 방과후 프로그램」을 운영하고자 합니다.

파크골프는 공원과 같은 녹지공간에서 저렴한 비용으로 누구나 쉽게 즐길 수 있는 안전한 생활 스포츠로서, 특히 성장기 아동의 발달에 매우 적합한 운동입니다.

■ 프로그램 목적

신체 발달

- 손·눈 협응 능력 향상
- 균형감각 및 기초 체력 증진

두뇌 발달

- 거리와 방향을 판단하는 사고력 향상
- 집중력 및 문제 해결 능력 강화

사회성 형성

- 규칙 준수 및 질서 의식 함양

- 협동심과 배려심 교육

- 승패를 올바르게 받아들이는 태도 형성

■ 프로그램 운영 개요

- **대상:** 초등학생(학년별 분반 가능)

- **장소:** 학교 운동장 또는 인근 공원

- **기간:** 학기별 12주 과정

- **지도:** 전문 지도자 또는 학교 지정 강사

- **활동 내용:** 기본 기술 습득, 게임 활동, 미니 경기, 협동 활동

■ 안전 관리

- 전용 파크골프 공 사용

- 안전 구역 설정 및 질서 지도

- 강사 감독 하 수업 진행

- 활동 전·후 스트레칭 실시

■ 기대 효과

- 스마트폰·게임 중심 생활에서 벗어나 자연 속 활동 중심 생활 습관 형성

- 정서 안정 및 스트레스 완화

- 학교생활 적응력 향상

본 프로그램은 자녀들의 전인적 성장을 돕기 위한 교육 활동으로, 학부모님들의 많은 관심과 참여를 부탁드립니다.

감사합니다.

(학교명)

(담당부서 / 담당교사)

구미시 유소년 파크골프 교육제안서

Ⅰ. 구미시 유소년들을 위한 파크골프 교육의 필요성

1. 유소년 파크골프 추진목적

파크골프는 공원과 같은 녹지공간에서 저렴한 비용으로 누구나 쉽게 할 수 있는 운동으로서 아이들의 두뇌발달과 운동기능 향상, 그리고 올바른 사회성 형성을 하는데 어떤 운동보다도 최적화되어있는 스포츠라고 할 수 있습니다.

2. 파크골프란?

○ 파크골프장의 구성

- 파크골프장은 18홀로 구성되어있으며 Par3(8H), Par4(8H), Par5(2H)로 66타를 기본으로 하고 있습니다.

- 티박스, 페어웨이, 벙커, 러프, 헤저드가 있으며, 국내에 파크골프구장은 각 구장별 조금씩 상이하나 평균적으로 18홀 기준 1000m ~ 1580m를 걷게 되어있습니다.

○ 파크골프 샷의 종류

- 파크골프의 샷은 티샷, 페어웨이샷, 러프샷, 벙커샷, 퍼팅 등 일반 골프와 유사하나, 다른 점은 일반 골프가 각 샷 별로 다양한 클럽으

로 공을 치는 반면, 파크골프는 단 하나의 클럽으로 티샷부터 퍼팅까지 마무리하게 됩니다.

2. 유소년 파크골프 장점 및 특성

○ 쉽게 배울수 있다.

- 유소년 파크골프는 영유아 단계의 5세부터 초등학교 고학년의 학생까지 누구나 쉽게 배울수 있습니다. 다양한 골프클럽을 가지고 다니는 일반 골프와는 달리 파크골프는 파크골프클럽 하나를 사용하면서도 공을 치기 쉽게 되어있습니다.

○ 친환경적인 녹지를 많이 걸으면서도 신체에 무리가 되지 않는다.

- 파크골프는 드넓은 녹지공원에서 공을 치면서 잔디를 밟게 됩니다. 일반 딱딱한 아스파틀보다 푹신푹신한 잔디를 걸으면서 신체활동이 증가되면서도 신체에 무리가 가지 않아 영유아들에게도 적합한 운동이라고 할 수 있습니다.

○ 가족과 함께 즐길 수 있다.

- 파크골프는 할아버지, 할머니, 아버지, 어머니 그리고 그 자식까지 온 가족이 즐기는 가족형 스포츠입니다. 유소년 교육을 통해 아이들이 파크골프를 할 수 있게 되면 가족이 함께 운동할 수 있는 스포츠 복지의 기본을 조성하는데 큰 힘이 될 수 있습니다.

Ⅱ. 유소년 파크골프 교육 내용

1. 유소년 파크골프교육의 회차별 프로그램

	주제	세부내용	소요시간
1회차	파크골프의 기초 (실내)	파크골프클럽과 용품에 대해서 배우기	50분
		파크골프 용어 배우기	
		파크골프의 기본 규칙 배우기	
		그립 잡는 법 배우기	
2회차	파크골프의 기본 동작 (실내)	파크골프 에티켓 배우기	50분
		기본자세 배우기 하체편 : 스탠스와 어드레스	
		기본자세 배우기 상체편 : 상체 자세와 포지션	
		백스윙 배우기	
3회차	파크골프의 기초스윙기술 (실내)	1/4 스윙을 통한 기초적인 스윙 메커니즘 형성	50분
		1/4 스윙 10m 보내기 (방향성과 거리감 형성)	
		1/4 스윙 게임 : 10m 지점 과녁을 통한 점수 게임	
		파크골프 퍼팅 배우기	
4회차	파크골프의 기본스윙기술 (실내)	1/2 스윙을 통한 기본적인 스윙 메커니즘 형성	50분
		1/2 스윙으로 20m 보내기 (방향성과 거리감 형성)	
		1/2 스윙 게임 20m 지점 과녁을 통한 점수 게임	
		파크골프 어프로치 샷 배우기	

	주제	세부내용	소요시간
5회차	파크골프의 스윙기술완성 (실내)	풀 스윙을 통한 스윙 메커니즘 형성	50분
		풀 스윙으로 40m 보내기 (방향성과 거리감 형성)	
		풀 스윙 게임 : 40m 지점 과녁을 통한 점수 게임	
		파크골프 티샷 배우기	
6회차	실전파크골프 (실외)	야외 필드 교육 : 1홀 돌면서 규칙과 방법의 이해	50분
		파크골프 타수 기록하는 방법 배우기	
		4명 1개조, 1명의 선생님과 함께 실전 파크 골프 게임하기	
		파크골프 교육 수료증 수여 및 소감발표	

Ⅲ. 구미시유소년 파크골프의 교육 대상자 및 기대효과

1. 구미시 유소년 파크골프 교육 대상자(2023년 7월 인구현황 기준)

종목	남자	여자	계
유치부(만3~5세)	6,024명	5,829명	11,853명
초등학교(저학년)	7,155명	6,619명	13,773명
초등학교(고학년)	7,438명	6,822명	14,260명
중학교	6,808명	6,349명	13,157명
고등학교	6,396명	5,800명	12,196명
계			65,240명

2. 추진 개요

추진 계획			
추진 단계	교육대상자 모집	파크골프 유소년 교육	중,고등부 파크골프 교육	교육평가 및 결과보고
주요 활동	유소년 파크골프 교육 참가자 모집 소외 계층 및 지원 및 가족 단위 확대	유치부에서 초등부까지를 대상으로 파크골프 교육	중, 고등부로 대상 확대 및 교육	프로그램 교육 효과 분석 교육 진행 결과 보고
	1단계 ➡	2단계 ➡	3단계 ➡	4단계

3. 프로그램 추진일정

단계	주요 추진 사항	소요 기간
1	유소년 신체 활동량 진단 및 분석	1개월
2	유소년 맞춤형 파크골프 교육 프로그램 제작	1개월
3	파크골프 교육 환경 조성 및 지도자 양성	1개월
4	유소년 파크골프 교육	2개월
5	중,고등학교 학생 파크 골프 교육	2개월
6	파크골프 교육 프로그램 평가 및 결과 보고	1개월

4. 프로그램의 기대효과

• **정책적 효과** : 현재 유소년 파크골프 교육은 교육장소의 부재로 단발

성 이벤트로 그쳐왔음. 구로구에서 첫 정규커리큘럼으로 유소년파

크골프를 실시하는 첫 지자체가 되며, 향후 구로구를 중심으로 유소

년 파크골프 클럽의 확대 재생산이 이뤄질 것으로 예상

- **사회적 효과** : 파크골프는 온 가족이 함께하는 3대 스포츠로서, 저출산, 고령화시대에 가장 적합한 운동으로 예상됨. 세대간 단절에 대한 회복, 기성세대와 신세대를 이어줄 수 있는 스포츠로의 발전의 기틀을 마련할 것으로 예상

- **경제적 효과** : 파크골프의 가장 큰 장점인 저렴한 비용으로, 고효율의 운동효과를 달성할 수 있을 것으로 예상됨.

- **교육적 효과** : 코로나 이후 유소년들의 신체활동지수 및 기초체력이 낮아진 상태, 이런 유소년들을 대상으로 누구나 쉽게 접근하며, 기초체력을 향상시키는데 도움이 될 것으로 예상

참고 자료 및 웹사이트 목록

1) 국내 공식·유관 단체

www.kpga7330.com

- 내용: 협회 소개, 경기 규칙, 파크골프장 구성 및 용구·복장 안내, 전국 클럽 정보, 대회 일정 등.

https://www.kpgf.kr/

- 내용: 전국 연맹 소식, 지도자 조회, 후원사, 용품 정보 등.

www.kpgpa.or.kr’sh_page

- 내용: 프로 선수 제도, 프로테스트, 전국 투어 및 랭킹 시스템, 아카데미·교육 과정

https://www.parkgolf.or.kr/

- 내용: 프로 선수 제도화, 전국 투어 개최, 아카데미 운영, 디지털 시스템 구축, 미래형 스포츠 생태계 조성

https://kpga21.cafe24.com/

- **내용:** 국내 대회·클럽 정보

- **예:** 대한파크골프협회 대회 정보·클럽 현황 페이지

 (사)대한여성파크골프협회

www.kwpga.co.kr

- **내용:** 여성 파크골프의 발전과 건전한 스포츠 문화 확산을 위해 다양한 활동을 진행하고 있는 대한여성파크골프협회는 교육·대회·행정 지원 등 여성 파크골프 활성화를 위한 여러 프로그램을 운영하고 있다.

https://globalparkgolf.imweb.me/

- **내용:** 글로벌 네트워크 확장, 골프의 가치 증진, 다양한 프로그램 제공, 혁신적 골프 환경 조성

 사단법인한국파크골프협회중앙회

사단법인한국파크골프협회중앙회

- **내용:** 3세대가 함께하는 스포츠' 정체성, 파크골프장 증설 및 인프라

구축, 대국민 홍보시스템 구축

2) 일본·해외 공식 사이트

일본 파크골프협회 (Nippon Park Golf Association, NPGA)

- www.parkgolf.or.jp

- Park Golf Term Dictionary (영문 용어집)

- Rules of Park Golf (공식 규칙/정의)

- What is Park Golf? / About Rules / About Etiquette 등 기본 안내.

- 용어·코스 규격·에티켓 등 국제 표준 참고용으로 매우 유용합니다.

North American Park Golf Association (NAPGA/북미파크골프협회)

- https://northamericanparkgolfassociation.org

- **역할:** 북미 지역 규칙 보급, 장비·코스 인증, 교육 철학 제시.

- **관련 대회:** IPGA America / North American Park Golf Tournament 등 북미 대회 정보.

중국 베이징 Bluesky Park Golf

- https://blueskyparkgolf.com/

- 중국 유일의 전문 파크골프장, 총 12,000평에 현재 18홀을 개장 운영 중이며 9홀을 추가 공사하여 총 27홀을 구축할 예정이다. 아울러

숲 3,000평, 연못 900평, 글램핑장 30개로 중국 베이징시 화이러그
옌치진 베이타이상촌, 홍뤄사 및 예치호 인근

태국 타이 시암 파크골프 리조트 (Siam Park Golf, Pattaya)

- https://siamparkgolf.com/
- **설명:** 파타야 최초 36홀 규모 '한국형 파크골프 리조트', 숙박+무제한 라운딩 패키지, 파크골프 관광 사례로 활용 가능. 태국 RK 파크골프 36홀, SH 파크골프 36홀, SP 파크골프 리조트 36홀 https://www.band.us/band/56424356/intro
- 2023년 3월7일 "RK파크골프장" 36홀을 오픈, "SH파크골프" 36홀, "SP파크골프" 36홀
- 모두 108홀과 "서울 커피랜드"(부지/15만평방미터)를 운영 중 임대가 아닌 박골프의 소유 토지에서 웰빙타운 80실도 운영하고 있다.

3) 국내 도서·자료

『파크골프 표준교재(2024)』 - 대한파크골프협회

- **내용:** 파크골프 이론·실기, 경기 규칙, 자격검정 문제집 등 통합 교재.

『파크골프 잘 치는 법(개정신판)』 외, 파크골프 실전 지침서

- **예:** 교보문고/쿠팡 등에서 판매되는 "파크골프 잘치는법", "파크골프 이론과 실기" 등. 기초부터 실전까지 다루는 기술서.

『Park Golf 파크골프 교본』 - 오명근, 도서출판 한글

• **특징:** 파크골프의 역사(일본 마쿠베츠 기원)와 국내 보급 과정, 이론·
  실제 플레이를 폭넓게 다루는 교본.

『파크골프 표준교재 - 전2권』 (알라딘 등)

• **설명:** 이론편 + 자격검정 문제집 형태로 구성, 지도자·심판·선수 교
  육용으로 적합.

『파크골프 지침서』 (지도자용, 2025)

• **특징:** 지도자의 입장에서 기초~심화 기술, 교육 방법, 훈련 프로그램
  등을 체계적으로 설명한 책.

『파크골프, 이 한 권이면 충분해!』 (입문자용, 2025)

• **구성:** 1장 파크골프란? 2장 장비·복장, 3장 규칙과 예절, 4장 스윙
  기초, 5장 첫 라운딩, 6장 잘 치는 법, 부록 '파크골프 용어 미니사전'
  포함. 입문자 구조·톤을 벤치마킹하기 좋습니다.

『파크골프 실전교육 매뉴얼』 (전자책)

• **내용:** 입문~중급자를 위한 실전 교육 흐름, 코스매니지먼트, 자격증·
  지도자 과정까지 단계별 구성.

『파크골프 지침서 - 스콘 북카페/평화출판 등 다양한 판본』

• 지도자 중심의 커리큘럼 구성, 훈련법을 설계할 때 참고 가능

『파크골프, 누구나 즐길 수 있다』

• 인생 레저·시니어 스포츠로서 파크골프의 트렌드를 보여주고 있다.
  https://www.geconomy.co.kr/news/article.html?no=308600
  &utm_source=chatgpt.com

4) 파크골프 관련 연구 논문 자료

가. 한국 파크골프 연구 흐름

국내 연구는 대체로 ① 노인 여가/건강증진 ② 참여동기-만족-지속 참여(행동의도) ③ 파크골프장(시설) 운영·선택속성 ④ 스크린 파크골프 등 대체 인프라 ⑤ 장애·포용 여가 ⑥ 정책/지역 활성화 축으로 많이 진행되어 왔다. 국내 전체 연구 동향을 정리한 리뷰 논문도 최근 나와 있어 "국내에서 어떤 주제가 얼마나 연구됐는지"를 빠르게 파악하는 데 도움이 된다.

나. 한국 중심: 대표 논문/연구(주제별)

"파크골프" 키워드로 KCI/RISS/ScienceON 등에서 확인되는 대표 연구들을, 실무적으로 참고 가치가 큰 순서로 정리한 것이다.

A. 참여동기 → 여가만족/생활만족 (노인 중심의 대표 축)

박종임·안민주(2015), 노인의 파크골프 참여동기가 여가 만족과 생활 만족에 미치는 영향 (파크골프연구)

2019년 조사 기반 KCI 논문) 뉴실버세대의 파크골프 참여동기-여가 만족-심리적 행복감

→ '즐거움/건강' 동기가 여가만족 및 심리적 행복감(즐거움·자신감 등)에 유의미하게 작동하는 결과를 제시합니다(표본: 65세 이상, 서울·경기).

B. 파크골프장 선택속성/시설 요인("어떤 코스를 선호하나?")

안찬우(2022), 파크골프 참여자의 파크골프장 선택속성 요인탐색 (Q 방법론 적용)

→ 선택 속성을 4유형(건강추구/경기활동/정신건강·삶의 질/사회적 관계)으로 분류해, 지자체·운영자 관점에서 "어떤 메시지·시설이 어떤 집단에 먹히는지" 설계할 때 유용하다.

C. 서비스품질-만족-재이용/행동의도(운영/매장형 비즈니스에 직결)

김주원(2024), 스크린 파크골프장의 서비스품질, 고객만족, 행동의도의 관계 (골프 연구)

→ 스크린 파크골프에서 반응성·확신성·공감성 → 고객만족/행동의도가 유의, 유형성(물리적 시설요인)은 상대적으로 영향이 약하게 나타났다는 결과를 제시합니다(경상권 5개소 설문). 프랜차이즈/실내시설 운영 KPI 잡을 때 참고 가치가 크다..

D. 심리/행동(열정-만족-지속 참여 등)

Lim(2023), The effect of park golf participants' passion on⋯
(KoreaScience 게재)

→ 파크골프 참여자의 심리요인(열정 등)과 운동 만족·행동 의도 같은
결과 변수의 관계를 다룬 실증 연구이다.

E. 장애·포용(적응체육/사회적 관계)

KCI 논문(재가 지체 장애인 대상 심층 면담) 재가 지체 장애인의 파
크골프 참여 국면에 따른 여가 경험 분석

→ 파크골프가 장애인의 자신감·긍정적 사고·관계망 형성에 기여하는
체험 구조를 질적으로 제시한다(심층면담).
공공체육/복지 연계 사업에 참고하기 좋다.

F. 정책/지역·시설 활성화(제약요인 진단)

KISTI ScienceON(학위/보고 성격 포함) 국내 파크골프장 활성화의
제약요인 연구

→ 전문가·이용자 설문 + 현지조사로 "활성화의 제약요인"을 다룬 자
료로 안내됩니다(정책/운영 개선 쪽).
RISS(학위논문) 지방자치단체 생활체육 활성화방안: 파크골프 중
심(2020) 연구로 확인된다.

3) 일본 중심: 대표 연구/자료(발상지 관점의 강점)

일본 연구는 상대적으로 운동강도·생리학적 지표(심박·소비열량), 건

강 효과, 유니버설 디자인(UD), 지역경제/공공투자 효과(CVM), 토지이
용/재해 지역 활용 같은 "공공성·설계" 축이 눈에 띈다.

A. 운동 강도/생리(심박·에너지소비)

Myokan(2005), A Study on Heart Rate and Energy Expenditure
while Playing Parkgolf

→ 고령 여성 플레이어의 심박수·걸음수·칼로리 소모 등을 측정해 "고
령자에 적합한 운동 강도" 관점에서 파크골프를 해석한다.

B. 건강 효과(고혈압·동맥경화·당뇨 등 예방/개선 시사)

일본 파크골프 협회/지자체 협력 보고서 성격 PDF パークゴルフの
健康に及ぼす効果に関する研究

→ 파크골프가 고혈압, 동맥경화, 심근경색, 당뇨병 등에서 예방·개선
효과가 "시사"된다고 요약하며, 불안 완화·부상 위험이 낮은 점 등
도 언급합니다(자료 성격상 연구설계의 엄밀성은 원문 확인 권장).

C. 유니버설 디자인(UD) 기반 시설/용구 개발

北海道立総合研究機構(HRO) 계열 자료(2000년대) ユニバーサルデ
ザインを考慮したパークゴルフ関連設備等の開発

→ 고령자뿐 아니라 휠체어 사용자 등 다양한 기능 수준을 고려한 시
설·용구·동선/작업(태스크) 분석 관점의 설계 접근을 제시한다.

D. 지역경제/투자타당성(CVM: 조건 부가치 측정)

일본 토목/지역계획 계열 논문 PDF CVMによるパークゴルフ場整
備がもたらす地域振興効果…

→ 파크골프장 정비가 지역에 주는 편익을 CVM으로 추정해 "공공투
자/정책 평가" 틀로 접근합니다. 지자체 설득 자료를 만들 때 논리
뼈대로 활용하기 좋다.

E. 토지이용/재해 지역 활용(조경/계획)

Landscape Research Japan Online(2023, 온라인 아카이브에
2025 언급) 미야기현 쓰나미 피해 저이용지의 파크골프장 토지이용/관
리 실태

→ 재해 이후 저 이용지를 파크골프장으로 전환·관리한 실제를 다룬
연구로, "부지 전환·관리 모델" 관점에서 한국에도 시사점이 크다.

4) 해외(국제 저널)에서 보이는 연구 포인트

한국 표본을 국제 저널 형식으로 분석한 연구들이 늘면서, "파크골프
= 고령자 활동 + 사회적 관계 + 행동 의도(계획 행동 이론 TPB)" 축이
해외에도 공유되고 있다.

MDPI Behaviors(2024), Understanding Park Golf Participation
Among Older Adults

→ 한국의 시니어 파크골프 참여를 TPB(태도·주관적 규범·지각된 행
동통제 → 참여의도)로 모델링하고, 사회적 지지의 조절 효과 등을
다룬다.

Leisure Sciences(2024, Taylor & Francis), Social capital and
successful aging among senior park golf…

→ 파크골프가 **사회적 자본(관계망·신뢰·교류)**을 통해 성공적 노화와 연결되는 경험을 탐색한다.

PMC(2025), Meaning of park-golf experience among older adults with physical disabilities…

→ 신체장애가 있는 고령자가 파크골프에서 형성하는 정체성·회복탄력성·스트레스 관리·지역사회 활동 등을 질적으로 보여준다.

5) 한눈에 보는 "한국 vs 일본/해외" 차이(실무 시사점)

- **한국 연구 강점:** 참여 확산 국면답게 참여동기-만족-행동 의도, 시설 선택 속성, 서비스 품질 등 "운영/마케팅/확산"에 직결되는 실증이 많다.

- **일본 연구 강점:** 발상지·공공레저 맥락에서 운동강도·건강효과, UD 설계, 투자타당성(CVM), 토지이용/지역계획처럼 "공공정책·설계" 중심의 축이 두드러진다.

- **해외 저널 트렌드:** 파크골프를 고령사회 맥락에서 사회적 관계/사회적 지지 및 행동과학 모델(TPB 등)로 설명하는 연구가 확장 중이다.

6) 기타 참조용 자료

일본 NPGA의 FAQ 및 에티켓 페이지 - 파크골프 에티켓, 기본 자세 그림 자료.

https://www.parkgolf.or.jp/english/about/rule/index.

html?utm_source=chatgpt.com

국내 뉴스 기사 (프로 파크골프 관련)

한국프로파크골프협회 1기 프로선수 252명 배출

https://v.daum.net/v/20251026133704081

"K-파크골프로 새롭게 출발하는 한국프로파크골프협회"

https://www.chosun.com/sports/sports_general/2024/04/17/

XUA6MI5MZOUBKMIR7G4LUMKI3A/?utm_source=chatgpt.

com

파크골프 지도사
자격 검증시험

2026.   .   .

수험번호	
성 명	

기출 문제 (A형)

(1~5) 다음 문제를 읽고 맞으면 0 표 틀리면 X 표를 하시오

(문항당 3점)

1. 우천 시 페어웨어에서 자신의 공에 진흙이 묻어 있어 이를 제거하고 샷을 하였는데 동반자가 2벌타를 부과하였다. (　　)

2. 파크골프는 1 개 코스는 9개 홀로 구성되어 있으며, 기준 타수는 36타이다. (　　)

3. 파크골프장이 36홀인 경우 안내 표지판에 A, B, C, D 코스 명칭으로 표시되어 있다. (　　)

4. 티잉 그라운드에서 티 샷을 하기 위해 연습 스윙을 이 3회 정도 해도 무방하다. (　　)

5. 경기 도중 안전 수칙 미준수로 동반자 또는 동반자 외 다른 사람에게 신체적 손상을 입힌 경우 경기를 중지하고 응급조치를 하여야 한다. (　　)

다음 글을 읽고 물음에 알맞는 답을 ( ) 안에 쓰세요. (문항당 4점)

6. 시설물 중에 난이도를 높이기 위해 설치된 벙커는 3가지 종류가
   있다. **아닌** 것은 (　　　)

   가) 그린 벙커　　　　　　　　나) 페어에이 벙커

   다) 사이드 벙커　　　　　　　라) 크로스 벙커

7. 경기에 참가하는 선수의 필수 휴대품이 **아닌** 것을 고르시오 (　　　)

   가) 클럽, 공　　　　　　　　나) 티, 볼 포켓

   다) 볼 마커, 공　　　　　　　라) 다과류, 음료수

8. 티잉 그라운드에서 스탠스를 취하는 경우 목표 방향 쪽 발을 열고
   서는 방법을 무엇이라 하는가 ? (　　　)

   가) 스퀘어 스탠스　　　　　　나) 오픈 스탠스

   다) 클로즈 스탠스　　　　　　라) 스트롱 스탠스

9. 그린에서 공의 위치를 표시한 볼 마커가 퍼팅에 방위가 되면 이를
   옮겨 달라고 요구할 수 있는데 좌측 또는 우측 방향으로 얼마만큼
   이동하게 되는가 (　　　)

   가) 한 발 정도　　　　　　　나) 1 클럽 이내

   다) 2 클럽 이내　　　　　　　라) 클럽 헤드 길이

**10. 다음 중 경기자의 벌타 부여를 나열한 것이다. 벌타를 부여하는
것은 ( )**

가) 경기자가 샷을 한 공이 동반자의 몸에 맞았을 때

나) 경기자가 샷을 한 공이 동반자의 공에 맞았을 때

다) 경기자가 샷을 한 공이 나무 기둥에 맞고 튕겨 나와 자신의 몸에
맞았을 때

라) 경기자가 공 주변에 있는 나뭇가지를 치우다가 공을 움직였을 때

**11. 경기 중에 두 번째 홀에서 티 샷의 순서를 정할 때 맞는 방법은
어느 것인가 ( )**

가) 1번 홀에서 홀 아웃한 저 타순으로 한다.

나) 1번 홀에서 타수가 가장 많은 순서대로 한다.

다) 1번 홀에서 먼저 홀 아웃 한 순서대로 한다.

라) 스코어카드에 적혀 있는 순서대로 한다.

**12. Par 5홀 약간 높은 티잉 그라운드에서 경기자가 오른발 뒤꿈치를
벗어나게 스탠스한 후 티 샷을 하고, 세컨드 샷을 시도하다가
헛스윙을 2회 실시한 다음 깃대 3m에 공이 안착되어 이후 3타
만에 홀컵에 넣었다면 모두 몇 타인가 ? ( )**

가) 5타   나) 6 타   다) 7 타   라) 8 타

13. 경기 도중에 동반자의 공과 충돌한 경우이다. 다음 설명 중 맞는 것은 (   )

가) 경기자는 움직인 동반자의 공을 원 위치하여 주어야 한다.

나) 동반자는 움직인 자신의 공을 원 위치하여 샷을 한다.

다) 동반자는 공이 있는 현 위치에서 샷을 하고 경기를 이어간다

라) 동반자의 공 이 경기자의 공에 맞아서 홀컵에 들어가면 컵인이 인
정된다.

14. 안정망 주변에 대한 규칙 중 무벌타인 것을 고르시오. (   )

가) 샷을 하기 위해 안전망을 신체의 일부분으로 밀거나 걷어 올리면
서 샷을 하는 경우

나) 백 스윙 없이 끌어당기는 샷을 하는 경우

다) 백 스윙 하면서 안전망을 건드리는 경우

라) 안전망의 공이 붙어 있어 안전망 뒤에서 먼저 망을 치면서 공을
맞추는 경우

15. 정지된 공에 대한 규칙 중 2벌타가 <u>아닌</u> 것을 고르시오 (   )

가) 풀 등에 파묻힌 공을 움직여서 자신의 공인지를 확인한 경우

나) 공에 접근하다가 무의식적으로 공을 밟은 경우.

다) 공에 접근하여 고의로 공을 움직여서 위치를 이동한 경우

라) 잔디나 모래 등을 클럽 헤드로 물러 공을 치게 쉽게 수정하는 경우

16. 파크골프는 양호한 매너 행위가 요구된다. 다음 중 이에 해당하지 <u>않는</u> 행위는 (   )

가) 그린 위에서 동반자의 퍼팅 라인을 밟지 않도록 동반자의 뒤쪽으로 이동한다.

나) 컵인이 되면 자신의 타수를 동반자에게 자연스럽게 알려준다.

다) 동반자 모두 홀 아웃하면 그린 위에서 각자의 타수를 확인하여 기록한 다음, 이동하면서 다음 주에 OK 신호를 준다.

라) 공이 비슷한 위치일 경우 상호간 양해 하에 자연스럽게 순서를 정한다.

17. 파스리홀에서 티 위에서 올려놓지 않고 티샷을 하였는데 오비가 나서 처치 후에 다음 샷을 한 결과, 컵인이 되었다면 모두 몇 타로 기록하는가 (   )

가) 4타   나) 5타   다) 6타   라) 7타

18. Par 4홀에서 티샷을 하였는데 살짝 맞아 티에서 떨어져 계속하여 제2타 째 쳤으나 OB라인을 벗어나서 풀 속으로 들어가서 이후 공을 찾지 못해 분실구 처리를 하여 처치한 다음에 2타 만에 컵인이 되었다. 몇 타로 기록하는가. (   )

가) 6타   나) 7타   다) 8타   라) 9타

19. 대회 시 참가 선수 중 가장 적은 타수를 기록한 경기자가
    최종적으로 승자가 되는 경기 방식을 무엇이라고 하는가 (   )

가) 스트로크 플레이 방식   나) 서든데스 방식

다) 매치 플레이 방식   라) 포볼 방식

20. 샷을 한 공 이 반쪽으로 쪼개졌을 경우 어떻게 조치하면 되는가
    (   )

가) 반쪽으로 나누어진 공의 큰 쪽을 사용하여 다음 샷을 시도한다.

나) 반쪽으로 나누어진 공의 큰 쪽 위치에서 예비공을 놓고서 다음 샷
    을 시도한다.

다) 경기 진행을 돕기 위하여 해당 홀에서만 동반자의 양해 하에 나누
    어진 공의 위치상 좋은 쪽을 선택하여 다음 샷을 시도한다.

라) 샷을 한 장소로 되돌아가서 예비공으로 다시 샷을 한다.

(21~ 25) 다음 글을 읽고 빈 칸에 들어갈 알맞은 말을 쓰시오.

        (문항당 5점)

21. 티샷은 반드시 티 위에 볼을 올려놓고 공을 쳐야 한다. 티의 높이는
    몇 (   ) Cm 이하이다.

22. 티잉 그라운드에서 목표 방향을 정한 다음 티 위에 놓은 공을
    치려고 클럽 헤드를 갖다 대면서 자세를 취하는 것을
    (   )라 한다.

23. 파크골프 영어로 Par 5홀에서 2타로 홀컵에 공을 넣었다면 이는
    무엇이라 하는가? (   )

24. 대회 시 참가 선수 중 가장 적은 타수를 기록한 경기자가 2명
    이상이 있을 경우 홀을 지정하여 승자를 가리는 경기 방식을
    무엇이라 하는가? (   )

25. 샷의 종류 중 긴 풀에 공이 정지하여 깃대를 향해 치거나
    페어웨이로 빼내려고 시도하는 샷을 무엇이라고 하는가?
    (   )

순번	정답	순번	정답	순번	정답
1	O	10	다	19	가
2	X	11	가	20	라
3	O	12	다	21	2.3 Cm
4	X	13	가	22	어드레스
5	O	14	다	23	알바트로스
6	나	15	나	24	서든데스 방식
7	라	16	다	25	러프샷
8	나	17	다		
9	라	18	가		

기출 문제 (B형)

다음 글을 읽고 물음에 알맞는 답을 (   ) 쓰세요.

1. 파크골프에 대한 의미를 나열하였다. 아닌 것은? (   )

가) 공원에서 운동한다는 의미가 내포되어 있다.

나) 녹지 공원에서 개인 간 경쟁만을 위한 게임으로 탄생하였다.

다) 자유로운 커뮤니케이션 공간에서 골프의 게임 요소가 결합된 스포츠이다.

라) 지역 주민의 복지 보건 복지 및 정서 생활에 기여하는 스포츠이다.

2. 파크골프장 내 코스에는 필요한 시설물과 설치물이 있다. 아래 보기 중 설치물인 것을 맞게 나열한 것을 고르시오. (   )

보기
1). 홀표지판   2) 그린   3) 안전망   4) OB말뚝   5)페어웨이

가) 1 3, 4   나) 2, 3, 5   다) 1, 2, 3   라) 2, 4, 5

3. 파크골프장 홀 재원 중 Par 5홀 길이는 얼마로 규정하고 있는가( )

가) 90에서 100m   나) 100m에서 120m

다) 100m 이상   라) 10에서 150m

4. 9개 홀로 구성된 파크골프장은 통상 어떻게 홀이 구성되어 있는가?
   (   )

가) Par 3홀 3개, par 4홀 3개, Par 5홀 3개

나) Par 3홀 4개, par 4홀 3개, Par 5홀 2개

다) Par 3홀 3개, par 4홀 4개, Par 5홀 2개

라) Par 3홀 4개, par 4홀 4개, Par 5홀 1개

5. 파크골프 성인용 클럽에 대한 일반적 제원으로 맞는 것은? (   )

가) 무게 600g 이하 길이 86cm

나) 무게 700g 이하 길이 88cm

다) 무게 700g 이하 길이 86cm

나) 무게 600g 이하 길이 88cm

**6. 라운드 중에 공의 위치를 표시하는 경우가 종종 발생한다. 이때
   개인이 소지하고 있다가 사용하는 용구를 무엇이라고 하는가?**
   (   )

가) 로스트 볼(lost ball)   나) 볼 포켓 (ball pocket)

다) 마크 (mark)   라) 볼 마커 (ball marker)

7. 운동에 필요한 기본 복장을 설명한 것이다. 틀린 것을 고르시오.
   (   )

가) 여름철에 자외선을 차단하도록 모자와 안면 가리개를 착용하면
   좋다.

나) 골프화 또는 운동화를 착용하는데 캐주얼화도 가능하다..

다) 그립의 미끄럼 방지 목적으로 장갑을 착용하면 좋다.

라) 기존 골프와 동일 또는 유사한 복장을 착용하는데 여성은 반바지
   차람이 가능하다.

8. 파크골프에 대한 설명으로 일반 골프와의 차이점을 나열한 것이다.
   틀린 것을 고르시오. (   )

가) 구호를 기준 타수가 동일하다

나) 지켜야 할 매너와 안전 수칙이 동일하다.

다) 벌타 및 무벌타 적용하는 경기 규칙이 거의 동일하다.

라) 운동을 통한 친선 도모와 유산소 운동효과 등 기대 효과가 동일하다.

9. 통상적으로 그립 잡는 방법 세가지 중 아닌 것을 고르시오 (   )

가) 인터록킹 그립   나) 슬라이스 그립

다) 베이스볼 그립   라) 오버래핑 그립

10. 일반적으로 스퀘어 스탠드는 좌 우측발에 어떻게 체중을 배분되는 것이 좋은가? (   )

가) 30 대 70   나) 40 대 60   다) 50 대 50   라) 20 대 80

11. 샷의 종류 중 좋은 잔디에서 깃대를 향해 공을 치는 샷을 무엇이라 하나 ? (   )

가) 티 샷   나) 어프로치 샷   다) 러프 샷   라) 벙커 샷

12. 첫 출발지인 1번 홀에서 샷의 순서를 정하는 방법이다. 거리가 가장 먼 것을 고르시오 (   )

가) 추첨기로 순서를 정한다.

나) 가위 바위 보로 순서를 정한다.

다) 연장자순으로 순서를 정한다.

라) 티잉 그라운드에 도착한 순서대로 정한다.

13. 2번 홀에서 샷의 순서를 정할 때 적용하는 방법이다. 맞는 것을 고르시오. (   )

가) 1번 홀에서 최저 타선으로 한다.

나) 1번 홀에서 먼저 홀 아웃 한 순서대로 한다.

다) 1번 홀에서 정해진 순서를 그대로 적용한다.

라) 1번 홀에서 같은 방법대로 다시 순서를 정하도록 한다.

**14. par 4홀에서 조원 모두가 깃대를 향해 두 번째 공을 다 치고서
그린으로 접근하는데 자신의 공 이 홀컵 아주 가깝게 위치하고
있다면 이후 어떤 조치가 가장 바람직한가? (   )**

가) 먼 위치의 동반자가 퍼팅을 준비하려고 하면 공을 그대로 놔둔다.

나)동반자에게 자신의 공에 대해 마크를 부탁한다.

다) 동반자를 기다리게 하고 2클럽 이내로 볼마크 요령을 준수하여
본인이 마크를 한다.

라) 경기 진행을 돕고자 동반자에게 통보하고 먼저 홀 아웃을 한다.

**15. 전국대회 참가하여 1번 홀에서 샷을 하였는데 공이 우측으로
많이 밀려서 OB 말뚝 쪽으로 나아갔다.. 이후 판정 시비에 대해
최종적으로 OB 여부를 판정해야 하는 자는 누구인가? (   )**

가) 경기적 본인   나) 심판

다) 동반자   라) 앞 조의 경기자

16. 파크골프는 좋은 매너 행위가 요구된다. 다음 중 이에 해당하지 <u>않는</u> 경우는 ? (   )

가) 그린 위에서 동반자의 퍼팅 라인을 밟지 않도록 동반자의 뒤쪽으로 이동한다.

나) 컵인이 되면 자신의 타수를 동반자에게 자연스럽게 알려준다.

다) 동반자 모두 홀 아웃하면 그린 위에서 각자의 타수를 확인하며 기록한 다음 이동하면서 다음 조에게 OK 수신호를 준다.

라) 공이 비슷한 위치일 경우, 상호간 양해하에 자연스럽게 순서를 정한다.

17. 경기자가 티 위에 올려놓지 않고 티 샷을 하였는데 OB가 나서 처치 후에 다음 경기를 하여 만에 컵인이 되었다면 모두 몇 타로 기록하는가? (   )

가) 4타   나) 5타   다) 6타   라) 7타

18. Par 4홀에서 티샷을 하였고 이어서 제 2타째 쳤으나 OB라인을 벗어나서 풀 속으로 들어가서 이후 공을 찾지 못해 분실구 처리를 하여 처치한 다음에 2타 만에 컵인이 되었다. 몇 타로 기록하는가? (   )

가) 6타   나) 7 타   다) 8타   라) 9타

19. 대회 시 참가 선수 중 가장 적은 타수를 기록한 경기자가
　　 최종적으로 승자가 되는 경기 방식을 무엇이라고 하는가? (　　)

가) 스트로크 플레이 방식　　　　　나) 서든데스 방식

다)매치 플레이 방식　　　　　　　라) 포볼 방식

20. 사슬한 공 이 반쪽으로 쪼개졌을 경우 어떻게 조치하면 되는가?
　　 (　　)

가) 반쪽으로 나누어진 공에 큰 쪽을 사용하여 다음 샷을한다.

나) 반쪽으로 나누어진 공에 큰 쪽 위치에 예비 공을 놓고서 다음 샷
　　 을 한다.

다) 경기 진행을 돕기 위하여 해당 홀에서만 동반자의 양해 하에 나누
　　 어진 공의 위치상 좋은 쪽을 선택하여 다음 샷을 한다

라) 샷을 했던 장소로 되돌아가서 예비 공으로 다시 샷을 한다.

(21 ~ 25) 다음 글을 읽고 빈칸에 들어갈 말을 쓰시오.

21. 자체 대회에서 18홀을 끝내고 합산 결과, 최저 타수인 60타가
　　 2명이 있다.. 스코어 카드로 승자를 가리거나 순위 결정하는
　　 방식을 무엇이라고 하는가? (　　　　　　　　　　)

22. 파크 콜프는 경기 속도를 지연시키지 않기 위해 분실한 공을 찾는
　　 시간을 제한하고 있다. 몇 분인가. (　　　　　　　　　　)

23. 그린 위에서 동반자의 볼 마커가 퍼트 라인에 있어 이를
    옮겨달라고 요구한다. 무엇을 기준으로 하게 되는가?
    (   )

24. 경기 중 Par 5홀에서 기준 타수보다 2타가 많은 타수로 컵인을
    하였다. 용어로 무엇이라 호칭하는가? (   )

25. 운동에 필요한 용구에 예비공과 스코어 카드를 넣는 것을
    무엇이라고 하는가? (   )

답안지

순번	정답	순번	정답	순번	정답
1	나	10	다	19	가
2	가	11	나	20	라
3	라	12	라	21	백 카운트
4	라	13	가	22	3분
5	가	14	라	23	클럽 해드
6	라	15	나	24	더블 보기
7	가	16	다	25	볼 포켓
8	가	17	라		
9	나	18	가		

파크골프 지도사 필기시험

문제	
스포츠사회학: 10	스포츠윤리: 10
파크골프이해: 15	OX 문제 :5

2026.   .   .

수험번호	
성 명	

【 스포츠 사회학 】

1. 스포츠 사회학에 대한 설명으로 바르지 <u>않은</u> 것은?

① 스포츠와 사회관계에 관심을 둔다.

② 스포츠과학의 분과 학문이다.

③ 스포츠에서 불안과 학습제어를 연구 대상으로 한다.

④ 스포츠의 맥락에서 인간의 사회 행동 법칙을 규명 한다.

2. 사회구성원의 긴장과 공격성을 해소해 주는 기능에 해당하지 <u>않는</u> 것은?

① 사회 정서적 기능   ② 사회통제 기능

③ 사회화 기능   ④ 사회통합 기능

3. 국가가 스포츠에 개입하는 원인에 해당되지 <u>않는</u> 것은?

① 국민 여가기회 제공   ② 경기규칙의 선진화

③ 국민 건강증진   ④ 정부에 대한 지지 확보

4. 국제정치에서 스포츠의 역할과 거리가 <u>먼</u> 것은?

① 외교적 친선   ② 남성지배 이데올로기 강화

③ 국제 이해와 평화   ④ 국위 선양

5. 국제스포츠이벤트의 사회적 기능에 해당되지 <u>않는</u> 것은?

① 지역 주민의 자긍심 제고

② 개최 지역의 이미지 제고

③ 역기능적 효과만 발생

④ 기반 시설의 확충

6. 스포츠의 교육적 기능 중 성격이 <u>다른</u> 하나는?

① 사회화 촉진

② 학교 내 통합에 기여

③ 정서함양 및 순화에 기여

④ 일반학생의 참가기회 제한

7. 학원스포츠의 문제점에 해당되지 <u>않는</u> 것은?

① 학생선수의 학습권 제한

② 학생선수의 폭력 문제

③ 학생선수의 인권 침해

④ 최저학력제 도입 및 운영

8. 스포츠 미디어의 유형이 <u>다른</u> 하나는?

① 신문

② 인터넷

③ 모바일 기기

④ 비디오 게임

9. 스포츠가 미디어에 미치는 영향으로 바르지 <u>않은</u> 것은?

① 미디어콘텐츠 제공

② 스포츠경기 일정 조정

③ 미디어 기술의 발전

④ 스포츠보도 위상 제고

10. 적재적소에 인재 배치를 주요 목적으로 하는 것은?

① 지위의 분화　　　　　　② 지위의 평가

③ 지위의 서열화　　　　　④ 보수 부여

※ 맞는 답에 ○ 하시오 (10문제)

【 스포츠 윤리 】

1. 괄호 안에 들어갈 말을 순서대로 바르게 짝지어 놓은 것은?

> 체육 교사가 배우자 명의로 배우자와 함께 술집을 운영하는 것은 (　　　　　)
> 으로는 문제가 되지 않을 수 있지만, 교직 (　　　　　)으로는 문제가 될 수
> 있다.

① 상식적 - 도덕적　　　　② 도덕적 - 윤리적

③ 윤리적 - 도덕적　　　　④ 도덕적 - 상식적

2. 스포츠윤리에 관한 설명으로 바르지 <u>않은</u> 것은?

① 스포츠행위 중 가장 기본적이고 상식적인 것

② 스포츠를 어떻게 해야 할 것인가에 대한 올바른 목적과 행위

③ 승리를 위한 의도적 파울(foul) 전략

④ 스포츠 현장에서 요구하는 규칙과 기본적 원리 준수

3. 현대스포츠에서 발생하는 문제의 윤리적 원인에 대한 해결방안으로
   바른 것은?

① 승리를 최우선 목적으로 설정

② 권위주의 기반의 상하 교육체계

③ 스포츠 경기를 위한 전술 훈련

④ 인간성 회복과 감성의 스포츠 교육

4. 스포츠 또는 스포츠윤리와 가장 거리가 <u>먼</u> 것은?

① 아곤(agon)   ② 아레테(arete)

③ 알레아(alea)   ④ 에토스(ethos)

5. 스포츠에서 형식적 공정 유지를 위해 가장 필요한 것은?

① 승리   ② 기술

③ 행운   ④ 규칙

6. 선수의 내적통제를 통한 승부조작을 최소화 할 수 있는 방안은?

① 윤리교육 강화   ② 법적처벌 강화

③ 비디오 판독 시스템 구축   ④ 심판의 수 증가

7. 스포츠 성폭력 방지책으로 적당하지 <u>않은</u> 것은?

① 체육지도자와 청소년들의 성별융합 학습교육 실시

② 주변사람의 묵인과 사회적 무관심

③ 체육단체들의 의무적 예방교육의 필요성

④ 스포츠성폭력 전문상담원 배치

8. 스포츠에서 인종차별 극복 방안이 <u>아닌</u> 것은?

① 인종을 초월한 실력으로 경쟁

② 인종에 대한 편견 해소

③ 차별철폐의 이념과 방법론

④ 국수주의적 이념으로 전환

9. 다음과 같은 원칙과 이를 주장한 사람을 바르게 짝지은 것은?

> 쾌락을 극대화 하고 고통을 최소화 하는 것은 감각을 가진 모든 생명체의 이익에 동등하게 고려되어야 한다. 따라서 인간뿐 아니라 감각을 가진 동물도 도덕적 배려의 대상이 되어야 한다.

① 동물학대 금지의 원칙 - 플라톤

② 이익평등 고려의 원칙 - 피터 싱어

③ 인간종족 배려의 원칙 - 베이컨

④ 쾌락과 고통의 평등원칙 - 제레미 벤담

10. 학교체육에서 반사회적인 행위를 순화 및 구체화시켜주는 체육의
    <u>심리학적 가치</u>는?

① 근원적 경향의 제어   ② 개인주의의 억제

③ 인본주의의 가치   ④ 욕구불만의 해소

※ 맞는 답에 ○ 하시오 (15문제)

【 파크골프 이해 】

1. 파크골프가 시작한 지역은 어디입니까?

① 일본-동경   ② 일본-홋가이도

③ 일본-교토   ④ 일본-후쿠오카

2. 파크골프의 목적은 ?

① 노인들의 소 일거리를 해소 하기 위해서

② 남은 유휴지 활용으로 돈을 벌기 위해서

③ 남녀.노소 장애인 들과 함께 건강증진을 위하고 함께 즐기기 위하여.

④ 일반골프보다 싸게 골프를 즐기기 위하여.

3. 파크골프 코스 조성시 지켜야 할 사항은 ?

① 특별한 규칙이 없으므로 골프장 여건에 따라 임의대로 만든다.

② 재미를 다하기위하여 1홀의 길이를 140m 까지 늘릴 수 있다.

③ 코스의 여건에 따라 벙커나 워터 헤저드(웅덩이)를 조성할 수 있다.

④ 18홀의 코스 총 길이는 1.000m 이다

4. 다음에 맞는 것은 ?

① 18홀에 최장거리 5 코스가 3곳에 있다.

② 최장거리 코스가 180m 이다.

③ 18홀의 전체 거리가 900m 라야 한다.

④ 최장거리는150m 이내이며 9홀에 1코스로 한다.

5. 경기할 때 꼭 지켜야 할 사항은 ?

① 특별히 지킬 에티켙은 없다.

② 경기 중에는 큰소리를 내지 않아야 하며 게임 에 방해가 되지않도록 한다.

③ 운동화나 골프화가 없을때는 구두를 신어도 무방하다.

④ 흡연장소가 따로 없으므로 아무곳에서나 담배를 피워도 좋다.

6. 경기중에 지켜야 할 사항중 틀린 것은 ?

① 6인 이상 조를 짜서 해도 무방하다.

② 코스사정에 따라 빈 홀에서 경기를 시작해도 무방하다.

③ 플레이 하는사람 과 공이 나란히 있을 때 동의를 얻어 앞에 있는 공을 먼저 플레이 할수 있다.

④ 같은 조의 플레이어가 어드레스 할때는 친목 도모를 위하여 큰소리로 격려 해준다.

7. 클럽 잡는 방법이 아닌 것은?

① 인터로킹 그립 　　　　② 베스볼 그립

③ 오버레핑그립 　　　　④ 파워그립

8. 코스를 돌 때 규칙 중 맞는 것은 ?

① 조를 편성할 때 모르는 사람은 불편하므로 1-2인 만이 플레이 한다.

② 2 타째 부터는 홀컵에서 먼 사람부터 플레이 한다.

③ 경기중이라도 동반자가 잘못 하드라도 어드바이스를 할 수 있다.

④ 클럽은 경기중에 마음대로 바꿀 수 있다.

9. 티샷(1번타)할 때 규칙 중 <u>틀린</u> 것은?

가) 어드레스 도중에 볼이 티에서 떨어졌을 때 패널티 없이 다시 티엎
　　한다.

나) 티샷할 때 티가 없을 때 잔디 고른곳을 찾아서 두고 티 엎 해도 된다.

다) 헛스윙 했을 경우 볼이 티에서 떨어지지 않아도 벌타로 계산한다.

라) 티그라운드에서 벗어난 곳에서 티 샷을 했을 경우 패널티를 계산
　　하고 볼이 멈춘 곳에서 플레이를 계속한다.

10. 플레이어가 친볼이 멈춘 곳에 작은 잡목과 잡초가 있다.
　　 플레이어가 어 떻게 해야 할까요? 맞는 것은?

① 플레이에 방해가 되므로 잡목과 잡초를 뽑는다.

② 잡목은 고정물 이므로 그대로 놔두고 잡초만 뽑는다.

③ 잡목은 고정이므로 그대로 두고 잡초는 눌러서 치기 편하게 해서
　　친다.

④ 그 상태에서 플레이 한다.

11. 제2타 이후에도 어드래스 한뒤 볼이 움직였을 때의 규칙은?

① 벌타없이 다시 제자리에 놓고 친다.

② 벌타없이 움직인 자리에서 그대로 친다.

③ 1벌타 가산후 원래의 자리에서 플레이 한다.

④ 벌타 없이 1타로 간주하고 움직인 자리에서 친다.

12. 자신이 친 볼에 자신이 맞았을 때 규칙은?

① 1벌타 후 자신이 친 자리에서 다시 친다.

② 2벌타 가산 후 볼이 멈춘 자리 에서 친다.

③ 벌타 없이 자신이 친 자리 에서 다시 친다.

④ 벌타 없이 볼이 멈춘 곳에서 다시 친다.

13. 자신이 친볼이 움직이지 않는 바위밑에 멈추어 볼을 옆으로 나오게 하여 쳤다. 맞는 것은 ?

① 1벌타 후 멈춘 위치에서 플레이 한다.

② 1벌타 후 치기 좋게 움직인 자리에서 플레이 한다.

③ 2벌타 후 멈춘 위치 에서 플레이 한다.

④ 2벌타 후 치기좋게 움직인 자리에서 플레이 한다.

14. 자신의 볼이 아닌 동반자의 볼을 친 경우 맞는 것은 ?

① 1벌타 가산후 동반자의 볼을 제자리에 갖다놓고 자신의 볼을 다시 친다.

② 2벌타 가산후 동반자의 볼을 제자리에 놓고 자신의 볼로 다시 친다.

③ 1벌타 가산 한뒤 홀 아웃 때까지 바뀐 볼로 친다.

④ 2벌 타 후 가산후 홀 아웃 때까지 바뀐 볼로 친다.

15. 페어웨이나 그린에서 두사람의 볼이 홀의 방향으로 나란히 서 있을 경우 취할수 있는 행동은 ?

① 홀에서 가까운 볼의 동반자에게 먼저 플레이 한다.

② 홀에서 먼 볼의 플레이는 가까운 볼의 동반자에게 마크를 요구할 수 있다.

③ 홀에서 가까운 볼의 동반자는 자신의 볼이 상대 동반자가 불편하지 않게 임시로 볼을 옆으로 치워 놓는다.

④ 홀에서 가까운 볼의 동반자는 마크가 퍼팅에 방해가 된다며 마크를 옆으로 이동시켜 줄 것을 요구했을 때 한뼘정도 옆으로 이동 시켜 줄 수 있다.

OX 문제

1. (O/X) 파크골프 공은 선수 마음대로 언제든 교체할 수 있다.

    →

2. (O/X) 볼마크는 공 뒤쪽에 직선으로 표시하는 것이 원칙이다.

    →

3. (O/X) 페널티구역에 공이 들어가면 반드시 원위치에서 다시 쳐야
    한다.

    →

4. (O/X) O.B가 나면 2벌타 후 원구가 나간 지점으로 돌아간다.

    →

5. (O/X) 공이 움직인 원인이 본인 일 경우에는 벌타가 적용된다.

    →

답안지

(스포츠 사회학)		(스포츠 윤리)		(파크골프 이해)			
순번	정답	순번	정답	순번	정답	순번	정답
1	3	1	1	1	2	11	3
2	1	2	3	2	3	12	1
3	1	3	4	3	3	13	2
4	2	4	3	4	4	14	2
5	3	5	4	5	2	15	4
6	4	6	1	6	1	1	X
7	4	7	2	7	4	2	O
8	4	8	4	8	2	3	X
9	2	9	1	9	2	4	O
10	1	10	2	10	1	5	O

컬럼〉 "걷고, 웃고, 다시 꿈꾼다: 파크골프가 만든 '신중년의 희망 라운드로 세계화'"

대한민국 전역의 공원과 들녘, 강변 산책로 곳곳에서 파크골프 클럽에서 울려 퍼지는 경쾌한 소리가 들리지 않는 곳이 없다. 그리고 서울은 물론 전국의 지하철, 전철, 시내버스에서 등에 파크골프 클럽이 담긴 가방을 맨 시니어들을 쉽게 만나 볼 수 있다.

대한민국의 스포츠 지형도를 변화시키고 있는 파크골프는 단순한 취미를 넘어 신중년의 대표적인 라이프스타일로 자리 잡고 있다. 몇 년 사이 전국의 공원, 하천변, 도심 유휴부지에 파크골프장이 폭발적으로 늘어나고 있으며, 동호인 수도 기하급수적으로 증가하는 현상이 이를 뒷받침한다.

K-월드국제파크골프연맹 창립기념식

파크골프의 열풍은 결코 우연이 아니다. 무엇보다 파크골프는 진입 장벽이 낮고 비용 부담이 적어 시니어들에게 이상적인 스포츠로 자리 매김했다. 일반 골프와 달리 복잡한 장비와 긴 라운딩을 요구하지 않으며, 체력 부담이 상대적으로 낮다. 한 번의 라운드는 약 1~2시간 정도로도 충분하고, 플레이에 필요한 것은 단지 하나의 클럽과 공뿐이라는 점이 많은 중장년층의 선택을 받는 첫 번째 이유다.

건강과 여가, 사회적 관계 형성을 동시에 충족

하지만 파크골프의 진정한 매력은 단순한 운동을 넘어 건강과 여가, 사회적 관계 형성을 동시에 충족시키는 데 있다. 시니어들이 파크골프에 열광하는 이유로 흔히 거론되는 것은 "관절에 무리가 적다"는 신체적 특성이다.

상대적으로 낮은 충격의 운동은 고혈압, 관절염 등의 부담을 줄이면서도 충분한 유산소 운동 효과를 낼 수 있다. 이러한 점은 특히 노년기 건강 관리에 강한 관심을 가진 이들에게 파크골프를 매력적인 선택지로 만든다.

또한 파크골프는 사회적 연결망을 강화하는 '생활 커뮤니티'의 역할을 한다. 단조로운 산책이나 혼자 하는 운동과 달리, 파크골프는 라운드 중 대화와 교류가 자연스럽게 이어지는 공간을 제공한다. 그래서 많은 시니어들은 단순한 운동 목적을 넘어 친구, 이웃, 동료들과 함께 시간을 보낼 수 있는 사회적 장으로 파크골프장을 찾는다. 이러한 '사람 중심의

스포츠'로서의 강점은 노년기 고립과 우울감을 완화하는 데에도 긍정적

인 영향을 준다는 것이 전문가들의 평가다.

지역 복지 정책 및 건강 증진 전략

물론 열풍의 배경에는 정부와 지자체의 인프라 확충 정책이 있다. 전국 수백 곳의 파크골프장이 조성되면서 생활체육 인프라로서의 접근성이 크게 높아졌고, 많은 지방자치단체는 이를 지역 복지 정책 및 건강 증진 전략과 연결해 주민들에게 제공하고 있다. 이러한 공공체육 시설의 확대는 시니어층의 정기적인 신체 활동 참여를 촉진하며, 지역 사회 전체의 건강 수준 향상에도 기여하고 있다.

최근 통계는 파크골프의 성장세가 단순한 유행을 넘어 '사회적 현상'에 가깝다는 것을 보여 준다. 2020년 약 250여 개에 불과하던 국내 파

K-월드국제파크골프연맹 준비위 워크샵

크골프장은 2025년 기준 420여 개를 넘어섰으며, 동호인 수 역시 5년 사이 4배 이상 급증했다는 보도도 있다. 이러한 추세는 "한때 노년층 중심의 소규모 취미 활동"이라는 초기 인식이 이제는 "전 세대로 확장 가능한 생활 스포츠"로 재정의되고 있음을 시사한다. 실제로 최근에는 젊은 중장년층과 심지어 가족 단위, 학생층의 참여도 눈에 띄게 늘어나며 전 세대의 스포츠로 진화하고 있다.

파크골프는 시니어를 위한 건강 레저를 넘어 신중년 라이프스타일의 상징적 활동으로 자리매김하고 있다. 은퇴 이후의 삶을 더욱 건강하고 활기차게 보낼 수 있는 수단으로, 파크골프는 단순한 운동을 넘어 정서적 만족과 사회적 유대, 여가의 질 향상과 결합된 '삶의 방식'으로 받아들여지고 있다. 특히 적은 부담으로 집중을 요하는 규칙, 자연 속에서의 산책형 플레이, 그리고 동료들과의 소통은 시니어들에게 일상의 활력을 제공한다.

레저 관광 산업과 연계된 시너지 효과

향후 파크골프의 확산은 단지 시니어층에 국한되지 않을 것이다. 이미 실내·스크린 파크골프 시장이 빠르게 성장하고 있으며, 이는 연중 날씨와 장소에 구애받지 않는 여가 활동으로서 더욱 폭넓은 수요를 만들어내고 있다. 디지털 예약 서비스, GPS 거리 측정 앱, AI 스윙 분석 등의 기술적 접목은 새로운 세대의 참여를 촉진하며 스포츠의 대중화를 가속할 것으로 보인다.

또한 파크골프는 지역 경제에도 긍정적인 영향을 미친다. 각 지자체가 파크골프장을 지역 관광자원으로 활용하고 다양한 대회를 유치하면서 레저 관광 산업과 연계된 시너지 효과를 창출하고 있다. 이는 지역 소상공인과 서비스 산업에도 새로운 활력을 제공한다는 측면에서 주목할 만한 변화다.

파크골프의 성장은 곧 관련 산업의 성장을 의미한다. 이미 클럽, 공 등의 장비 시장이 커지고 있고, 국내서도 다양한 브랜드가 출시되고 있다. 향후 첨단 소재 클럽, AI 퍼팅연습기 등의 신제품 개발 여지가 있으며, 용품의 수출 산업화도 가능할 것이다.

또한 파크골프 전문 지도자, 코스 관리사, 대회 기획자 등 새로운 일자리 수요가 늘어날 전망이다. 이는 스포츠 산업 및 서비스업의 한 분야로 자리매김하면서 지역 경제 활성화와 청년 고용에도 기여할 수 있다. 정부와 지자체는 이러한 산업적 파급효과를 고려하여 파크골프에 대한 정책

K-월드국제파크골프연맹 창립기념식

지원(예: 창업 지원금, 연구 개발비 지원 등)을 적극 검토하여야 한다.

스포츠 외교, 국제 시니어 스포츠로

파크골프는 그 특성상 스포츠 외교의 도구가 될 잠재력이 크다. 규칙이 간단하고 상대적으로 위험 부담이 적어 문화 교류 이벤트로 활용하기 좋다. 예를 들어 도시 간 자매결연 행사에서 파크골프 친선경기를 연다든지, 국제 시니어 스포츠 축제에 파크골프를 포함시키는 등의 구상이 가능하다.

이미 파크골프는 국제적인 교류가 활발한데, 앞으로 아시아 전역, 나아가 세계 여러 나라로 확대하면 스포츠를 통한 우정과 이해 증진에 도움이 될 것이다. 또한 스포츠 관광 측면에서, 파크골프 투어 패키지나 해외 전지훈련 프로그램을 개발하여 국가 간 관광 교류를 늘릴 수도 있다.

K-월드국제파크골프연맹

본인이 추진하고 있는 K-월드파크골프연맹의 창립 이후 일본, 중국, 태국, 몽골 등 국제 연맹 조직 구성의 움직임이 활발한 파크골프는 가까운 시간에 공식적인 국제 스포츠로 발돋움하게 되고, 언젠가는 IOC 인정 비올림픽 종목으로 이름을 올릴 수도 있을 것이다. 그러한 날이 온다면 K-파크골프를 통해 한국이 세계 스포츠계에서 선도적 위치를 차지할 수 있는 영광도 누릴 수 있으리라 본다.

결국 파크골프는 단순한 '시니어 스포츠'로 남지 않는다. 건강, 커뮤니티, 여가, 기술, 경제를 아우르는 다차원적 라이프스타일로서, 한국 사회의 변화하는 여가 문화와 고령화 시대의 건강 수요를 동시에 반영하는 대표적인 생활 스포츠로 자리 잡아가고 있다. 이 같은 흐름은 앞으로도 지속되어, 파크골프가 신중년은 물론 전 세대가 함께 즐기는 한국형 레저 문화로 확산되고 K-파크골프의 발전으로 이어져 세계인이 함께하는 신종 레저스포츠로 자리매김하게 될 것이다.

김 홍 민

K-월드국제파크골프연맹 의장
사단법인 한국통신판매사업자협회 회장
사단법인 사랑의 손잡기 실천본부 본부장
몽골 후레 대학교 관광경영 디지털정보학과 지도교수
서울벤처대학원대학교 최고경영자 과정 지도교수

파크골프의 미래를 함께 설계하며

이 책은 단순한 기술서나 이론서가 아닙니다.

파크골프가 나아가야 할 **방향과 구조, 그리고 철학**을 담은 하나의 로드맵입니다.

파크골프는 이제

✓ 전 세대가 함께하는 생활스포츠이자

✓ 건강·의료·치유와 결합된 공공 플랫폼이며

✓ 지역과 국가, 아시아와 세계를 잇는 새로운 국제 스포츠로

성장하고 있습니다.

한국온월드파크골프협회와 K-월드국제파크골프연맹

규칙과 제도를 만들기 위한 조직이 아니라,

사람 중심의 스포츠 생태계를 구축하기 위한 단체입니다.

우리는 다음을 약속합니다.

누구나 쉽게 접근할 수 있는 파크골프 환경

공정하고 투명한 국제 규정과 지도자 시스템

지역 기반과 프로 시스템이 함께 성장하는 구조

아시아와 세계가 연결되는 글로벌 협력 체계

이 책이 파크골프를 시작하는 분들께는 길잡이가 되고,

지도자와 운영자에게는 기준이 되며,

정책과 산업을 고민하는 분들께는 전략서가 되기를 바랍니다.

파크골프의 미래는 이미 시작되었습니다.

이제, 함께 만들어갈 차례입니다.

K-월드국제파크골프연맹

의장 **김 홍 민**

파크골프, 한국에서 세계로

파크골프는 단순한 생활스포츠로 시작했지만, 이제는 세대와 국경을 넘어 건강·문화·산업을 잇는 새로운 플랫폼 스포츠로 진화하고 있습니다.

저는 이 흐름의 한가운데에서, 파크골프가 가진 가능성을 단지 "즐기는 운동"이 아니라 사람의 삶을 바꾸는 생태계로 확장시키고자 한국온월드파크골프협회와 K-월드국제파크골프연맹의 창립을 결심하게 되었습니다.

한국은 세계 최초로 프로 파크골프 제도를 출범시키며 파크골프의 새로운 이정표를 세운 나라입니다.

이는 단순한 제도 하나의 탄생이 아니라, 파크골프가 생활체육을 넘어 전문 스포츠이자 글로벌 콘텐츠로 도약할 수 있음을 증명한 역사적 사건이었습니다.

이제 우리는 이 성과를 한국 안에 머무르게 해서는 안 됩니다.

K-월드국제파크골프연맹은

▲ 국제 경기 규정과 코스 표준의 정립

▲ 지도자·심판·선수 양성의 체계화

▲ 지역 기반 생활체육과 프로 스포츠의 선순환 구조 구축

▲ 아시아와 세계를 잇는 글로벌 연맹 네트워크 형성

▲ 세계생활체육연맹(TAFISAThe Association For International Sport for All)) 가입을 통한 글로벌 네트워크 형성 이라는 명확한 목표를 가지고 출범합니다.

특히 울주 온양 발리산을 중심으로 한 전용 파크골프 경기장과 실내 스크린 파크골프 연습장과 테마형 건강 리조트 단지 조성은 파크골프를 관광·치유·교육이 결합된 융합 스포츠 모델로 발전시키는 중요한 출발점이 될 것입니다.

또한 ONN닥터TV와의 협력을 통해 의료·헬스케어 콘텐츠와 파크골프를 연계한 새로운 건강 플랫폼을 구현하고자 합니다.

우리는 일본, 몽골, 중국, 태국을 비롯한 아시아 국가들과의 협력을 통해 파크골프가 특정 국가의 스포츠가 아닌 아시아 공동의 공원형 스포츠 문화로 자리 잡도록 노력할 것입니다.

이는 스포츠 교류를 넘어, 사람과 사람, 지역과 지역을 연결하는 지속 가능한 국제 협력의 모델이 될 것이라 확신합니다.

K-월드국제파크골프연맹은 승패만을 위한 조직이 아니라,

누구나 평생 즐길 수 있는 스포츠, 누구나 참여할 수 있는 문화, 누구

나 건강해질 수 있는 시스템을 만드는 연맹이 되고자 합니다.

이 책이 파크골프를 사랑하는 모든 분들께 하나의 나침반이 되기를 바랍니다.

그리고 이 길 위에서 한국이, 아시아가, 그리고 세계가 함께 걷게 되기를 진심으로 기대합니다.

파크골프의 미래는 이미 시작되었습니다. 그 중심에, K-월드국제파크골프연맹이 우뚝 서겠습니다.

K-월드국제파크골프연맹
의장 **김 홍 민**

월드레저 스포츠의 미래

초판   1쇄 발행   2026년 3월 20일

저자 김홍민
편집 · 디자인 홍성주
펴낸곳 도서출판 위
주소 경기도 파주시 광인사길 115
전화 031-955-5117~8

ISBN 979-11-86861-55-4 03690

지원 단체 안내

K-월드국제파크골프연맹 & 한국온월드파크골프협회

김홍민 의장
K-월드국제파크골프연맹 의장
현)사단법인 한국통신판매사업자협회 회장
현)서울벤처대학원대학교 교수
현)사단법인 사랑의손잡기실천본부 이사
현)주)저스트아이디어 대표이사

저.역서: 월드레저스포츠의 미래,경영과 골프철학,
취업 면접 우문현답, 가치경영, 스마트관광정보론,
미션 파셔블, 스토리텔링 한국 생태관광, 모바일
콘텐츠 기획 실무,해외 구매대행 도전과 성공

1. **17개 광역시도 파크골프 단체 통합 및 프로
   파크골프 선수단구성**

2. **협력기관**
   대한종합병원협회, 전국 17개 대형종합병원 단체
   온병원그룹, 한국승강기대학, 자치경찰위원회
   한국아파트협회, 전국아파트연합, 한국건강대학

3. **주관방송**
   ONN닥터TV 중계방송

정근 온그룹원장
**한국온월드파크골프협회 회장
온그룹프로파크골프선수단 구단**
현)대한결핵협회 회장
현)부산광역시 의사회 회장
현)ON그룹회장 의학박사

4. **준비위원회**
   정근 온그룹 회장
   임종수 ONN TV 대표
   김철준 자치경찰위원장
   제권진 좋은 EV 대표
   이승호 온라이프상조 전무
   권재현 온그룹 실장
   이현석 승강기대총장
   김점선 한국아파트사무총장
   정수남 부산시노인체육회 부회장
   이창진 온월드파크골프연맹 여성호
   배진영 판테온 파크골프 대표

공익 공정 공유의 온종합병원 그룹

ON-Life

부산본사. 부산광역시 부산진구 가야대로 767,
정근안과빌딩 8F

서울본부. 서울특별시 여의도동 삼보호정빌딩 3F

www.on-life.org

☎ 1660-2013

ON 온라이프

■ 선불식 할부거래업 등록번호 부산-2022-01호
■ 사업자등록번호 857-81-02607
■ 법인등록번호 180111-1461879